Ursula Burkowski

Es gibt kein Zurück

BASTEI LÜBBE

BASTEI-LÜBBE-TASCHENBUCH
Band 61 276

Im Interesse aller hier vorkommenden Personen habe ich die Namen und Orte der Handlung geändert. Zufällige Ähnlichkeiten sind nicht beabsichtigt und somit rein zufällig.

1. Auflage Aug. 1993
2. Auflage Okt. 1993
3. Auflage Sept. 1994
4. Auflage Aug. 1995
5. Auflage Febr. 1996

Originalausgabe

Printed in Germany
Umschlaggestaltung: Manfred Peters
Titelfoto: Ursula Burkowski
Satz: Fotosatz Schell, Bad Iburg
Druck und Bindung: Ebner Ulm
ISBN 3-404-61276-0

Der Preis dieses Bandes versteht sich einschließlich der gesetzlichen Mehrwertsteuer.

Nach einem Sprichwort:

Freunde kommen und gehen, nur die Feinde sammeln sich.

So danke ich meinen Feinden, die mir Mut machten, und meinen »Freunden«, die gingen.

*Für Viktoria, Sabine, Jutta, Gabi, Herrn Krause, Herrn Pische
und Frau Hermann, die mir stets zur Seite stand.*

Vorwort

Wenn jemand einen Roman schreibt, der gut ist, dann heißt es: »Das ist fein ausgedacht, so mußte es kommen.«

Das Leben aber schreibt bessere Romane, wie sie kaum ausgedacht werden können.

Mein eigenes Lebensschicksal war gewiß kein leichtes, dennoch haben mich immer schon andere Menschenschicksale besonders beeindruckt, wie auch hier das Leben von Ursula Burkowski.

Nach all dem Schweren Mut und Vertrauen behalten zu haben und an den Menschen nicht zu verzweifeln, das Gute immer wieder zu suchen, verdient alle Hochachtung.

Berlin, den 20. 3. 1993 Charlotte von Mahlsdorf

Reise in eine fremde Welt

Nichts in der Natur deutet auf einen besonderen Tag hin, es scheint ein gewöhnlicher, trüber Märztag zu werden. Die farblosen Mietskasernen stehen in keinem Kontrast zu dem eisgrauen Morgenhimmel. Der Wind weht scharf über die längst reparaturbedürftige Pflasterstraße, wirbelt den Schmutz durch die Luft und ergreift alte Zeitungsfetzen, die er wie einen Kreisel vor sich her peitscht, bis sie sich in Hauseingängen oder an den stillgelegten Straßenbahnschienen verfangen. An der Kreuzung nach Baumschulenweg, einem Stadtgebiet in Berlin-Treptow, steht für alle Autofahrer sichtbar auf einem großen Schild »Sonnenallee«, Grenzübergang West-Berlin.

Frank wechselt die Fahrspur, wir müssen links abbiegen. Das Wort »Sonnenallee« paßt weder zum Wetter noch zu den Sperranlagen der Grenze. Könnte ich mit meiner Laune die Witterung beeinflussen, müßte heute die Sonne scheinen, ein lauer Wind den Frühling verkünden, und die ersten Zugvögel würden an weißen Wolken vorbeifliegen.

Nichts dergleichen geschieht, dennoch ist es ein außergewöhnlicher Tag, ich werde zum ersten Mal in meinem Leben meiner Mutter begegnen. Dieser spannende Tag fordert meine Sinne zu Höchstleistungen heraus, da ich nur deswegen nach West-Berlin fahren darf, was 1985 nichts Selbstverständliches ist.

1945 eroberte die sowjetische Armee die damalige Reichshauptstadt Berlin und teilte sie mit den Verbündeten (Alliierten) – den Engländern, Amerikanern und Franzosen – in vier Sektoren, die jeweils einer der Siegermächte unterstellt wurden. Zum Ausgleich verlangte die Sowjetunion das von den Amerikanern eroberte Thüringen und Sachsen, weil sie wußte, daß Sachsen uranhaltige Erde besaß. Der Wert der Erde blieb ein Geheimnis, unter dem die »Ostdeutschen« jahrelang die Kriegsschuld abtragen sollten.

1949 wurde aus dem sowjetisch besetzten Teil Deutschlands die »Deutsche Demokratische Republik«, die »DDR«. Berlin erhielt zum zweiten Mal den Titel »Hauptstadt«, obwohl es sich nur um die Hälfte der Stadt handelte. Das übrige Deutschland wurde die »Bundesrepublik Deutschland« mit der Hauptstadt Bonn. Volkstümlich bezeichneten sich die Deutschen jetzt gegenseitig als »Ostler« und »Westler«.

Die Menschen im östlichen Teil Deutschlands lebten von nun an in einem »Arbeiter- und Bauernstaat«, der es sich zur Aufgabe machte, alle Bewohner des Landes im Sinne des Sozialismus zu erziehen. Wer keine Lust auf Gleichheit und Brüderlichkeit verspürte, versuchte sich unter Einsatz seines Lebens in den Westen abzusetzen. Ein Flüchtling kam einem Vaterlandsverräter gleich. Internierungslager, Zuchthäuser und Gefängnisse mit langen Haftstrafen erwarteten den »Überläufer«, wobei Berufsstand, Geschlecht und Alter keine Rolle spielten; ob Bauer, Arbeiter oder Intellektueller, Frauen, Männer oder Jugendliche – allen drohte die gleiche Strafe.

1953 kam es zu einem Volksaufstand in der DDR, der mit Panzern der Sowjetarmee blutig niedergeschlagen wurde. Danach flohen die Menschen massenweise aus der Diktatur, um im Westen frei zu sein. Der »Westen« verkörperte die Freiheit für all das, was das sozialistische System nicht duldete. Walter Ulbricht ließ am 13. 8. 1961 die Mauer bauen, die das gesamte West-Berlin einschloß. Die Trennung vom westlichen Deutschland vollzog sich auch im Landesinneren, die DDR riegelte sich gegen den Westen ab und die Menschen ein.

Ein undurchdringliches Areal wuchs über Nacht um das in der sowjetischen Besatzungszone lebende Volk. Nur mit staatlicher Genehmigung in Form eines kaum erhältlichen Passierscheins war eine besuchsweise Einreise oder Ausreise dorthin, nach »drüben«, möglich. Eine Reise, von der viele nicht zurückkehrten. Bunte Postkarten aus aller Welt bekundeten die wirkliche Freiheit und bedauerten »die auf ewig Eingesperrten«.

Wir halten gegenüber der Grenze. Ich umarme meine Kinder, drücke sie, küsse alle zum Abschied, der Kälte wegen bleiben sie im Auto sitzen. Während ich aus dem alten, roten VW-Käfer steige, gleitet mein Blick zu den schwarzen Baumkronen der großen Kastanien empor, die in ihrer Nacktheit bedrohlich wirken. Vorboten der Grenze, stumme Wachen, die seit 24 Jahren den Grenzverkehr unter sich erdulden.

Der frostige Wind schneidet mir schmerzlich ins Gesicht. Abschied tut weh, denke ich, senke den Kopf auf die Brust und schreite wie ein demütiger Pilger auf die andere Straßenseite. Bevor ich das Grenzgebiet mit dem Schild »Achtung Grenze« erreiche, drehe ich mich zum Auto um. Meine Familie steht jetzt draußen. Frank hält die Kleine auf dem Arm, er flüstert ihr etwas ins Ohr, worauf sie wild mit den grünen Fausthandschuhen zu winken beginnt. Timo lehnt mit der gespielten Lässigkeit eines Sechzehnjährigen am Kotflügel, verschämt hebt er die Hand zum Abschiedsgruß, um sie gleich darauf in seiner Jacke verschwinden zu lassen. Dafür zieht sich ein breites, triumphierendes Grinsen über sein Gesicht, aus dem ich lese: Mutti, du hast es geschafft.

Am liebsten hätten sie mich auf der Reise in die fremde Welt begleitet. Seitdem ich den Antrag auf ein Visum gestellt hatte, hofften sie mit mir und drückten die Daumen. Wie schade, daß die Gesetze keinen Familienausflug nach »drüben« gestatten.

Die Kälte zwingt mich zum Weitergehen. Unwillkürlich muß ich an Feodora denken, eine Freundin in West-Berlin, die ich vor wenigen Wochen in einem Café kennengelernt habe. Sie brachte im Auftrag der Schwester meines Mannes einen Auspuff für den VW-Käfer herüber. Franks Schwestern leben in West-Berlin. Seit dem mißglückten Republikfluchtversuch seiner Schwester Heike und ihrer Inhaftierung, aus der sie durch die Bundesrepublik freigekauft wurde, erhielten sie keine Einreiseerlaubnis mehr, weder für die DDR noch für Ost-Berlin. Dafür fanden sich Bekannte von »drüben«, die den Weg in den Osten nicht scheuten; sie trotzten den Schikanen der Zollkontrollen. Vielleicht stand ja auch ein bißchen Abenteuerlust dahinter, wer weiß?

Feodora und ich verstanden uns auf Anhieb – Frauen sind Freundschaften gegenüber sowieso aufgeschlossener –, jedenfalls kam sie uns öfters besuchen. Durch ihre extravaganten Klamotten, die lange, schwarze Lockenmähne, die knallrot geschminkten Lippen und die Brillanten, die sie vorzugsweise am kleinen Finger trug, erregte sie nicht nur die Aufmerksamkeit meiner Hausbewohner und Freunde, sondern wurde von meinen Kindern wegen ihrer oftmals witzigen Geschenke als humorvolle Freundin mit der Gabe eines Weihnachtsmannes in ihre Herzen geschlossen. Sie hatte einen wesentlichen Anteil daran, daß der Kontakt mit der Familie meines Mannes erhalten blieb.

Mir ist fürchterlich kalt, warum habe ich auch auf Feodora gehört? Als ich ihr am Telefon von meiner Reiseerlaubnis erzählte, schrie sie vor Begeisterung:

»Zieh dich bloß nicht so warm an, schlepp dich nicht mit unnötigen Sachen ab, ich habe genug zum Anziehen für dich hier.«

Typisch Fe, wie ich sie nenne; sie denkt immer zuerst praktisch. Plötzlich muß ich lächeln. Im Freundeskreis pflegen wir oft Scherze über den Westen zu machen. Zum Beispiel gibt es da den Satz: Für eine Reise in den Westen würde ich auch nackt gehen. Ich bin zwar nicht nackt, friere aber trotzdem. Ich habe Mühe, das aufkommende Lachen zu unterdrücken. Nie wieder wollte ich allein auf der Straße lachen; als Schülerin überkam es mich einmal in der S-Bahn. Vor mir standen zwei Soldaten. Beim Aussteigen sagte der eine:

»Schade, die Kleine ist so hübsch und hat 'ne Macke.«

Langsam nähere ich mich dem Absperrgitter, vor dem schon sechs Personen warten. Hinter der eingelassenen Maschendrahttür überwacht, mit gespreizten Beinen, ein Uniformierter den Andrang zur Grenze. Seine Hände, auf dem Rücken gekreuzt, deuten keine Bereitschaft zur Grenzöffnung an. In strammer Haltung, beinahe selbst zu einem Grenzpfeiler geworden, demonstriert er seine Standfestigkeit. Kein menschlicher Zug erscheint auf seinem Gesicht. Ein stattlicher (staatlicher) Soldat, dessen starrer Blick dem eines Raubvogels gleicht. Wie ein Geier späht er über die

Köpfe der Ankommenden. Er gibt sich stahlhart wie der Metallzaun. Im allgemeinen betrachte ich nie einen Menschen so ausgiebig, doch er gehört zu einem wichtigen kleinen Baustein meiner Erinnerungen an diesen Tag. Angst läßt Zeit und Raum schrumpfen. Wie Tiere, die in Panik flüchten, stehen die wenigen Menschen dicht gedrängt als Wartende vor dem Tor. Es sind Rentner, mehr Frauen als Männer. Sie tuscheln aufgeregt miteinander. Einige kennen sich. Ängstliche Blicke steigen zu den dunklen Wolken empor.

»Hoffentlich gibt es keinen Regen«, äußert eine Dickleibige zu ihrer Nachbarin.

Besorgt faßt diese sich an ihr Haar: »Wäre nicht gut für meine schöne Dauerwelle«, flüstert sie schüchtern.

Sie hat mich entdeckt. Sofort unterbricht die Dicke ihren Redefluß, neugierig mustert sie mich von Kopf bis Fuß. Erst als mich ein lustiger älterer Mann fragt: »Sagen Sie mal, Fräuleinchen, sind Sie für eine Reise in den Westen nicht zu jung?« und ich schlagfertig antworte: »Nein, ich bin genauso alt wie Sie, ich war nur noch schnell beim Liften!« lachen alle erleichtert auf.

Der Rentner nutzt die Heiterkeit für einen Witz:

»Eine alte Frau geht im Grenzgebiet spazieren. Plötzlich steht der Grenzer vor ihr:

›Oma, du mußt hier weg, hier ist Grenzgebiet!‹

›Häh, häh‹, macht die Alte; sie ist schwerhörig.

›Oma, du mußt hier verschwinden, hier ist Grenzgebiet!‹

›Häh, häh.‹

Der Grenzer wird wütend und brüllt: ›Mensch, Oma, hau endlich ab!‹

Worauf die Alte erfreut reagiert: ›Kann man das denn hier?‹«

Jetzt haben wir alle Schwierigkeiten, das Lachen zu unterdrücken. Die Angst vor der Stasi ist allgegenwärtig, vor allem, wenn man sich wie ich nicht im reisefähigen Alter befindet. Mit dem Eintritt ins Rentenalter erwirbt man nicht nur den Ruhestand, sondern auch die Reisefreiheit zurück, vergleichbar mit der Volljährigkeit eines Jugendlichen: Ein Rentner wird zum zweiten Mal mündig. Ich beobachte eine nervöse Frau, die ständig ihren Hut zurechtrückt. Mir bleibt nicht verborgen, wie fein sie sich angezogen hat. Sie will im Westen bestimmt nicht als Ostrentner auffallen. Doch unbewußt tragen alle ein Erkennungszeichen: es sind die bunten Stoffeinkaufsbeutel oder die fahrbaren braunen Tragetaschen, die sie scherzhaft »Rentnermercedes« nennen. Allein dieses Handgepäck verrät sie als Einkaufsbummler zwischen »Konsum« und »Aldi«.

Ist es das unbeschwerte Gespräch der Reisewilligen? Jedenfalls verfinstert sich das ernste Gesicht des Grenzers noch mehr. In barschem Ton fordert er:

»Ausweispapiere bereithalten!«

Sofort herrscht Schweigen, jeder ist mit sich allein und der Sucherei nach den Papieren beschäftigt. Ohne weitere Aufforderung treten sie plötzlich hintereinander in einer Reihe an. Ich stelle mich ans Ende; dadurch bleibt mir die freie Sicht rückwärts über die Straße, so daß ich ungehindert meinem Mann zuwinken kann. Am liebsten würde ich auf der Stelle kehrtmachen und zu ihm laufen. Nun, wo ich am Ziel meiner Wunsche bin, verläßt mich der Mut. 33 Jahre habe ich auf diesen Tag gewartet, ihn herbeigesehnt. Einmal meiner Mutter gegenüberzustehen, das war mein Wunsch. 1953 verschwand sie bei Nacht und Nebel, ließ mich als

Zweijährige mit meinem vier Jahre alten Bruder und meiner ein paar Monate alten Schwester einfach allein im Haus. Wir hörten nie mehr von ihr.

Über die Hälfte meines Lebens verbrachte ich in Heimen. Zuerst im Kinderheim, danach im Jugendwohnheim, schließlich im Mütterheim und später wieder im Jugendwohnheim. Alles Heime, in denen ich keine Liebe, Anerkennung oder Vertrauen fand. Weder warme Kleidung, warme Speisen noch ein warmes Bett können fehlende Liebe ersetzen. In allen diesen Einrichtungen waren die ersten Gebote: Sauberkeit, Ordnung, Disziplin. Geblieben ist die Sehnsucht. Heimkinder mit Eltern habe ich genauso weinen sehen wie Heimkinder ohne Eltern. Es gibt bei Heimkindern keinen Unterschied. Ich habe für mich herausgefunden: Ob so oder so, Heimkinder sind alle auf der Suche nach Liebe.

Plötzlich, vor fünf Jahren, nach insgesamt 27 Jahren erhielt ich von der Polizei eine Mitteilung, daß meine Mutter mich suche. (Damals hatte ich noch keinen Einblick in meine Stasiakte.) Allein die Tatsache, daß sie lebte, gab mir die Gewißheit, alles über mich erfahren zu können. Warum mußte ich als Heimkind groß werden? Tausendmal in meinem Leben habe ich mich das gefragt: Warum?

Dann ist sie da, die »Mutter«, die die Antwort kennt. Wie wird sie auf mich reagieren? Ich wünschte mir, sie gleiche einer Rentnerin aus der Reihe vor mir, sie wäre eine Frau, die mich herzlich umarme und mir alles erkläre. Das ist sie mir schuldig. Meine Tränen der Kindheit, meinen Haß aus der Jugendzeit und meine Gleichgültigkeit als Erwachsene ihr gegenüber bin ich bereit zu verdrängen, wenn sie mir die Wahrheit sagt. Nein, ich denke, so nah am Ziel würde ich auch ihren Lügen Glauben schenken.

Wie gebannt verfolge ich den Reisegrenzverkehr. Die Rentner gehen durch den eingezäunten, etwa einen halben Meter breiten Gang bis zur grauen Abfertigungsbaracke, aus der sie ziemlich schnell herauskommen, um anschließend den schmalen Korridor vom Osten zum Westen zu passieren. Von westlicher Seite fahren nur Autos in den Ostteil hinein, keine Menschen begehren Einlaß ins östliche Tor der Stadt Berlin.

»Ihre Papiere bitte.«

Ich zucke erfreut zusammen. Ich bin gemeint. Meine blaugefrorene Hand reicht dem Kontrolleur zittrig die Zählkarte, die Zollerklärung und den blauen Paß. Hoffentlich sind die Reiseunterlagen in Ordnung; nicht auszudenken, wenn mein Traum zutreffen sollte, den ich vor wenigen Nächten durchlebt habe. Sehr oft mußte ich die Erfahrung machen, daß meine Traumerlebnisse auf unerklärliche Weise eintrafen, zwar nie hundertprozentig, aber jedesmal schockierend für mich. Weder meine Freunde noch meine Bekannten fanden dafür eine plausible Erklärung.

In meiner ersten Wohnung, im Hinterhof, lebte über mir eine junge Frau. Als ich wegzog, war sie im neunten Monat schwanger und stand kurz vor der Entbindung. Ich wußte, daß sie sich ein Mädchen wünschte. Sie bat mich, sie zu besuchen, sobald ich Zeit fände. Vier Wochen danach erwachte ich aus einem bösen Traum: Sie hatte ein Mädchen mit Klumpfüßen geboren, tot. Nachdenklich kaufte ich am nächsten Tag einen Alpenveilchenstrauß und ging zu ihr. Da im Hausflur kein Kinderwagen stand, nahm ich an, sie sei einkaufen gegangen. Auch auf mein Klingeln an der Tür öffnete niemand. Gerade als ich im Begriff war, die Treppen hinunterzusteigen, kam sie mir ohne Baby entgegen. Sie wollte etwas sagen, aber ich kam ihr zuvor: »Pst, sag nichts. Ich weiß alles.«

Sie senkte stumm den Kopf und weinte lautlos.

»Woher weißt du es?«

Ich schaute in ihre rotgeweinten Augen und gestand ihr meinen Traum.

»Ja, es war ein Mädchen, es hatte die Nabelschnur um den Hals. Es starb vor der Geburt.«

Seit diesem Tag ängstigen mich meine Träume. So träumte ich vor kurzem: Ich gehe durch eine helle, farbenfrohe Stadt, in der mir kein Mensch begegnet. Ein furchtbares Gefühl von Einsamkeit erfüllt mich, ich will nach Hause telefonieren. In der Telefonzelle entdecke ich, daß ich kein Geld bei mir habe, und mir wird klar: Ich bin in West-Berlin. Unruhig laufe ich zur Grenze. Dort stehen viele Menschen, die beim Näherkommen ihre Gesichter verlieren, dennoch vernehme ich ihr fröhliches Lachen. Ich gebe dem Grenzer meinen Ausweis, er fährt mich laut an: »Damit kommen Sie nicht durch!« Ich erwachte, mein Herz klopfte wild.

Ein anderes Mal traf ich im Traum meine jüngste Schwägerin. Sie sitzt allein in einem großen Restaurant an einem weißgedeckten Tisch, auf dem eine Kerze brennt. Ich gehe geradewegs auf sie zu, als ich ihren verwunderten Ausruf höre: »Was machst du denn hier?«

Da ich sie seit ihrer Verhaftung 1982 nicht mehr gesehen hatte, wußte ich nach beiden Träumen: Ich komme nach West-Berlin, wo ich sie treffen werde. Jetzt darf einfach nichts mehr schiefgehen, zu sehr habe ich für das Visum gekämpft.

Erst nach einer schriftlichen Beschwerde beim Ministerrat der DDR und dem ZK der SED erhielt ich nach drei Wochen die schriftliche Bestätigung, daß mir im Auftrag von Erich Honecker die Reise gewährt wird. Ich hatte meine Zweifel, ob ein Staatsratsvorsitzender wie Erich Honecker jemals von einer Ursula Burkowski nebst ihren Problemen gehört hat. Bei meinen Bemühungen, ein Visum zu bekommen, stärkte mich die Vorfreude, endlich meinen langersehnten Jugendtraum in Erfüllung gehen zu lassen: Nur einmal über den Ku'damm gehen.

Meine Mutter hatte mir nichts als das Leben gegeben, unbeabsichtigt verhalf sie mir zu dieser Reise. Ich wollte die 48 Stunden, die mir »Vater Staat« gestattete, im »Feindesland« zu verbringen, bis auf die letzten Sekunden auskosten. Das bedeutete Augen aufreißen und kein Schlaf. Mein Kopf verwandelte sich in eine Kamera, die das Geschehen auf immer und ewig festhielt.

Ohne mich eines Blickes zu würdigen, gibt mir der Grenzer die Reisepapiere zurück.

»Sie können gehen.«

Unendlich erleichtert laufe ich auf die Zollbaracke zu. Eine rundliche junge Uniformträgerin hält mich mit den Worten auf:

»Ihre Papiere bitte.«

Der enge Raum ist stickig heiß. Sie steht hinter einem Förderband wie eine Fließbandarbeiterin bei »Narva«. Am Fenster verdecken häßliche, gelbe Gardinen das Gitter, die Tapete hat die Farbtönung mehrerer Raucherjahre. An der linken Wand stehen zwei Kabinen, an denen grobe, blaue Wollvorhänge von Metallklipsen festgehalten werden. Ein Vorhang schleift auf dem grauen Steinfußboden, der Saum zipfelt.

Die Zöllnerin wirft einen flüchtigen Blick in meine Papiere.

»Heben Sie die Tasche auf das Band«, verlangt sie.

Die Tasche ist federleicht, ich schwinge sie beinahe auf die andere Seite hinüber.

»Reißverschluß öffnen.«

Ich folge ihren knappen, militärischen Anweisungen. Sie interessiert sich ausschließlich für das Handgepäck. Der Reißverschluß hakt, ich ruckele daran herum, bis er aufgeht. Sie beugt sich sofort über die dunkle Öffnung, wobei ihrem Körper ein unerträglicher Schweißgeruch entströmt. Schnell weiche ich einen halben Schritt aus dem unmittelbaren Dunstkreis zurück.

Während ihre Hände vergeblich in der Versenkung herumtasten, denn die Tasche ist leer, verschiebt sich bei jeder ihrer Bewegungen eine Fettrolle unter dem derben Stoff der Uniformjacke; man könnte annehmen, eine Schlange winde sich unsichtbar um ihren Körper. Verdutzt beendet sie die Sucherei:

»Da ist ja gar nichts drin!«

»Stimmt, aber wenn ich zurückkomme, wird sie voll genug sein.«

Sie streicht sich ungeschickt das krause, ungepflegte Haar aus dem rotverschwitzten Gesicht.

»Sie können zur Paßkontrolle weiter. Und denken Sie an die Zollbestimmungen, sonst wird es teuer für Sie!« mahnt sie mich noch.

Tag für Tag in den überheizten Räumen zu stehen und nach Sündern mit ausfuhrverbotener Ware zu suchen, erscheint mir eher eine Strafarbeit zu sein als ein Beruf.

Der nächste Posten sitzt in einer Art Sperrholzkäfig, in dem eine Glasscheibe das gegenseitige Betrachten, für mich nur bis zum Brustkorb, möglich macht. Im neonhellen Licht, hinter mir ein großer, rechteckiger Spiegel in Nackenhöhe, stehe ich zur Ansicht bereit. Dem scharfen, geschulten Auge des Paßkontrolleurs entgeht kein Pigmentfleck. Jede noch so geringe Abweichung vom Paßbild überprüft er lange.

»Drehen Sie den Kopf etwas nach links! – Halt, nicht so viel! – Machen Sie das Ohr frei.«

Ich verharre in der Position eines Aktmodells. Unter seiner eindringlichen Betrachtung fühle ich mich wie am FKK-Strand, vollkommen nackt. Mühsam versuche ich, zur Seite zu schielen; die Kontrolle dauert mir etwas zu lange. Unentwegt blättert er die Seiten des Passes durch. Plötzlich spricht er laut und deutlich durch das kreisrunde Fenstersieb:

»Mit diesem Paß dürfen Sie nicht reisen!«

Mein Traum! Er soll nicht wahr werden?! Ich reiße mich zusammen und schreie nicht los. Nur zu genau ist mir bewußt: Wer Macht besitzt, gebraucht sie auch. Zwar steht in der Verfassung der DDR unter Artikel 4: Alle Macht dient dem Wohl des Volkes, aber ich denke: Alle Macht dient dem Mächtigen, halt den Mund und schweig, sonst siehst du weder den Westen noch deine Mutter. Ruhe vortäuschend frage ich nach dem Grund. Er sieht mich kurz an. Auf einmal vollzieht sich in seinem reservierten Gesicht eine Wandlung. Es bekommt weiche, freundliche Züge. Er steckt mir durch seine Sprechluke einen Kugelschreiber zu.

»Unter dem Paßbild fehlt Ihre Unterschrift.«

Ich bin kaum noch in der Lage, meine Aufregung zu verbergen, zügig schreibe ich mein Autogramm hinein. Er wünscht mir »Auf Wiedersehen«, ich kann gehen.

Wie inhaltsreich der Spruch »Auf Wiedersehen« an einer Grenze sein kann, vor allem, wenn man sie am liebsten für immer überwinden möchte! Viele Menschen, die die Flucht über die Mauer wagten, bezahlten mit ihrem Leben. Wer nicht erschossen wurde, verschwand für Jahre im Gefängnis. Es ist schlimm, wenn zwei politische Weltanschauungen so dicht wie in Deutschland aufeinanderprallen.

Fest entschlossen, mich von niemandem mehr aufhalten zu lassen, greife ich meine Tasche und laufe unaufhaltsam durch den Korridor, der mir wie der lange Gang für die Raubtiere im Zirkus vorkommt, auf das Westtor zu. Auf mir ruhen die unsichtbaren Blicke der Grenzsoldaten wie radioaktive Strahlen; ich kann sie nicht sehen, hören und riechen, dennoch sind sie da. Ein Schauer jagt mir über den Rücken – hoffentlich schießt keiner versehentlich auf mich. Schon erkenne ich den weißen Markierungsstreifen auf dem Asphalt, der sich an einem Schild mit der Aufschrift »Sie betreten den britischen Sektor« über die graue Straße zieht. Mich überkommt ein Glücksgefühl, als hätte ich einen Hundertmeterlauf gewonnen. Vor lauter Freude springe ich über den Streifen.

Geschafft!

Aber wo ist Walter? Er gehört seit fünf Jahren zu unserem Bekanntenkreis, ein Westberliner, dem ich vertraue und der mir die nötigen Papiere von meiner Mutter besorgt hat, damit ich den Antrag auf ein Visum stellen konnte. Bis Fe aus der Schule kommt (sie ist als Studienrätin tätig), wollte er sich um mich kümmern. Ob er sich verspätet hat?

Suchend drehe ich mich im Kreis. Auf einem hölzernen Wachturm entdecke ich ihn. Wie ein Seekadett auf dem Segelschulschiff schwenkt er seine Arme kreuzweise zum Signal. Aus seiner Kehle schallt der Ruf: »Komm rauf, hier kannst du in den Osten gucken, übers Grenzgebiet!«

Glücklich laufe ich auf den Turm zu. Gerade will ich meine Füße auf die unteren Stufen setzen, da zögere ich und überlege: Darf man das? Ich bin in einem Land mit Verbotsschildern aufgewachsen. Ahnt Walter meine Gedanken? Er lacht herunter:

»Mach schon, es ist ein Aussichtsturm.«

Vorsichtig steige ich die ersten Stufen hinauf; die Holztreppe ist trotz aller Witterungseinflüsse sehr stabil. Darüber bin ich erstaunt, bei uns wäre sie sicherlich morsch gewesen. Später wundere ich mich über nichts mehr, sondern trage es mit Fassung, daß ich zum Beispiel erst herausfinden muß, wie eine verdeckte Klospülung, ein moderner Wasserhahn oder der kastenartige Seifenhalter funktionieren. Im Westen ist eben alles anders.

Herzlich umarmt mich Walter.

»Laß dich mal anschauen – siehst gut aus! Wer hätte das jemals gedacht – Burkolowski im Westen!«

Stolz zeigt er auf seine Kameraausrüstung.

»Ich wollte deinen Übertritt filmen, aber du warst leider schneller.«

Walter ist ein großer, hagerer Mann, dessen blaue Augen vor Begeisterung funkeln, wenn er von den neuesten Autos schwärmt. Unter seinem Schnauzbart blinken weiße Zähne, das Schläfenhaar ist leicht ergraut. Hätte ihn die Natur nicht mit abstehenden Ohren bedacht, wäre er ein Schönling. So aber ist er eher eine interessante Erscheinung, zuverlässig und gutmütig. Wahrscheinlich ist das auch ein Grund dafür, daß es eine Frau nie lange bei ihm ausgehalten hat. Ein Langweiler? Er zieht mich zur Brüstung.

»Willst du nicht mal in den Osten sehen?«

Das Wort »Osten« versetzt mir einen kleinen Stich. Wie er das sagt, klingt es richtig madig.

Ich widerspreche nicht, zu sehr freue ich mich, hier zu sein. Dennoch verzichte ich auf die Rolle eines Jägers, vom Hochstand aus in eine Stadthälfte zu glotzen, die mir ohnehin ausreichend bekannt ist. Zudem stehen mir die Eindrücke vom Durchqueren der Grenzanlagen noch recht deutlich vor Augen: die Mauer, Wachtürme, Sandstreifen, Stacheldraht, Metallzäune, Stolpergräben, Hunde, Scheinwerfer, Laternen, Soldaten mit Maschinengewehren, Fahrstreifen für Geländewagen und am Ende wieder die Mauer, über drei Meter hoch. Wer einmal offiziell die Grenze überschritt, wurde auf ewig Zeuge des »Eisernen Vorhanges« und wußte um die grausamen Möglichkeiten, eine Flucht zu verhindern. Wie klein dagegen schien mir die Mauer in meiner Kindheit. Stein auf Stein und davor Stacheldrahtrollen. Welch gigantischer Ausbau in den letzten 24 Jahren betrieben worden war, sehe ich erst heute. Sogar vor Selbstschußanlagen schreckten die »Verteidiger des Sozialismus« nicht zurück.

Walter übernimmt bereitwillig die Rolle des Fremdenführers. Wir steigen in seinen silberfarbenen Mercedes, ich lehne mich bequem in den weichen Ledersitz, die körperliche Anspannung löst sich. Ich höre seine Stimme wie durch einen Nebelschleier, sie verhindert, daß ich einnicke.

»Zuerst fahren wir zu einem Kunden, danach ins Europa-Center essen«, legt er fest.

Wir fahren, nein, wir gleiten wie in einem Faltboot leise und schnell über die Straßen. Kein Gerüttel, nicht ein einziges Schlagloch wirft mich aus meiner Sitzposition. Wenn ich da an unsere Holperstraßen denke – eigentlich müßte man außer der Anschnallpflicht auch noch die Sturzhelmpflicht einführen, so heftig stoße ich mir oftmals wegen der Straßenlöcher den Kopf.

Walter redet, als absolviere er einen Reiseleiterkurs für Busunternehmen.

»Und schau mal nach links, und schau mal nach rechts ...«

Mein Kopf schwingt hin und her wie das Pendel einer Uhr. Ich schaue. Alice im Wunderland würde mich beneiden, ich bin entzückt von der Vielfältigkeit der Farbenpracht, die an meinen Augen vorbeiflimmert. Farben und nochmals Farben. Endlich finden meine Augen ihre Daseinsberechtigung, weiden sich an all dem, was im eintönigen Grau der langen DDR-Jahre erstickt worden ist. Aus Wassereimern quellen prächtige Blumensträuße in allen Sorten. Vor den Gemüsegeschäften bieten Verkäufer ihre südländischen Früchte zum Kauf an. Die verschiedensten Weintraubensorten türmen sich zu Bergen und wirken verschwenderisch. Vor den Schuhläden hängen Stiefel in allen erdenklichen Farbschattierungen. Haufenweise dekorieren weiße Tennissocken die Fensterauslagen wie liegengebliebener Schnee. Die Schaufenster der Boutiquen lassen schlecht erkennen, um welche Kleidungsstücke es sich handelt, so dicht hängen die Klamotten davor.

Leuchtreklameschilder strahlen in grellen Neonfarben an jeder Hausfassade. Hochglanzpolierte Luxuswagen drehen sich in Autohäusern auf einer Scheibe und bieten sich dem Kunden von allen Seiten dar.

Meine Augen arbeiten auf Hochtouren, wie eine Kamera, denn mir ist bewußt, ich fahre mit den Augen vieler Freunde, die neugierig auf meine Reiseeindrücke aus der westlichen, unbekannten Welt warten.

Walter konzentriert sich auf den regen Autoverkehr, der hier herrscht, deshalb genieße ich das ungestörte Betrachten und Wundern, was mir eine Frage-und-Antwort-Situation unmöglich gemacht hätte.

Langsam wird die Gegend ländlicher. Wir fahren in einer Seitenstraße einen breiten, weißen Kiesweg hinauf. Walter hält den Wagen vor einem Ärztehaus an und schlägt mir eine kurze Pause vor, da er die geschäftliche Verabredung nicht versäumen will. Ich habe nichts dagegen einzuwenden, nur zu gerne möchte ich die schöne Gegend erkunden. Er ruft mir nach:

»Geh nicht zu weit, es dauert höchstens zehn Minuten!«

Komisch, auch das Wetter ist hier anders, kein kalter Ostwind bläst durch die dünnen Maschen meiner blauen Wolljacke, nicht der geringste »Duft« von Trabbi-Abgasen steigt mir in die Nase. Gierig wie ein Staubsauger ziehe ich die frische Märzluft geräuschvoll ein. Bei dem Vergleich grinse ich in mich hinein. Gemütlich schlendere ich eine leicht hügelige Straße hinauf, vorbei an prächtigen, gehegten und gepflegten Gärten. Kunstvoll zurechtgestutzte, immergrüne Lebensbäume zeugen von der Fingerfertigkeit eines

Landschaftsgärtners. Wie bei einem Schaufensterbummel bleibe ich beeindruckt vor den schönsten alten Villen stehen. Blendendweiß leuchten sie hinter den dichten Gewächsen hervor, daß ich mich frage, wer in diesem Luxus wohnt – oder ist es eine Kuranlage?

Die ungewöhnliche Ruhe veranlaßt einen Zugvogel zu seinem ersten Singversuch, der das Gebell eines wachsamen Hundes auslöst, worauf sich eine Haustür öffnet und eine Frau mit einem Besen heraustritt. Sofort beginnt sie damit, die marmorierten Gehwegplatten zu fegen, was einen fettleibigen Mann im hellblauen Jogginganzug aus dem Nachbargarten veranlaßt, schnaufend ein paar ernsthafte Worte über den Zaun loszuwerden:

»Die Laubbeseitigung ist letzte Woche gewesen! Ihretwegen kann ich meinen Wagen nicht jeden Tag durch die Waschanlage fahren!«

Die Verteidigung der Dame, sie habe keine Säcke bekommen, scheitert an der Zornröte des uneinsichtigen »Sportlers«. Sichtlich verstört verschwindet sie im Haus. Zufrieden über seinen Erfolg, wenn es auch kein sportlicher war, steckt der Nachbar seine Hände in die Hosentaschen und marschiert über seinen grünen Rasen davon. Belustigt denke ich: Nun ja, wenigstens darin gleichen sich die Deutschen: Es gibt immer einen, der was zu meckern hat.

Und dann erspähe ich die Urheber des Streites. Vor jedem Grundstück lehnt an einem Baum eine prall gefüllte, blaue Plastiktüte, in der sich die Reste des letzten Herbstes erkennen lassen. Eine eigenartige Gesellschaft, die ihren natürlichen Laubabfall in Plastiksäkken entsorgt. Bei »uns« kommt der Abfall auf den Kompost, aus dem sich im Sommer die Angler ihre Regenwürmer holen.

Seit ich hier bin, denke ich immer »bei uns« – warum? Ich bin doch nicht im Ausland, oder doch?

Walter reißt mich aus meinen Überlegungen:

»Gefällt dir wohl hier? Kannst gerne bleiben, bloß Wohnen kann man sich hier nicht leisten. Eine sündhaft teure Gegend, ist nur für Reiche.«

Ich lache und zucke mit den Schultern:

»Wenn unsere Villa mal renoviert wird, kann sie es mit jeder aufnehmen. Wir haben den Vorteil, auf einem großen Grundstück direkt an der Spree zu wohnen.«

»Da hast du recht«, sagt Walter, »aber du zahlst 90,– Mark Miete, und diese Prunkhäuser kosten mindestens 6000,– DM im Monat.«

Ich sehe ihn an: »Soviel verdient mein Mann gerade in sechs Monaten.«

Beruhigend fügt Walter hinzu: »Das ist aber auch der einzige Vorteil im Osten: die Mieten.«

»Geht ja auch nicht anders«, antworte ich, »wegen der niedrigen Gehälter.«

Zum Glück streiten wir uns nicht; ich habe keine Lust, über die Vor- und Nachteile der beiden Länder nachzudenken.

»Außer meiner Familie hält mich nichts drüben«, sage ich.

Walter denkt praktisch: »Die können doch auf Familienzusammenführung nachkommen, wozu haben wir das Gesetz?«

»Das bringe ich nicht fertig, meinen Mann mit den Kindern allein zu lassen. Dann wäre ich nicht besser als meine Mutter, abgesehen von den Schikanen der Behörden, denen sie vielleicht für Jahre ausgesetzt sind. Ach nein, laß gut sein, ich gehe morgen Punkt 24 Uhr zurück, und nun kein Wort mehr darüber.«

Das Europa-Center ist äußerlich nichts Besonderes, ein Hochhaus, auf dessen Dach ein riesengroßer Mercedesstern prangt. Vor dem Eingang steht ein rundes, eigenartiges Etwas, das mir Walter als Springbrunnen, genannt »Der Wasserklops«, enträtselt. Im Moment ist er mit leeren Bierdosen und Dreck gefüllt, kann aber einem Klops sehr ähnlich sehen, vorausgesetzt, die Phantasie läßt es zu. Wie heißt es doch: Auf Äußerlichkeiten soll man nichts geben, nur die inneren Werte zählen.

Das Innere des Centers übertrifft meine Erwartungen und Vorstellungen bei weitem. Nach 33 Jahren Leben im Sozialismus besitzt man davon entweder zuviel oder zuwenig. In einem Labyrinth aus Licht, Glas, Spiegeln, Kristall, Chrom, Farben und Lack hält mich die Pracht gefangen. Sprachlos bleibe ich nahezu vor jedem Schaufenster stehen. In wenigen Sekunden ist mein Stolz, als »Ostlerin« nicht aufzufallen, dahin. Ich verwandle mich in eine Gafferin, und ehe ich begreife, was in mir vorgeht, entfliehen meinem Mund seltsame Laute: Ah und Oh, die sich rasch in verwunderte Rufe verwandeln. Begeisterung packt mich:

»Das gibt's doch nicht! Das kann nicht wahr sein!«

Zufällig streifen meine Blicke Walters Gesicht. Er hat meine Ausrufe erwartet. Selbstgefällig steht er vor mir, wie ein Gespenst, nur zum Anfassen. Seine leibhaftige Erscheinung macht mir bewußt: Uschi, du bist im Westen, nimm dich zusammen. Gleichgültigkeit vortäuschend, gehe ich an den Auslagen vorbei, wobei ich, heimlich zur Seite schielend, den Blick eines Augenkranken annehme; schließlich will ich mir nichts entgehen lassen.

Da versuchen sie bei uns, den Hauch von Intershop

in die teuren Ex-Läden (»Exquisit-Läden«) zu bringen, und hier liegen zur Dekoration einfache Ziegel oder Kieselsteine zwischen den gipsweißen Füßen der Schaufensterpuppen herum. Ganz zu schweigen von abgerissenen Zeitungsfetzen, dient hier Toilettenpapier nicht seinem eigentlichen Zweck, sondern als Preisschild. Alle Gestaltungsmöglichkeiten zeichnen sich durch Einfallsreichtum oder Geschmacklosigkeit aus, dennoch haben sie eines gemeinsam: sie wirken auf den Betrachter. Ich überlege, welche Absicht dahinterstehen könnte. Soll dem Kunden vorgegaukelt werden, mit einem Kostüm von »Coco« spielt es keine Rolle, welche Zeitung du liest oder welchen Hintern du hast, und mit »Chanel« bist du mehr. Schade, ich werde wohl nicht die Zeit haben, das herauszufinden.

Ungeduldig drängt mich Walter zur Rolltreppe, die an einer hohen, gläsernen Wasseruhr vorbei in die nächste Etage zum Restaurant »Möwenpick« führt. Er hat mächtigen Hunger, deshalb gestattet er mir diesmal nicht, einen Blick von der Balustrade in die gläserne Halle nach unten zu werfen, er bringt mich gleich zum Büfett. Ratlos stehe ich vor unbekannten, köstlich aussehenden Speisen. Ich wußte gar nicht, daß es dermaßen viele Brotsorten gibt. Mich quält die Frage: Was ist echt, was kann man davon essen? Da ich mich nicht mit einer möglichen Kunstfrucht blamieren will, nehme ich gewöhnliche Rühreier mit Vollkornbrot. Allein der Anblick des reichlichen Essens hat mich gesättigt.

Lustlos stochere ich in den Eiern herum, trinke Kaffee und beobachte meine Umgebung. Wenn mich nicht alles täuscht, befinden sich in diesem Haus fast nur Touristen, denn alle bestaunen die Wasseruhr, als sei Neptun persönlich dem Meere entstiegen.

Feodoras Wohnung gleicht einer Möbeldesigner-Ausstellung. An weißen Wänden hängen echte, moderne Ölbilder in dekorativen Rahmen, die mit kräftigen Farben von Rot ins Blau übergehen. An der Wand entlang reihen sich schneeweiße Sitzkissen auf grauem Samtteppichboden, unter dem sich eine Fußbodenheizung befindet. Auf einem chromblitzenden Barwagen stehen verschiedene Liköre und Weine in Glaskaraffen bereit. Der schwere, silberne Kerzenleuchter schmückt den wuchtigen, elfenbeinfarbenen Marmortisch. Acrylglasregale geben dem Raum unendliche Weite, so daß die kompakte Stereoanlage darunter nicht auffällt. Kleine, echte Perserbrücken verleihen der kühlen Eleganz etwas Verspieltes. Das Wohnzimmer ist ein Raum von etwa 90 Quadratmetern, postmodern geschnitten. Durch die großen Fenster fällt viel Licht herein und bringt den Besucher auf die Idee, den Ausgang auf die Terrasse zu suchen, die von hohen Palmen in Töpfen verdeckt wird. Fe drückt und küßt mich vor lauter Wiedersehensfreude regelrecht ab, zieht mich die Wendeltreppe in den unteren Wohnbereich hinunter und zeigt mir das Gästezimmer. Eine große, seidenbedeckte Matratze soll mir zum Schlafen dienen. Das Fenster läßt den Blick in den Sternenhimmel frei, ein Strohblumenkranz ziert das Fensterbrett. Fe sagt:

»Keine Angst, hier ist alles alarmgesichert, außerdem schlafen wir nebenan.«

Ich habe keine Angst. Sie geht mit mir ins Badezimmer, legt mir dicke, weiche Badetücher zurecht, zeigt mir den Schminktisch, fragt, ob ich lieber duschen oder baden möchte, und verschwindet, um Kaffee zu kochen. Ich schaue entgeistert in den Spiegel: Puh, das also bist du, Uschi. Laut sage ich:

»Du bist im Westen, aber wie geht der verdammte Wasserhahn auf?«

Eine Weile rücke und drücke ich an dem modernen Ding vergeblich herum, dann stelle ich mich einfach unter die Dusche. Ein herrliches Gefühl, nach dem Duschen auf warmen Fliesen herumzugehen.

Feodora lacht sich krumm über meine Erzählung von der Sanitäranlage. Sie winkt mir, ihr zu folgen. Wir steigen noch einmal die Wendeltreppe hinunter, sie zeigt mir die Funktion und Benutzung aller Dinge, einschließlich der Kosmetikartikel. Ich bin froh, daß sie keine klugscheißerische Westtante ist, sondern eine witzige, lustige Freundin.

In ein weiches Badetusch und eine Wolke gut riechenden Parfüms eingehüllt, steige ich wie Kleopatra zu ihr empor, versinke in die Sitzkissen, rauche eine Zigarette, trinke Kaffee und denke: Kann das Leben herrlich sein.

Die Minuten verrinnen, bis Fe bestimmt:

»Schmeiß dich in die Fummel, wir gehen ins KaDeWe einkaufen.« Sie duldet keinen Widerspruch.

Auf meiner Liege stapeln sich kartonweise Kleidungsstücke: Hosen, Röcke, Pullover und Blusen. Ich habe Schwierigkeiten, mich zu entscheiden, was ich anziehen soll.

»Die Sachen kannst du alle mit rüber nehmen, die schenke ich dir.«

Bestürzt sehe ich sie an: »Was denn, alle?«

»Alle«, lacht sie und breitet ihre Arme großzügig über alles aus. Ich weiß nicht, wie ich mich bedanken soll. Es sind sehr schöne, teure Wollpullover aus Kaschmir und Seidenblusen darunter. Mir ist zumute wie an Weihnachten, nur hundertmal aufregender. Fes braune Augen blitzen vor echter Freude:

»Mach, beeile dich, das KaDeWe schließt um 18 Uhr.«

Walter holt uns um 17 Uhr ab, wir brausen im Eiltempo über den Ku'damm, fahren in das Parkhaus, und Fe rennt mit mir in die Bekleidungsabteilung. Sie verpaßt mir neue Jeans, einen hellblauen Pulli, Unterwäsche und Lederturnschuhe, hellblau. Sie verlangt, daß ich alles sofort anziehe, und die Verkäuferin stutzt über meine Stiefel mit den hohen Kreppsohlen, die längst aus der Mode sind. Ich hatte mir auf Feodoras Rat die ältesten Schuhe angezogen, auf die ich ohne weiteres verzichten konnte.

»Soll ich die eintüten?« fragt die Verkäuferin und hebt meine Schuhe in die Höhe.

»Nein, die haben ausgedient, werfen Sie sie in den Müll«, sage ich albern.

»Na, so schlecht sehen sie nun auch wieder nicht aus«, lächelt sie.

»Ich schenke sie Ihnen«, lache ich, und wir laufen in die Garage. Von der Hektik der letzten Stunden bin ich völlig geschafft, aber nicht müde. Walter fährt uns in ein italienisches Restaurant, in dem er Plätze bestellt hat. Auf weißgedeckten Tischen brennen Kerzen, so wie in einem Traum, nur daß ich als erste hier bin. Walter hat heimlich alle Freunde zusammengetrommelt, die nach und nach mit Fotoapparaten und Blumen eintreffen. Unter ihnen befinden sich einige, die ich seit ihrer Ausreise nicht mehr gesehen habe.

Es wird ein fröhlicher Abend, wir lachen viel, erzählen von früher, natürlich kommt auch die Frage: »Willst du nicht hierbleiben?« Doch alle akzeptieren meine Meinung, daß ich meine Familie nicht im Stich lassen kann. Plötzlich betritt Heike das Restaurant. Walter hat ihr nichts von mir erzählt, nur gebeten, daß sie zu einem gemütlichen Zusammensein vorbeikommen möchte. Als sie mich erkennt, stirbt das Lachen auf dem fröhlichen Gesicht. Fassungslos läßt sie sich auf den ersten freien Stuhl fallen, steckt sich eine Zigarette an, bläst den Rauch kräftig aus und fragt mich dann in einem Ton, als glaubte sie, nicht recht zu sehen:

»Was machst du denn hier?«

Wie im Traum, denke ich schockiert, wie im Traum. Sie ist nicht in der Lage, mir ihre Hand zur Begrüßung zu reichen, auch fühle ich bei ihr keine rechte Freude über das Wiedersehen nach zweieinhalb Jahren.

1982 war sie in Ungarn wegen Republikflucht verhaftet und zu drei Jahren Gefängnis verurteilt worden. Sie saß in Hohen-Eck im Erzgebirge, dem bekanntesten und gefürchtetsten Frauengefängnis. Um ihr Mut zu machen, standhaft zu bleiben, schrieb ich ihr fast täglich. Ein einziges Mal erhielt ich die Erlaubnis, sie während der Besuchszeit eine halbe Stunde zu sehen. Wegen der großen Entfernung waren wir vom Morgen bis in die späten Abendstunden unterwegs. Weder die Gitter vor den Fensterluken noch die vielen, durch Gittertüren unterteilten Gänge und erst recht nicht die harten Gesichtszüge der Aufseherinnen verdarben mir die gute Laune, die ich unbedingt zu Heike in das graue Gefängnis tragen wollte. In einem einzigen Moment der Unaufmerksamkeit der Aufseherin schummelte ich Heike einen kleinen silbernen Ring zu. Sie schob ihn sich sofort in den Mund. Mein Mann mißbilligte meinen Leichtsinn mit keinem Blick.

Beim Auf-Wiedersehen-Sagen jedoch passierte mir ein folgenschwerer Fehler. Wir, die Besucher, saßen alle in einer Reihe hinter einem langen Tisch, vor uns mußten die »Strafgefangenen« in einer Reihe Platz nehmen. Der Zufall wollte, daß ich am Tischende Heike genau gegenübersaß. Obwohl ich im Warteraum die Vorschriften mehrmals durchgelesen hatte, zum Beispiel: Strafgefangene dürfen nur mit Handschlag begrüßt und verabschiedet werden, hatte ich diesen Text beim Ausruf, die Besuchszeit sei zu Ende, nicht mehr in Erinnerung. Heike stand auf, auch ich erhob mich, plötzlich standen wir uns gegenüber, und spontan schloß ich sie in meine Arme und küßte sie zum Abschied auf die Wange. Das reichte der Aufseherin. Laut kreischte sie:

»Ab sofort gilt für Sie Besuchsverbot!«

In Gegenwart dieser Frau wies mich mein Mann empört zurecht:

»Sag mal, spinnst du? Was soll denn das?«

Ich wußte, daß aus ihm die Angst um seine Schwester sprach, doch die heftige Reaktion verletzte mich, zumal ich die Schadenfreude der Aufseherin bemerkte. Traurig verließ Heike den Besucherraum. Das Besuchsverbot galt nicht für Heike, sondern für mich. Mein Mann fuhr dann immer allein zu ihr.

Wir schrieben uns bis zu ihrer Freilassung, danach fanden wir häufig im Briefkasten die bekannten, knallbunten Kitschpostkarten aus aller Welt.

Zwischen mir und Heike kommt es zu keinem Gespräch. Die vielen Personen, die mich umgeben, und die Fragen nach alten Freunden im Osten lassen ein Einzelgespräch nicht aufkommen. In den Augen »Ehemaliger«, die seit ihrer Ausreise nie wieder in die DDR gelassen wurden, kann ich trotz aller Schwärmerei über ihr jetziges Leben eine traurige Sehnsucht nach dem Verlorenen lesen. Das verstehe ich nicht.

Nach mehreren Bar- und Diskobesuchen sinke ich immer tiefer hinab in die Nacht aus unechtem Glamour und Musik. Großzügig spendieren mir alle die teuren Getränke. Gelassen nehme ich es hin, als »Ost-Exot« vorgestellt zu werden. An jeder Einlaßtür heißt es: »Sie ist aus dem Osten.« Wohlwollendes, mitleidiges Lächeln folgt. Sie loben mein diskoangepaßtes Erscheinungsbild:

»Sie sehen gar nicht wie eine von drüben aus.«

Das Schweigen fällt mir schwer. Soll ich vielleicht den Hammer, die Sichel und den Ährenkranz auf meiner Stirn herumtragen? Reicht das Emblem nicht auf der Fahne?

Woran erkennt man einen Ostler? frage ich mich. Drei Jahre später weiß ich es: An den Schuhen!

Die Nachtschwärmerei verursacht gegen zwei Uhr morgens eine große Schläfrigkeit in mir. Nicht daß ich schlafen will, ich habe einfach keine Lust mehr, von Kneipe zu ziehen, zumal Berlin keine Polizeistunde hat. Hier schließen die Lokale erst, wenn der letzte Gast gegangen ist. Feodora gesteht mir, daß ihr die Füße von der vielen Lauferei brennen; am liebsten würde sie die neuen Schuhe aus dem KaDeWe gegen die erstbeste Wand schmeißen. Sie hat gegen meinen Vorschlag, nach Hause zu fahren, nichts einzuwenden.

Auf der Suche nach dem Auto – Fe weiß wieder einmal nicht, wo sie es abgestellt hat – verfolgen uns die Blicke der Mädchen, die in den Torbögen der Hauseingänge stehen. Schwere Pelze hängen lose über ihren Schultern und entblößen seidene Dessous aus rotschwarzer Spitze, die ihre Weiblichkeit wie eine zweite Haut eng umspannen. Selbst bei einer Flachbrüstigen quillt es oben leicht heraus. Lange, schlanke Beine stecken in hochhackigen Schaftstiefeln, die kurz über dem Knie enden, genau da, wo die straßbesetzten Strapse beginnen. Die steinchenverzierten Tangas blitzen im Licht der Laternen und Scheinwerfer in allen Regenbogenfarben auf. Autos fahren im Schrittempo an den Mädchen vorbei.

»Was sind das für Mädchen?« frage ich Feodora.

Sie lacht: »Nutten, Huren, eben Strichmädchen, wie du willst. Sie gehen für Geld mit jedem ins Bett, manche machen es auch gleich im Auto.«

Auf ewig lockt das Weib, geht es mir durch den Kopf. Ich finde sie auf irgendeine Art geheimnisvoll anziehend.

»Bitte, Fe, laß uns mit einer reden, bei uns habe ich solche Frauen noch nie gesehen.«

Sie sieht mich schmunzelnd an: »Gut, weil du es bist.«

Wir gehen zu einer großen, dunkelhaarigen Schönheit. Die Mädchen haben alle eine ungewöhnlich schlanke Figur.

»Woher kommt das?« frage ich. »Ob sie der Formen wegen hungern?«

»Na klar«, antwortet Fe leise. »Schließlich ist der Körper ihr Kapital.«

»Wenn das Marx hören könnte«, sage ich und lache. Spontan fällt mir ein Witz ein, den ich ihr erzähle:

»Kommt ein Ostberliner in den Intershop, kauft seelenruhig ein. An der Kasse legt er der verdutzten Kassiererin DDR-Mark als Bezahlung hin. Puterrot vor Empörung weist sie das Geld zurück:

›Hier wird in DM bezahlt!‹

›Wieso‹, entrüstet sich der Kunde, ›ich bin ein Urururenkel von Marx.‹

Ein Westberliner Besucher, der hinter ihm steht, beruhigt die Verkäuferin:

›Lassen Sie mal, junge Frau, ich bezahle für den Herrn mit.‹

Dankend nimmt der Ostberliner die Tüte und verläßt den Laden.

›Mich geht es ja nichts an‹, sagt die Verkäuferin verlegen, ›aber es interessiert mich schon, weshalb Sie die Rechnung mitbezahlt haben.‹

›Das ist einfach zu erklären. Ich bin ebenfalls ein Urururenkel von Marx, nur mit dem Unterschied: er hat ihn gelesen, und ich habe das Kapital geerbt.‹«

Feodora bricht in lautes Lachen aus. Dann begrüßt sie die Nachtschöne: »Hallo!«

Freundlich erwidert sie den Gruß:

»Und wie geht es dir?«

Sie kennen sich, zuckt es mir durch den Kopf. Woher? Ich muß Fe unbedingt danach fragen.

Fe spricht von der Schule, natürlich auch von Dieter, ihrem Freund, und plötzlich schnattern sie wie zwei Freundinnen über alltäglichen Weiberkram. Die Unbekannte stöhnt über ihren Freund, der ihr einen neuen teuren Wagen geschenkt, ihn aber vor zwei Tagen zurückverlangt habe.

»Dieser Misthund«, schimpft sie, »wenn ich ihn nicht bald verlasse, gehe ich vor die Hunde.«

»Wie lange willst du denn noch anschaffen gehen?« fragt Fe einfühlsam.

Die andere schmeißt ihren langen, schwarzen Pferdeschwanz über den Rücken, zieht fragend eine

Augenbraue hoch, zuckt die Achseln und lächelt unsicher:

»Ich weiß nicht, ein oder zwei Jahre vielleicht. Dann höre ich wirklich auf.«

»Gehst du nach Hannover, danach?« erkundigt sich Fe.

Sie sieht traurig aus. »Wenn dieser Scheißkerl nicht wäre; aber ich komme von ihm nicht weg«, sagt sie resigniert.

Unerwartet stellt Fe mich ihr vor: »Eine Freundin, aus dem Osten. Sie ist für zwei Tage hier und sieht sich die Stadt an. Sie möchte gern wissen, was und wie du das machst.«

Ein kurzer, interessierter Blick aus ihren schwarzummalten Augen streift mich:

»Du bist ja viel beschissener dran als ich. Lieber stehe ich bis ans Ende meiner Tage auf der Straße, als nur einen einzigen Tag im Osten zu leben.«

Sie ist so locker, einfach nett. In Filmen werden diese Frauen nur ordinär und verrucht dargestellt. Sie ist ganz anders. Schüchtern wage ich eine Frage:

»Wie arbeitest du?«

Salopp sagt sie: »Einmal ohne fünfzig Mark.«

»Was heißt ›einmal ohne‹?«

»Ohne Küssen. Wir überschütten unsere Kunden nicht.«

»Gehört das Küssen nicht dazu?«

Sie lacht: »Mein Schätzchen, Küssen ist etwas sehr Privates, das haben wir uns bewahrt.«

»Aha«, sage ich dümmlich, weil ich es nicht begreifen will. »Schützt ihr euch auch?«

»Was denkst du denn, deswegen laufen uns ja viele Kunden weg und gehen zum Zoo.«

»Kriegen sie es am Zoo ohne Kondom?«

»Na klar! O Gott, du bist wirklich aus dem Osten. Am Bahnhof Zoo stehen die kleinen Mädchen, die brauchen die Kohle für ihren Kiff. Die machen es billiger und ohne.«

»Kiff, was ist das?«

Fe lacht. »Rauschgift.«

»Und sonst?« frage ich weiter.

»Alle Extras müssen extra bezahlt werden.«

Sie verändert ihren Gesichtsausdruck; über ihrer Nasenwurzel bildet sich eine steile, unzufriedene Falte.

»Verschwindet«, sagt sie ungeduldig.

Der gutgekleidete Herr ist mir bereits aufgefallen. Während wir uns unterhielten, lief er an uns mehrmals vorüber, wobei seine Augen aufdringlich zwischen ihrem Busen und den Beinen hin und her wanderten.

»Haut ab, ihr verscheucht mir die Freier!« flüstert sie.

Wir gehen. Unter dem Scheibenwischer klebt ein Zettel. Fe liest das Geschnörkel, zerknüllt das Papier und wirft das Knäuel hinter sich in die Parkanlage.

»Was war das?«

»Von der Polizei, wir haben im Halteverbot geparkt.«

»Und du schmeißt den Zettel einfach weg? Hast du keine Angst vor einer Strafe?«

Sie lacht schallend über die Straße: »Vor wem sollte ich Angst haben? Hier wird keinem der Kopf abgerissen.«

Eine vollkommen andere Welt. Ich wüßte keinen bei uns, der nicht Angst vor der Polizei hätte. Muß ich wirklich dahin zurück, in ein Land, das mir weit entfernt erscheint? Morgen rufe ich Frank an; ich muß unbedingt mit ihm sprechen.

Wir fahren nach Hause. Unterwegs sehen wir ab und zu ein Mädchen stehen.

»Woher kennst du die Frau von vorhin?« frage ich.

»Wir haben zusammen studiert, bis sie diesen Zuhälter kennenlernte. Sie hat alles hingeschmissen, Eltern, Beruf, Schule – all das war ihr plötzlich nicht mehr wichtig, nur der Kerl zählte.«

»Da kann man sehen, wohin die Liebe führt«, lästere ich.

»Pah«, lacht Fe, »von wegen Liebe, der will das große Geld mit ihr verdienen, weiter nichts. Ist er guter Laune, regnet es Geschenke, ansonsten Prügel. Danke, da geht es dir im Osten viel besser als ihr.«

»Warum läßt sie sich das gefallen?«

»Vielleicht liebt sie ihn?«

Komische Liebe.

Aus Angst, die Zeit im Westen nur zu verschlafen, habe ich kein Auge zugetan und sämtliche Zeitschriften gelesen, die ich in der Wohnung finden konnte. Fe ist nach einem morgendlichen Streit mit ihrem Freund in die Schule gefahren. Dieter arbeitet bei einer Versicherung. Er verdient dort sehr viel Geld, sagt Fe, und er weiß, wie er sie halten kann. Dabei trägt sie sich mit dem Gedanken an eine Trennung. Das kann ich nicht verstehen, da er nicht nur gut aussieht, sondern auch sehr sympathisch ist.

Es klopft an meiner Tür, Dieter bringt mir eine Tasse Kaffee. Hastig bedanke ich mich, mir ist es peinlich, von ihm im Bett bedient zu werden. Von der Tür ruft er mir zu:

»Wir sehen uns oben zum Frühstück.«

Schnell werfe ich die warme Decke von mir, dusche,

ziehe mich an und schminke mich, um Dieter nicht länger warten zu lassen. Dann renne ich, ein paar Stufen überspringend, die Treppe hinauf. Dieter sitzt am Eßtisch, gebeugt wie ein alter Mann. Er hat seinen braunen Haarschopf in die Hände gestützt und sieht echt verzweifelt aus.

»Na, red schon«, schlage ich ihm vor.

Im Nu schüttet er mir seinen Kummer aus. Er beklagt sich darüber, daß Fe wie eine Jugendliche nachts in Diskotheken herumhopst, anstatt den Abend daheim zuzubringen.

»Für mich ist das alberne Herumgespringe nichts, ich bin am Abend von der Arbeit total geschlaucht«, seufzt er.

Seine tiefblauen Augen ruhen hilfesuchend auf mir. Was sagt man in so einer verzwickten Lage? Am besten, ich versuche es mit der Wahrheit.

»Hör mal, du mußt dir keine Vorwürfe machen. Ich denke, Fe hat einfach keine Lust, wie ein Hausmütterchen zu versauern, sie ist eben ein lebenslustiger Typ. Sie liebt es, mit Menschen zu reden, zu lachen und zu tanzen. Wäre dir ein Mutti-Ersatz lieber?«

»Du meinst, das ist der einzige Grund?« zweifelt er.

»Mehr weiß ich nicht, das ist ein Geduldsspiel aller Paare. Jeder muß einfach dem andern einen Schritt entgegengehen, manchmal auch zwei, du verstehst?«

Er nickt und verläßt ein wenig zuversichtlicher die Wohnung. Angenehm, diese Ruhe jetzt. Zu viele Eindrücke sind auf mich eingestürmt, als daß ich mein inneres Gleichgewicht halten könnte. Ich rufe Frank an, und als ich seine Frage höre »Wie geht es dir?«, breche ich in Tränen aus.

Ich schluchze:

»Es geht mir verdammt noch mal so gut, daß ich am liebsten hierbleiben würde.«

Frank fragt verunsichert:

»Geht es dir wirklich gut?«

»Doch, doch«, stammle ich, »aber du fehlst mir.«

Er bleibt wie immer ruhig. Gefaßt sagt er:

»Wie du dich auch entscheidest, ich muß es respektieren. Nur du kannst die Entscheidung treffen, überleg es dir gut.«

Vollkommen konfus lege ich auf. Die Angst zählt jetzt die Stunden.

Fe kommt aus der Schule zurück; sie sieht an meinem verheulten Gesicht, daß ich eine Macke habe.

»Großer Gott, was ist dir denn passiert? Du siehst ja nicht besonders glücklich aus.«

Nutzlose Ausflüchte helfen mir nicht, darum gestehe ich ihr meine Gedanken:

»Ich würde liebend gern hierbleiben, aber ich kann meine Familie nicht ins Unglück stürzen.«

Sie umarmt mich. »Ich finde es richtig, wenn du nach Hause gehst, auch wenn ich niemals im Osten leben könnte.«

Sie ist von allen die einzige, die mir zuredet, nicht im Westen um Aufnahme zu bitten. Eine weitere Stunde später erweist sie sich nicht nur als Trösterin. Sie fragt nach Dieter. Ich erzähle von der Unterhaltung. Sie winkt müde ab:

»Immer dasselbe Theater.«

Meine Mutter

Feodora kennt sich ausgezeichnet in Berlin aus; schon nach einer halben Stunde befinden wir uns in einer einsamen Straße eines Altbauviertels. Allerdings bröckelt hier kein Putz von den Fassaden, obwohl die Häuser den Altbauten in Ost-Berlin gleichen. Fe parkt in einer Seitenstraße, die an den Friedhof grenzt. Langsam zieht sie den Autoschlüssel aus dem Zündschloß, lehnt sich zurück und sagt:

»Jetzt wird es ernst, Uschi.«

Ich kneife die Lippen zusammen und nicke. Mir ist schrecklich kalt. Fe fördert einen Lippenstift zutage und zieht sich den Mund knallrot nach. Sie betrachtet sich im Spiegel.

»Also komm, einmal muß es ja sein. Du kannst es nicht ewig vor dir herschieben.«

Vor zehn Minuten habe ich versucht, sie auszutricksen, aber es klappte nicht. Ich dachte, ein Einkaufsbummel würde das Treffen verzögern, doch Fe fiel nicht darauf herein. Mein Herz schlägt katastrophal schnell. Ich hole tief Luft, versuche ein befreiendes Lachen, drücke die Autotür auf und steige aus. Drei kümmerlich aussehende Tulpen hängen schlaff in meiner Hand. Von jedem Kind eine. Der Wind empfängt mich kalt, fast böse versucht er mir die Blumen zu entreißen. Was bedeutet das? Alles in mir sträubt sich, auf das Haus zuzugehen.

»Fe, komm mit!« höre ich mich schreien. Ich fühle mich nicht mehr, meine Beine bewegen sich nicht, ich bin ein hirnloser Holzpflock, sonst nichts.

Sie steigt aus, wirft ihre schwarzen Locken über den

Mantelkragen und hakt mich unter. Ohne ein Wort zieht sie mich zum Hauseingang Nr. 12.

Die Vorderhaustür quietscht beim Öffnen, der Eisengriff ist klamm. Verstört zuckt meine Hand von der Klinke zurück. Krachend fällt die Tür ins Schloß. Ich überfliege den stillen Portier, nicht die geringste Kleinigkeit entgeht mir, der Name meiner Mutter fehlt. Fe liest die Namen gründlich durch und sagt:

»Wir gehen einfach an den Briefkästen nachsehen.«

Auch dort finden wir den Namen nicht. Neugierig betreten wir den Hof. Die vollen Mülltonnen sind ohne Deckel, der Wind bläst die Asche über den verwahrlosten Hof, als liefe ein Bauer Saatgut streuend umher. Ich sehe an den Hauswänden hinauf zum Himmel. Kein Sonnenstrahl durchdringt die nebelgrauen Wolken. Langsam, als wolle ich mich vergewissern, nicht beobachtet zu werden, suche ich an den blinden Scheiben der ungeputzten Fenster nach einem Gesicht. Hinter den Gardinen bewegt sich nichts. Im unteren Stockwerk sind einige Fenster zerbrochen und notdürftig mit Pappe vernagelt. Das Haus sieht nicht bewohnt aus. Fe ruft:

»Hier geht es zum nächsten Hof!«

Das gleiche Hinterhofmilieu, nur daß über der Teppichklopfstange ein Läufer hängt. Am Briefkasten finde ich blitzschnell ihren Namen, wir sind da. Mein Herz setzt nicht aus, nichts, vor dem ich mich gefürchtet habe, geschieht. Langsam steigen wir im muffig riechenden Treppenhaus die knarrenden Stufen zur ersten Etage hinauf. An den Wohnungstüren weist kein Name auf meine Mutter. Also eine Treppe höher. Ich versuche einen Spaß:

»Fe, was ist, wenn sie dich für ihre Tochter hält, die Arme ausbreitet und ruft: ›Mein Kind‹?«

Aber im tiefsten Herzen fürchte ich, es könnte so sein.

»Blödsinn, deine Mutter wird dich doch als ihr Kind erkennen.«

Woran denn, denke ich niedergeschlagen. Ich war erst zwei Jahre alt, und jetzt bin ich dreiunddreißig.

»Da sind wir!«

Fe bleibt vor der rechten Mitteltür stehen.

»Los, klingle!« fordert sie.

»Ich kann nicht, klingle du.«

»Keine Angst, ich bin doch bei dir. Klingle endlich.«

Zögernd drücke ich auf den kleinen braunen Knopf. Ein schriller Ton gellt durch das Treppenhaus. Wir warten. Nichts.

»Noch mal«, sagt Fe.

Diesmal drücke ich schnell und kurz. Der hohe Klingelton gellt wie ein spitzer Schrei durch die Stille. Nichts.

Fe reißt die Geduld. Sie klopft beim Nachbarn. Niemand öffnet. Meine Mutter weiß nicht, daß ich komme. Uns trennt nur eine Tür, die, wenn ich jetzt gehe, für immer verschlossen bleibt. Ohne daß ich meinen Körper beeinflussen kann, drehe ich mich zur Treppe um und fühle gleichzeitig eine innere Ruhe. Erleichtert steige ich die erste Stufe hinab, als Fe plötzlich ruft:

»Jetzt höre ich was!«

Hinter der Mitteltür mit dem Namensschild meiner Mutter höre ich eine Frauenstimme verärgert rufen:

»Wer ist da?«

Fe pufft mich in den Rücken: »Antworte.«

»Ursula.«

»Welche Ursula?«

Ich begreife ihre Frage nicht. Kennt sie etwa die

Namen ihrer Kinder nicht? In mir regt sich etwas, aber ich habe keine Zeit, es zu deuten. Ich will nicht rufen »Deine Tochter«, deshalb sage ich:

»Ursula aus Ost-Berlin.«

Ein Riegel wird zur Seite geschoben, das Kettenrasseln dringt ins Treppenhaus, die Tür öffnet sich eine Handbreit, und aus dem Spalt fragt die Stimme:

»Ursula?«

Fe steht rechts von mir, vor dem Spalt. Ich erkenne eine schwarzhaarige Frau. Bevor ich sie als »Mutter« begreife, fliegt die Tür weit auf, und mit den Worten »Mein Kind!« will sie die Arme um Fe schließen. Entsetzt weichen wir beide gleichzeitig zurück. Alles ist wieder in mir, die Angst, die Wut, die Tränen, die Kindheit, die Rufe, die Hoffnung, die Sehnsucht, die Enttäuschung, der Makel, die Verzweiflung und die Suche. In mir bricht alles ein, übrig bleibt der schmerzstillende Haß.

Fe sieht verwirrt aus, sie entflieht der Umarmung.

»Das da ist Ihre Tochter«, sagt sie und zeigt auf mich.

Ich will nicht, daß sie mich berührt. Ein erstaunt-ärgerlicher Blick taxiert mich. Wie ein Krebsgeschwür frißt sich mein Haß in ihren Kopf hinein. Es würde mich nicht wundern, wenn sie auf der Stelle tot umfiele. Instinktiv fühlt sie, daß sie mir nicht zu nahe treten darf.

»Geht schon mal vor ins Wohnzimmer, ich koche uns einen Kaffee.«

Ich bin nicht so hart, wie ich gerne wäre. Nur nicht weinen, bloß nicht vor dieser Frau schwach werden. Verdammt, Tränen füllen meine Augen.

»Fe, laß uns gehen, ich muß hier weg.«

»Nein, jetzt muß sie dir antworten«, erwidert sie.

»Ich fühle, daß ich gleich losheule. Das will ich nicht. Nicht vor ihr.«

»Du heulst nicht, ich mache das schon«, beruhigt sie mich.

»Ich will mit ihr kein Wort sprechen, bitte, du mußt mir helfen!«

Fe ist eine gute Menschenkennerin, sie läßt mich nicht im Stich.

Der Raum wird mir für mein restliches Leben in Erinnerung bleiben, ebenso wie die zwanzig Minuten mit meiner Mutter. Sie haben sich unauslöschlich in mich eingebrannt. Könnte ich sie nur vergessen. Deshalb beschreibe ich das Gespräch zwischen Feodora und ihr wie ein Rollenspiel, bei dem ich Zuschauer war. Ein Zuhörer in der ersten Reihe.

Fe: »Warum war Uschi im Heim?«

Mutter, ausweichend: »Ich weiß auch nicht, das Kind war immer krank, dann haben sie es mir weggenommen.«

Fe: »Warum war Uschi im Heim, und warum haben Sie sie nie besucht?«

Mutter, nervös: »Sie haben mich ja nicht zu ihr gelassen, außerdem wußte ich gar nicht, wo sie war.«

Fe: »Aber wenn Sie es gewußt hätten, hätten Sie Uschi besucht?«

Mutter, erregt: »Aber ich habe sie doch besucht, bis die Mauer gebaut wurde!«

Fe: »Sie sagten doch eben, Sie wußten nicht, wo sie war.«

Mutter, wendet sich hilfesuchend zu mir: »Ich habe dich besucht. Du mußt dich doch erinnern. Du willst dich nicht erinnern.«

Oh, mein Gott, ich fürchte unter der Last ihrer Lügen

meine Beherrschung zu verlieren, auf sie einzuschlagen, sie wachzurütteln. Ich weiß nicht, wohin mit meiner Wut. Ich habe diese Frau niemals in meinem Leben gesehen.

Fe: »Uschi kennt Sie aber nicht.«

Mutter, ungeduldig: »Sie haben mich nicht zu ihr hineingelassen.«

Mutter, wütend: »Wenn ich schon den Honecker sehe, könnte ich gegen den Fernseher spucken.«

Mutter, aufgebracht: »Ich könnte Ihnen Dinge von Offizieren erzählen, aber lassen wir das lieber.«

Fe: »Wo ist Uschis Vater?«

Mutter: »Unwichtig, der ist seit langem tot.«

Während des Dialoges sitzt ein junger Mann am Tisch, der kurz nach uns gekommen ist. Jetzt mischt er sich unaufgefordert in die Unterhaltung. Er will unbedingt seine Meinung loswerden.

»Ich glaube nicht, daß Sie die Tochter von dieser Frau sind. Das hätte sie mir sicher längst erzählt. Sie sehen auch nicht aus wie eine aus dem Osten. Und Sie –« er wendet sich Fe zu: »Sie sind bestimmt von der B.-Zeitung und suchen nach einer Story. Sehen Sie nicht, wie durcheinander die arme Frau ist? Wir kennen uns aus dem Hundezüchterverein, niemals könnte sie ihren Kindern, wenn sie welche hätte, so was antun.«

Ich erhebe mich. Fe sieht ein, daß die Unterredung keinen Zweck hat, sie steht ebenfalls auf. Plötzlich jammert die Frau:

»Warum wollt ihr schon gehen? Ihr seid noch nicht mal eine halbe Stunde hier.«

Soll ich antworten, daß ich mich schämen würde, vor ihren Augen zu heulen, oder daß ich mich fürchte, auf sie einzuschlagen, sie aufzurütteln, zu schreien: Sieh, was du uns angetan hast! Ich tue ihr anders weh, wenn man sie überhaupt verletzen kann. Gleichgültig spreche ich in den Raum hinein:

»Komm, Fe, wir wollen uns noch die Stadt ansehen.«

»Ist dir die Stadt mehr wert als ich?«

Sie kommt auf mich zu und versucht ihren Arm um meine Schulter zu legen und mir einen Kuß auf die Wange zu drücken. Ich bin am Ende. Angewidert, zornbebend winde ich mich aus ihrer verspäteten »mütterlichen« Anwandlung. Dem Mund entfliehe ich rechtzeitig. Ohne ihr die Hand zu geben, verlasse ich eilig die Wohnung.

Im Auto hole ich mehrmals heftig Luft, ich kämpfe mit mir, ich will nicht eine Träne ihretwegen vergießen. Die tatkräftige Feodora sieht mich an, zaghaft schiebt sich ein verschmitztes Grienen in das schöne Gesicht:

»Du mußt nicht heulen. Betrachten wir das mal so: Sei froh, daß du auf der Welt bist und nicht bei ihr, sondern im Heim aufgewachsen bist. Wer weiß, was sonst aus dir geworden wäre. Diese Frau schützt ihre Vergangenheit mit Lügen. Auf alle Fälle war sie mal ein intelligenter Mensch.«

»Woran hast du das gemerkt?«

»Am Gespräch. Und niemand weiß die wahren Hintergründe, warum sie euch so behandelt hat. Nur schade, daß wir nicht mehr über dich in Erfahrung bringen konnten. Ich verstehe deine Enttäuschung. Laß uns jetzt einen schönen Eisbecher essen gehen.«

»Okay«, lache ich schwach. Vorher muß ich mich unbedingt waschen; ich habe das Gefühl, am ganzen Körper schmutzig zu sein.

Das war er also, der große Tag, den ich mir so sehr gewünscht hatte. Ich konnte nicht wissen, daß es kein zweites Wiedersehen geben würde.

In Fes Wohnung im Grunewald treffen viele Leute ein. Heute abend findet eine Party bei einem Zahnarzt statt. Alle sehen furchtbar schick aus. Elga, eine alte, sehr agile Dame, verwickelt mich sofort in ein Gespräch. Sie entstammt einer der ersten Schauspielerfamilien, kennt spannende Geschichten aus der Ufa-Filmgeschichte und ist der interessante Mittelpunkt dieser Gesellschaft. Sie schwärmt von früheren Zeiten und verspricht, mich zu besuchen. Eine Frau, die mir bis heute die Treue gehalten hat. Das Partyhaus ist ein hoher, weißer Bau, es paßt zum Zahnarzt, es sieht aus wie ein hohler Zahn. Das Spanferkel reicht nicht für alle, und die Getränke müssen ständig nachbestellt werden. Gegen halb zwölf Uhr sage ich allen Tschüs. Fe weint.

Hier endet mein Film.

Der Zöllner hat keine Lust, mein vieles Gepäck zu durchsuchen, er winkt müde zum Weitergehen. Drei schwere Taschen mit Geschenken, Obst und Naschsachen trage ich abwechselnd weiter, dazu halte ich noch gefüllte Plastiktüten, die mir beim Abschied in die Hand gedrückt wurden. Der Inhalt ist mir unbekannt. Vor dem letzten Tor frage ich den Grenzer:

»Darf mein Mann mir helfen?«

Das schroffe »Nein«, der prüfende Kontrollblick in meinen Paß, die gespenstisch hellen Lichtkegel der Suchscheinwerfer entlang der Mauer, die dunkle Stadt, eingehüllt in Ängste und Hoffnungen, dringen mit ungeheurer Wucht in mein Bewußtsein: Du bist zurückgekehrt.

Erst als mich mein Mann liebevoll in seine Arme nimmt, ich seine Wärme, seine Nähe spüre, erlösen mich die Tränen von dem enttäuschenden Zusammentreffen mit meiner Mutter, von der Verzweiflung des Wissenden. Ungern tue ich den Schritt zurück in die Verbannung der DDR.

Frank bemüht sich, mich ruhig zu halten; noch befinden wir uns im Grenzbereich. Eine unbedachte, zu laute Äußerung kann gefährlich werden.

»Komm zum Auto.«

Willig wie ein kleines Kind lasse ich mich ins Auto setzen, schlage die Hände vors Gesicht. Ich weine in sie hinein, um die lichtlose, zur Fremde gewordene Stadt nicht sehen zu müssen.

»Ich kann hier nicht mehr leben, ich will hier nicht mehr leben! Wir sind noch jung genug für einen neuen Anfang, laß uns einen Ausreiseantrag stellen!« bitte ich, zutiefst von der immer näher kommenden Dunkelheit entsetzt, als säße ich in einem U-Boot, das nie mehr in das Licht, das ich eben verlassen habe, aufsteigen würde.

Der Ausreiseantrag

Wir haben nach langen, schlaflosen Nächten den Entschluß gefaßt, das Land zu verlassen, der Kinder wegen auf legalem Weg, mit einem Ausreiseantrag. Immer wieder wogen wir die Gründe dafür und dagegen bis ins einzelne gegeneinander ab. Die Gründe, die dagegen gesprochen hätten: Mein Mann hat eine interessante Arbeit, nette Kollegen, unsere Freunde aus dem engeren Kreis, die lustig, zuverlässig und hilfsbereit sind, die schöne, große, romantische Wohnung in der alten Villa an der Spree. All das räumten wir aus dem Weg. Dafür sprach: die Verwandten meines Mannes leben alle »drüben«, weder können sie uns, noch können wir sie besuchen; das Reiseverbot fürs westliche Ausland, die bedingte Reisegenehmigung für das östliche; die ständige Nörgelei seitens der Schule: Warum bleibt Ihr Sohn den Pionier- und FDJ-Wahlen fern; die Pflicht, am Wehrkundeunterricht teilzunehmen und die Anwerbungen zum Berufsoffizier und schließlich die Hoffnungslosigkeit, daß sich in der Welt bzw. in der Ostpolitik eine positive Veränderung abzeichnen würde, so daß sich das Abwarten gelohnt hätte. Seit meiner Heimentlassung will ich hinaus in die Welt, sehen, wie andere Menschen leben, lieben, ja, auch leiden. Will das Heimweh spüren und mein Zuhause suchen. Hier wird von mir nichts erwartet, das hat man mir frühzeitig beigebracht. Für die Volksbildung bin ich seit Jahren ein nicht abstellbares Übel. Ich, die ich mich nicht einordnen lasse, weder in das sozialistische Kollektiv, noch in die DSF und nicht in den FDGB.

Später, als ich meine Stasi-Akten einsehen konnte, fand ich folgenden Bericht vom 22. 11. 1977:

»Kennzeichnend für die politische Einstellung der B. ist die Tatsache, daß sie einen Tag vor den letzten Volkswahlen in der Hauptstadt der DDR, Berlin, von einem Flurfenster ihres Aufgangs an der ermittelten Anschrift lautstark brüllte (sinngemäß): ›So eine Scheiße, die können sich ihre Scheißkandidaten selbst wählen!‹ ... Sie demonstriert jedoch auch sonst keine Staatsverbundenheit ... Sie ist auch für keine gesellschaftspolitische Mitarbeit zu gewinnen und steht dieser völlig desinteressiert und ablehnend gegenüber. Ihre politische Zuverlässigkeit wird daher als nicht gegeben angesehen.«

Aber zu diesem Zeitpunkt ahnte ich nichts von diesem Bericht.

Wir wagen den Absprung in das Netz der Schikanen und hoffen auf ein Loch, durch das wir im günstigsten Fall nach zwei Jahren rutschen würden. Gewiß liegt darin auch ein Hauch von Abenteuerlust, noch einmal von vorn anzufangen.

Wir wählen ganz bewußt den 8. 8. 1985, da er der erste Reisetag unseres letzten Urlaubs in Ungarn werden soll. Danach würde man uns in kein visapflichtiges Land mehr fahren lassen. Unser Vorhaben bringt beim Familienrat die Kinder nicht in helle Aufregung, wie wir erwartet haben. Timo schaut aus dem Küchenfenster und meint salopp:

»Ohne mich, ich habe meine sämtlichen Kumpels hier und gerade meinen Ausbildungsvertrag unterschrieben. Was ist, wenn ich drüben keinen Job finde?«

Darüber habe ich nicht nachgedacht. Frank besitzt eine abgeschlossene Hochschulausbildung. Insofern gebe ich Timo recht. Da mit einer sofortigen Genehmigung ohnehin nicht zu rechnen ist, tröste ich mich mit dem Gedanken, daß bis dahin noch viel Zeit ist. Wochen des Grübelns liegen hinter uns – ja oder nein. Timo hat den besten Einfall:

»Bevor ich nicht achtzehn Jahre alt bin, lassen die euch ja doch nicht raus, und nach meiner Volljährigkeit muß ich eigenständig einen Ausreiseantrag stellen.«

Frank will wegen einer möglichen Arbeitslosigkeit Timos auf keinen Fall ein Risiko eingehen. Also beschließen wir, erst einmal nur für uns einen Antrag zu stellen. Meine zwiespältigen Gedanken, Timo allein zu lassen oder lieber abzuwarten, verdränge ich. Wie mein Leben in der DDR weitergehen würde, ist klar. Allein der Kinder wegen zögern wir vier Monate, denn ein letzter schöner Urlaub soll den Abschied vom Osten krönen.

In den frühen Morgenstunden brechen wir auf, halten am Rathaus, werfen das brisante Kuvert in den Briefkasten und fahren außerordentlich erleichtert in Richtung tschechoslowakische Grenze. Nicht weit hinter Berlin, wo die Transitstrecke von West-Berlin Richtung Bundesrepublik mit unserer Strecke nach Süden zusammenläuft, entdecken wir die altbekannten Spielfiguren am Autobahnrand. Unter abgebrochenen Ästen hokken, wie Kinder beim Indianerspiel, die Radarpolizisten in ihren Frühnebelverstecken, um den Autofahrern mit dem Kennzeichen D und den Westberlinern das Portemonnaie um einige Hunderte harter Mark, Devisen eben, zu erleichtern. Wobei es den »demokratischen« Polizisten überlassen ist, in welcher Höhe sie die Geldbuße festsetzen. In der gesamten DDR gilt als Höchstgeschwindigkeit 100 km/h, in Westdeutschland dagegen ist nur eine Richtgeschwindigkeit von 130 km/h vorgeschrieben, und es bleibt jedem Westler auf bestimmten Abschnitten der Autobahn unbenommen, wie schnell er in den Tod rast.

Mir zittern so manches Mal die Knie, wenn ein »D«-Auto überraschend mit weit mehr als 100 km/h an uns vorbeizieht. Ab heute fühlen wir uns als Verbündete, deshalb fährt Frank auf der linken Fahrspur, um die entgegenkommenden Autos mit der Lichthupe zu warnen. Wertvolle Devisen gehen der Staatsmacht verloren. Die Westler drosseln abrupt ihr Tempo, blinken ein »Danke«, und wir?

Wir müssen nach kurzer Zeit halten und 20,– Mark Strafe zahlen. Begründung: wegen ständigen Linksfahrens auf der Autobahn. Wir sind die ganze Zeit von einer Anhöhe aus beobachtet worden. Als Frank gleichmütig zahlt – die DDR-Mark besitzt ja für uns keinen Wert mehr –, kann sich der Polizist die Bemerkung nicht verkneifen:

»An Ihrer Stelle würde ich mal die Lampen kontrollieren, mit denen ist was nicht in Ordnung, sie gehen ständig an.«

Frank verbeißt sich mit Mühe das Lachen. Frohgelaunt überqueren wir die Berge im Baratal, genießen die vorzügliche, ausgebaute Autobahn durch die ČSSR und erreichen in der Nacht Ungarn. Noch in derselben Nacht plündern Diebe unser Auto; zum Glück lassen sie den Kinderwagen für unsere Tochter nicht mitgehen.

Am Balaton (Plattensee) ist unser Zimmer schon an Westtouristen vermietet, obgleich wir ein Jahr mit der Vermieterin in Kontakt gestanden haben und uns die Unterkunft zugesagt worden ist. Wir bekommen zu spüren, daß man auf DDR-Urlauber keinen Wert legt. Wir ärgern uns nicht wie in den Jahren zuvor darüber, im Gegenteil, nie mehr wollen wir in Ungarn die Ferien verbringen. Deshalb empfinden wir keine Trauer, als wir nach vierzehn Tagen heimfahren, denn wir hoffen, von den Behörden eine Vorladung in unserem Briefkasten vorzufinden. Dann wird uns vielleicht die ganze Welt zum Reisen offenstehen.

Keine Post, nichts.

Um nicht traurig zu werden, beschäftigen wir uns in Gedanken mit der Auflösung unserer restlichen Einrichtung. Kleinigkeiten, wie Bücher und persönliche

Erinnerungen, verpacken wir in Päckchen und schikken sie per Post an Fe. Zuviel darf es nicht sein, da auf der Post die Ausweisnummer notiert wird, und mehr als zehn Päckchen dürfen das Land in einem Jahr nicht verlassen. Mit dem Absender Timos und einiger Freunde gelingt es, diese Anordnung zu umgehen. Zuerst leere ich den alten Jugendstilschrank, den mir meine Zahnärztin abkauft. Das besonders von mir geliebte, uralte, noch spielbare Klavier läßt ihre Schwester holen. Nach und nach schwindet aus unserem Wohnzimmer die Gemütlichkeit. Für jede Kleinigkeit finden sich Abnehmer. Freunde fragen:

»Uschi, hast du keine Angst, daß eure Aktivitäten beobachtet werden?«

»Nein, denn dann nehmen sie unsere Absicht, das Land zu verlassen, bestimmt ernst.«

Bereits einige Tage später finden wir eine Karte im Briefkasten.

Sehr geehrte Familie Burkowski,
wir bitten Sie, am 20. 8. 85 in der Zeit von 9 bis 17 Uhr bei der Abteilung Inneres Zimmer 2 vorzusprechen. Grund: persönliche Rücksprache. Folgende Unterlagen sind mitzubringen: SV-Ausweis, Personalausweis. Sollten Sie zu der vorgeschlagenen Zeit verhindert sein, bitten wir um rechtzeitige Nachricht.
Berlin, den 14. 8. 1985.
Stempel: Rat des Stadtbezirks
Berlin-Köpenick
Abt. Innere Angelegenheiten
Sektor Genehmigungen
1170 Berlin, Alt-Köpenick 21

Vor Aufregung schlafen wir die Nacht nicht. Vorsichtig weihen wir zuerst die engsten Freunde in unsere Absicht auszureisen ein, denn die leere Wohnung bleibt keinem verborgen. Später verhehlen wir es keinem mehr. Viele zeigen sich bestürzt und stellen die Frage: »Warum?«

Von Bekannten, die uns eigentlich nicht sehr nahe stehen, hören wir Bewunderung:

»Mein Gott, seid ihr mutig, den Streß auf euch zu nehmen und bei null im Westen neu zu beginnen! Wir würden ja auch, aber das Haus, die Kinder …«

Seit unser Entschluß feststeht, daß wir das Land verlassen, fühle ich mich wie »Ursula« in dem Buch »Hundert Jahre Einsamkeit« von García Márquez. Ein Sturm fegt alles bis dahin Dagewesene weg. Wir fühlen die Kraft, die auf dem festen Glauben beruht: Wir erleben die Ausreise.

Von Menschen, von denen wir es nicht erwartet haben, erfahren wir Sympathie. Sogar die Kindergärtnerin unserer Tochter vertraut mir an, daß sie aus der Volksbildung ausscheiden wolle, da sie der seit Jahren anhaltenden Gängelei nicht mehr gewachsen sei. Sie befürchte, damit auf große Schwierigkeiten zu stoßen, da sie zur Begründung ein ärztliches Attest vorlegen müsse, aber anders sei ein Austritt aus der Volksbildung unmöglich. Sie bewundert unseren Mut, und wenn sie jünger wäre, ja dann …

Eine junge Frau, ich schätze um die 25 Jahre alt, ruft uns mit undurchdringlichem Blick auf. Wir gehen in ein karg eingerichtetes Bürozimmer. Vor Aufregung schlottern mir die Beine. Erleichtert lasse ich mich auf einen Stuhl sinken, der an einem Tisch steht. Mein

Mann und sie setzen sich dazu. Frank zeigt keine Unruhe, nur sein bleiches Gesicht verrät mir seine innere Spannung. Es vergeht eine Weile, bis sie zu fragen beginnt:

»Was fällt Ihnen ein, einen Antrag auf Familienzusammenführung zu stellen? Ist Ihnen nicht bewußt, daß Ihre Frau und Ihre Kinder Ihre Familie sind?«

Sie sieht dabei nur auf Frank, als habe er allein die Absicht, hier herauszukommen. Mein Mann erläutert ihr die Familientragödie, die Aussiedlung der Verwandtschaft nach Ulm, die Flucht zweier Schwestern und die Inhaftierung. Seine gesamte Familie – Onkel, Tanten, Neffen, Nichten und die Großmutter – wohnt in Westdeutschland, und er darf sie seit Jahren nicht mehr sehen. Unbeeindruckt steht sie vom Stuhl auf, schaut auf ihre Armbanduhr und sagt:

»Ich betrachte die Angelegenheit als erledigt.«

Sie hebt die Papiere vom Tisch, klemmt sie sich unter den Arm, reicht uns widerwillig die Hand, und von diesem Augenblick an sind wir der persönliche »Klassenfeind«.

»Wir kommen nächsten Dienstag wieder, so lange, bis Sie uns ausreisen lassen. Ich habe Zeit«, sage ich beim Hinausgehen.

Die trockene, kurze Unterhaltung zeigt uns in aller Deutlichkeit, wie schwer der Weg werden wird und daß der Staat seine Bürger nicht so ohne weiteres davonziehen läßt. Nichts, was wir erhofft haben, ist passiert. Ziemlich ernüchtert stellen wir draußen auf der Straße fest, daß wir wohl nicht die einzigen sind; wie sonst läßt sich ihre Ruhe im Gespräch erklären? Was können wir noch unternehmen, um zu unterstreichen, daß es uns mit unserer Ausreisewilligkeit ernst ist? Viele neue Fragen stellen sich plötzlich.

Wir beschließen, aus unserer Absicht, das Land zu verlassen, kein Geheimnis zu machen. Regelmäßig trägt Frank jede Woche ein Paket oder Päckchen zum Postamt. Die Absender geben uns Freunde als Deckadresse, da wir nicht wissen, ob die Pakete kontrolliert werden. Außer Hausrat, wie Kochtöpfe und Glas, dürfen keine Textilien, Porzellane und Antiquitäten das Land legal verlassen.

Frank und ich befinden uns wie in einer Art Trance, wir sind immer glücklich. Aus Teilen des Autoatlas fertigen wir eine große Landkarte von Westdeutschland an, kreisen den Ort Konstanz am Bodensee rot ein und befestigen sie an der Wand des Wohnzimmers, das jetzt leer ist und nur noch als riesiges Spielzimmer unserer Tochter dient. Als Zeichen unserer Überzeugung hängen wir einen alten, rostigen Schlüssel daran, dem wir den Namen »Schlüssel zur Freiheit« geben.

Am 25. 10. beordert uns eine gleiche farblose Postkarte ins Rathaus. Diesmal sitzen der Chef meines Mannes und zwei Mitarbeiter des Inneren mit am Tisch. Das Gespräch gleicht einem Verhör und beinhaltet den Vorwurf, mein Mann habe als Student die DDR sechs Jahre lang schamlos ausgenutzt, und jetzt, wo es an ihm liege, seine Arbeitskraft als Dank dem Volk zugute kommen zu lassen, ziehe er eine Flucht in die westliche kapitalistische Ausbeutergesellschaft vor. Klugerweise schweigt Frank zu dieser Provokation. Die eine uns schon bekannte Dame fragt ihn plötzlich:

»Können Sie sich vorstellen, mit einem Paß den Antrag zurückzuziehen?«

Ich bin gespannt, wie er reagieren wird, denn mit einer derartigen Frage haben wir nicht gerechnet. Er antwortet ruhig:

»Ja, kann ich mir sogar sehr gut vorstellen, aber mit einem Paß für meine gesamte Familie, so daß nicht jedesmal einer von uns als Pfand hierbleiben muß.«

Die Frau verlangt von Franks Chef einen wöchentlichen Bericht, und man möge sich weiter in der Firma um eine Rücknahme des Ausreiseantrages bemühen. Sein Chef ist darüber dermaßen empört, daß er diese Zumutung deutlich ablehnt:

»Wenn Sie von mir einen Bericht erwarten, dann nur mit Ihrer ausdrücklichen Aufforderung dazu, und zwar schriftlich.«

Ein Mensch mit Rückgrat. Ich bin erstaunt. Selbst einige unserer engsten Freunde haben sich von uns zurückgezogen, aus Angst um die beruflichen Aufstiegschancen, die ihnen womöglich versagt bleiben würden. Plötzlich ist ihnen der Kontakt mit uns unangenehm. Eine Erfahrung mehr in meinem Leben.

Nach vier Wochen unterhält sich der Abteilungsleiter des Inneren mit uns. Er läßt keinen Zweifel daran, welche Absicht sich hinter seinen Worten »Wenn Sie uns entgegenkommen, tun wir es auch« verbirgt. Die Stasi ist zu allem bereit, wir nicht. Der bittere Beigeschmack des Angebots hält sich bis in die Abendstunden. Wir wollen uns nicht von der Angst auffressen lassen und fahren zum Müggelsee, wo wir eine Kleinigkeit essen und anschließend um den See wandern.

Jeden Dienstag rufe ich im Rathaus an oder spreche persönlich vor. Die Sachbearbeiter werden ständig ausgewechselt, es soll zu keiner Sympathie zwischen dem Ausreisewilligen und dem Bearbeiter kommen.

In einer Nacht, als wir wieder einmal nicht einschlafen können, sage ich:

»Ich gehe der Mannschaft im Rathaus so lange auf

die Nerven, bis sie unseren Namen im Schlaf sprechen. Bei der nächsten Entscheidung über die Ausreisegenehmigung muß ihnen unser Name wie selbstverständlich über die Lippen kommen.«

Frank lacht und kuschelt sich an mich:

»Wir kommen raus, du wirst sehen.«

Ich küsse ihn, seine Hand streichelt meinen Rücken. Wie das Wiegenlied einer Mutter plätschern die Wellen der Spree zur Nacht.

Tod der Mutter

Am späten Abend, ich bin im Begriff, zu Bett zu gehen, klingelt das Telefon. Mir ist rätselhaft, wer um diese Zeit noch anrufen könnte. Simone, meine Schwester, hängt an der Strippe und weint:

»Unsere Mutter ist tot!«

Ich bin hellwach. Tot? Ich versuche, Simones inhaltsschwere Worte zu verstehen. Ein merkwürdiges Gefühl überkommt mich. Es fängt in den Zehenspitzen an, gleitet langsam wie ein Segler durch meinen Körper, erreicht meine Sinne bis in den verborgensten Winkel, hinterläßt ein Gefühl des Schwebens in der Schwerelosigkeit und läßt mich im nächsten Moment grausam fallen – auf den Boden der Trauer, die ich nicht will.

»Simone!« schreie ich. »Hör sofort mit der Heulerei auf! Hör auf!«

Sie weint leise, sie reißt sich enorm zusammen, sie fühlt meine verzweifelte Wut.

»Simone?« frage ich zögernd.

»Ja?«

»Hast du dich beruhigt?«

Sie spricht nicht, ihr Schluchzen ist Antwort genug.

»Simone, sie ist es nicht wert, daß du ihretwegen eine Träne vergießt. Sie hat sich aus unserem Leben gestohlen, als du erst wenige Monate alt warst und ich zwei Jahre. Für sie lebten wir längst nicht mehr, und jetzt, wo wir sie gefunden haben, wo sie hätte antworten müssen, flüchtet sie dorthin, wo es keine Fragen mehr gibt. Ich hasse sie.«

»Aber sie ist unsere Mutter!« widerspricht Simone.

Ausgerechnet Simone weint herzzerreißend, dabei war sie es, das kleine Mädchen, das qualvoll unter der Flucht dieser Frau zu leiden hatte. Mein Bruder gab dem Säugling Wasser aus einer Suppenkelle, da er keine Nuckelflasche fand. Wasser lief daneben, und ihre Babyhaare froren in dem ungeheizten Zimmer an den Metallstäben ihres Gitterbettchens fest. Jahrelang hatte sie Ausschlag auf dem Kopf, kaum Haare, erkrankte häufig und lebte in Heimen für lernschwache Kinder. Erst als Erwachsene, durch die Suche nach unserer Mutter, trafen wir uns wieder.

An einem späten Nachmittag vor sieben Jahren stand sie, kurzärmelig gekleidet, vor meiner Wohnungstür. Ich hielt sie für einen Handwerker; wegen der schlechten Beleuchtung im Treppenhaus wirkte sie wie ein Mann. Meine Schwester, die mir trotzdem keine Schwester mehr sein konnte. Sollte sie jemals in Not geraten, ich würde ihr genau wie einer Freundin helfen, aber mehr empfinde ich nicht für sie.

Ich schlucke den Kloß in meinem Hals hinunter, ich will nicht weinen. In meiner Kindheit hat es zu viele Tränen gegeben. Keine noch so große Katastrophe soll sie jemals wieder fließen lassen.

Im richtigen Augenblick beruhigt sich Simone. Wir verabreden uns für morgen. Frank ist wach, er sieht mich fragend an.

»Meine Mutter ist tot«, sage ich.

Menschlich kein Verlust, aber praktisch. Wir haben sie im Ausreiseantrag mit als Grund der Familienzusammenführung angegeben. Ich schaudere über meine Gefühlskälte, wie geschäftlich und abwertend ich von ihr sprechen kann.

Die Beamtin sagte damals:

»Dann holen Sie doch Ihre Mutter herüber, wenn Sie sie unbedingt pflegen wollen.«

Ich hatte nicht die Absicht, die Lüge wahr werden zu lassen, deshalb hielt ich mich an das Sprichwort: Einen alten Baum verpflanzt man nicht. Dagegen wußte sie zunächst kein Argument, aber ich war mir sicher, ihr würde am nächsten Dienstag eine Antwort einfallen.

Der Vorteil, den ich durch die Existenz meiner Mutter zu haben glaubte, entfällt nun. In meinem bisherigen Leben hat mir meine Mutter immer geschadet, jetzt macht sie mir sogar durch ihren zu frühen Tod Ärger.

Drei Tage später liegt ein Schreiben im Briefkasten. Ein Westberliner Beerdigungsinstitut erwarte einen Auftrag zur Bestattung. Bevor Simone kommt, rufe ich dort an. Die Dame am Telefon ist überaus freundlich, sie hört aufmerksam zu und findet eine akzeptable Lösung. Da meine »Mutter« zu Lebzeiten eine Versicherung mit diesem Institut abgeschlossen hatte, überlasse ich der Dame die Abwicklung der Beerdigung. Ich sage ihr, daß von unserer Seite niemand betroffen über den Tod sei und weshalb. Nicht einen Pfennig würde eines ihrer Kinder dazugeben, zumal auch keines Westgeld besitze. Die Dame scheint eine praktische Frau zu sein, sie schlägt eine anonyme Beerdigung vor. Mir graut bei dem Gedanken, sie irgendwo in der Erde verscharrt zu wissen, das will ich nun doch nicht. Aber auch dafür findet sie beruhigende Worte:

»Das ist nicht so, wie Sie vermuten. Hier befindet sich eine große Wiese, auf dem ein Findling mit der Inschrift steht: Zum Gedenken. Unter diesem Rasen würde sie ihre letzte Ruhestätte finden, und sollten Sie ihr einmal verzeihen können, dann bleibt Ihnen dadurch die Möglichkeit, ein paar Blumen auf ihrem Grab niederzulegen.«

Ich stimme dem Vorschlag zu und bitte sie um einen Gefallen.

»Würden Sie uns die Sterbeurkunde schicken oder eine Einladung zur Beerdigung? Dann würden wir vielleicht eine Reiseerlaubnis nach West-Berlin erhalten.«

Ich muß diese Frage vorsichtig formulieren, da ich nicht sicher bin, ob das Telefon abgehört wird. Frau Pikat versteht sofort. Wir schulden ihr großen Dank, denn wenige Tage nach dem Gespräch erhalte ich alle nötigen Papiere.

Eine unangenehme Aufgabe liegt vor mir. Ich muß meinen Bruder aufsuchen, den ich seit Jahren nicht mehr gesehen habe. Meine Schwägerin lehnte mich, die Ehemalige aus dem Heim, ab. Mein Bruder hatte deshalb seit sechzehn Jahren keinen Kontakt mehr zu mir.

Da Frank seine angeheiratete Familie überhaupt nicht kennt, bleiben er und unsere Tochter im Auto sitzen.

Meine Schwägerin betrachtet mich entgeistert wie eine Kuriosität, die man nicht alle Tage zu sehen bekommt. Außer Atem vom Treppensteigen in den vierten Stock, hasple ich den Grund meines unverhofften Auftauchens herunter. Meine Schwägerin braucht eine Weile, um die Zusammenhänge zu begreifen. Mein Bruder dagegen erspart sich und mir eine peinliche Trauer; er stimmt begeistert meiner Idee, nach West-Berlin zu fahren, zu und beginnt sogleich Reisepläne zu schmieden. Meine inzwischen herangewachsene Nichte entpuppt sich als kesser Teenie und sprüht vor Entzücken über die wiedergefundene Tante.

Wir sprechen uns gründlich aus, und gemeinsam mit meinem Mann und meinem Kind, die später noch heraufkamen, verleben wir einen aufregenden Abend. Sechzehn Jahre sind eine lange Zeit. Von diesem Tag an verstehe ich mich prächtig mit meiner Schwägerin.

Simone, mein Bruder und ich sitzen im hellblauen Trabant, liebevoll »Trabbi« genannt, und fahren fröhlich zum Polizeipräsidium, um ein Visum zu beantragen. Wir sind nicht traurig über den Tod unserer Mutter; ihr Sterben hat uns Geschwister wieder zusammen- und nähergebracht. Zum ersten Mal nach 1953, als man uns aufgefunden hat, sind wir drei Geschwister beieinander und lachen von Herzen. Endlich fällt die Last aller negativen Gefühle von mir ab. Das Lachen ertrotzt sich einen Ausbruch aus seinem Gefängnis tief in meinem Inneren. Es ist wie der Urschrei einer Befreiung. Die Eruption meiner Gefühle reißt meine Geschwister mit, treibt uns Tränen der Heiterkeit über die Wangen.

Beinahe übersieht Dieter die rote Ampel. In letzter Sekunde bremst er scharf, ruckartig fliegen wir nach vorn und fangen wieder an zu lachen. Neben uns haltende Autofahrer schauen entgeistert herüber.

»Die denken, wir sind besoffen!« kreischt Simone.

Ihre Worte lösen abermals Lachanfälle aus; wir halten auf dem Parkplatz, der dem Präsidium gegenüberliegt. Eingezwängt wie Heringe in der Fischdose bleiben wir auf den Plätzen sitzen. Das enge Beisammensein mit meinen Geschwistern vermittelt mir ein Gefühl von Geborgenheit. Drillinge im Brutkasten, fährt es mir durch den Kopf. Ich sehe, wie die Scheiben sich vom Atem beschlagen. Dünne Streifen Kondenswasser laufen langsam an den Scheiben herunter – Tränen der Trauer, die wir nicht empfinden.

Jeder genießt die Nähe des anderen, ein hauchdünnes Band spannt sich, das jede Sekunde zu reißen droht. Ein Glücksgefühl bemächtigt sich meiner, als liefe ich über frischgefallenen Schnee. Da drängt es aus mir heraus:

»Ich habe einen Ausreiseantrag laufen.«

Das Band reißt. Nach einer Sekunde Totenstille brechen sie in Jubel aus. Simone sagt:

»Toll, wenigstens eine von uns, die es wagt.«

Mein Bruder redet konfuses Zeug:

»Was? Habt ihr euch das richtig überlegt? Meinst du, es klappt?«

Fragen über Fragen, er ist völlig durcheinander. Macht er sich etwa Sorgen um mich? Plötzlich fragt er:

»Glaubst du, wir bekommen trotzdem ein Visum?«

»Kann sein, kann aber auch nicht sein. Auf alle Fälle gebe ich euch die notwendigen Papiere. Einen Versuch ist es schon wert, es gibt keine zweite Chance für eine Reise nach drüben.«

Meine aufmunternden Worte versetzen sie erneut in gute Stimmung. Ich verrate ihnen nicht, daß ich beim

Betreten des Präsidiums ahne, daß meine Aussicht auf ein Visum gleich null ist.

Die Anträge sind zügig erledigt, nur Simone schaut hilflos auf die Papiere.

»Gib her, ich fülle sie für dich aus«, sage ich.

»Trag bitte zwei Tage ein«, fordert sie mich auf.

»Warum willst du denn nicht länger bleiben?« frage ich neugierig.

Resigniert zieht sie die Schultern hoch.

»Ach, die lassen mich ja doch nicht fahren. Für die bin ich bloß zum Schuften gut. Dreischichtsystem, da finde mal eine. Ich bin unter den Männern die einzige Frau, nicht verheiratet und ohne Kinder. Wer macht das schon? Meinst du, die lassen eine wie mich weg? Nicht mal der Klofrau würden sie eine Reise in den Westen gestatten, aus Angst, sie könnte Geheimnisse über Ärsche ausplaudern. So ist nun mal der Staat; in jedem Bewohner vermuten sie einen Spion.«

»Ach, Simone, bleib gelassen. Bis jetzt ist ja nichts entschieden«, versuche ich sie zu besänftigen.

Ihre einfache Aufrichtigkeit überzeugt mich, daß sie sich auf eigene Art über das Leben Gedanken macht und mit ihrer Meinung wohl auch am Arbeitsplatz nicht hinterm Berg hält. Das würde bedeuten, daß sie, die bei einer SED-Zeitung, dem »Neuen Deutschland«, arbeitet, egal, in welcher Tätigkeit, kein Visum erhält. Ich verheimliche ihr meine Gedanken – zu sehr hoffe ich auf die Genehmigung für sie.

Eine Woche sollen wir uns in Geduld üben. Eine relativ geringe Bearbeitungszeit, finde ich.

Pünktlich treffen wir uns zur vereinbarten Zeit im Präsidium. Mein Bruder, der vierzehn Tage beantragt hat, die Höchstdauer für eine Reise in den Westen, wird als erster in das Zimmer gerufen. Die Tür, hinter der er verschwindet, zieht magisch die Blicke aller Anwesenden auf sich. Wie Spieler am Roulettetisch auf Rot oder Schwarz setzen, so tippen wir beim Heraustreten eines Bittstellers auf ja oder nein. Am laufenden Band wiederholt sich das menschenunwürdige Theater, Tränen der Wut und Strahlen vor Freude. Geht die Tür auf, drücken sich erwartungsvoll die Rücken der Leute durch, ihre Köpfe heben sich, um das unbekannte Gesicht zu fixieren. Sehen sie Tränen, senken sich die Häupter verschämt; hält jemand den blauen Paß in der Hand und schmückt das Siegerlächeln den Glücklichen, dann werden die Blicke gleich hoffnungsvoller. Die Spannung steigt mit jedem, der hineingeht. Mein Bruder fächelt mit dem Paß vor seiner Nase herum wie eine Geisha mit dem Fächer, als er herauskommt. Er seufzt erleichtert:

»Vierzehn Tage – nicht einen haben sie gestrichen.«

»Simone B.«

Vor Aufregung springt sie hastig vom Stuhl, der bedrohlich wackelt.

»Hier.«

»Geh schon hinein!« Ich schiebe sie zur Tür, aus der sie wie durch eine Drehtür sofort wieder in den Flur herauskommt. Empört ruft sie:

»Abgelehnt! Nicht einen Tag, nicht eine Stunde habe ich bekommen.«

Sie stampft wütend mit dem Fuß auf, Tränen kullern ihr über die breiten Wangenknochen, bis sie sich im Blusenausschnitt verlieren. Mitleid erfüllt mich, obwohl ich sie kaum kenne. Wieviel Ungerechtigkeit kann ein Mensch ertragen? Niemals würde ich mich an die DDR-Schikanen gewöhnen, deshalb denke ich nicht daran, den Polizisten meine Betroffenheit zu zeigen. Unmittelbar nach Simone werde ich aufgerufen. Gleichgültig nehme ich meinen Personalausweis entgegen, höre das Wort »Abgelehnt«, gehe auf die Tür zu, drehe mich noch einmal zu dem Polizisten um und sage sarkastisch:

»Tschüs bis zum nächsten Mal!«

Zu gern hätte ich beim Hinausgehen gelacht. Die Gründe gegen meine Reise liegen zweifelsfrei an meinem Antrag auf Ausbürgerung aus der DDR. Aber Simone hätte unbedingt einen Paß bekommen müssen, sie stand als einziges Kind mit der Mutter in Briefkontakt, nicht wie mein Bruder, der seine Mutter nicht einmal in seiner Kaderakte (Personalakte) erwähnt hat. Meinem Vorschlag, mit ihr zur Beschwerdestelle zu gehen, widerspricht er:

»Es hat keinen Zweck, die ändern ihre Meinung nie, das weiß man doch.«

Entrüstet ergreife ich für Simone Partei:

»Hauptsache, du hast deinen Paß!«

Aber nach einer vergeblichen Wartestunde in der Beschwerdestelle verliere auch ich meinen Kampfgeist, allerdings erst, als Simone selbst nicht mehr warten will.

Anderthalb Jahre nach meiner Reise zum Geburtstag der Mutter folgt mein Bruder meinen Spuren über die Grenze am Übergang »Sonnenallee« zu einem nicht stattfindenden Begräbnis seiner unbekannten Mutter. Simone spült ihre Wut, Trauer und den Kummer in Gesellschaft ihrer männlichen Kollegen mit Bier in der Nachtschicht weg.

Die Erkenntnis, daß ich die einzige bin, die die Frau gesehen hat, die unsere Mutter war, zuckt wie ein Blitz durch meinen Körper. Ein Wissen, das ich viel lieber mit meinen Geschwistern geteilt hätte.

Mein Bruder ruft jeden Abend aus West-Berlin an. Da er keine Verwandten dort hat, wohnt er bei Bekannten von mir. Eines Tages erzählt er mir von dem Plan, nicht zurückzukehren. Er habe sich nach Arbeit umgesehen, wir sollten seiner Frau Bescheid sagen.

Frank und mir ist nicht wohl in unserer Haut, da mein Bruder seine Meinung laut und deutlich äußert. Möglicherweise wird unser Telefon abgehört. Heikle Themen haben wir immer verschlüsselt besprochen, das funktionierte bisher sehr gut. Wenn ich Fe anrief, verlief der Dialog ungefähr folgendermaßen:

»Hallo, Fe, alles okay?«

Lachen.

»Hast du Post bekommen?«

»Ja, aber nur von meiner Tante, die löst gerade ihren Haushalt auf und schickt mir den alten Plunder.«

Lachen. Dann wußte ich, sie hat ein Paket von uns bekommen.

Fe: »Gehst du mit den Kindern viel in den Tierpark?«

»Ja, jeden Dienstag, am liebsten mögen sie die Hängebauchschweine. Mir hängen die Tiere schon zum Hals heraus, aber mir bleibt nichts anderes übrig, es gibt ja nur einen Tierpark.«

Das weist auf unsere Aktionen jeden Dienstag im Rathaus hin. Vom Briefeschreiben halten wir nicht viel, da wir nicht wissen, ob die Briefe geöffnet und gelesen werden.

Und nun bringt uns mein Bruder in solche Gefahr. Erstaunlich, wie ruhig meine Schwägerin auf den Anruf reagiert. Sie sagt:

»Ich gehe nicht hinterher. Ich habe hier meine Kollegen; weiß ich denn, ob ich drüben Arbeit und eine Wohnung finde? Außerdem bauen wir gerade das Haus.«

Wir fühlen uns in der Rolle des Vermittlers nicht wohl. Überhaupt finden wir den Entschluß meines Bruders sehr fragwürdig, da er seit zwei Jahren Eigentümer eines tausend Quadratmeter großen Grundstükkes ist und darauf ein Haus baut. Am nächsten Abend widerruft er seine Absicht. Er hat mit der von uns beauftragten Rechtsanwältin in ihrer Kanzlei am Ku'damm eine Unterredung gehabt. Sie habe ihn gewarnt, denn mit seiner Flucht würde er unsere Ausreise gefährden. Meine Nerven werden durch das Hin und Her mächtig strapaziert. Auch seine Unvorsichtigkeit am Telefon macht mir angst und bange. Hoffentlich verhaften sie ihn bei der Einreise am Grenzübergang nicht, denke ich.

Aber nichts dergleichen geschieht. Bepackt mit Tüten und Taschen, in einem Zustand gesteigerten Lebensgefühls, als betrete er nach vierzehntägiger Abwesenheit wieder das Paradies, durchläuft er die Kontrolle, um uns wenige Minuten danach freudig, ja lachend zu begrüßen.

Gespenster

Argwöhnisch sehe ich mich um. Kein Polizeifahrzeug, nichts Verdächtiges läßt sich feststellen. Die Kastanien, eingehüllt in ihre bunte Blätterpracht, sehen dicken Klatschweibern in Sommerkleidern ähnlich. Sie haben die bedrohliche Nacktheit des winterlichen Märztages verloren. Eine Windbö fegt über die Baumkronen, und sanft sinken leuchtend gelbe Blätter zu Boden.

Seit der Rückkehr meines Bruders werde ich vorsichtiger. Der Alltagstrott, der sich trotz unserer Aktivitäten nicht ändert, mahnt zur Vorsicht. Bevor ich das Haus verlasse, schaue ich aus dem Küchenfenster in den Garten, der zur Straße hin liegt.

Hinter jedem Baum kann ein Beobachter ein sicheres Versteck finden. Der etwas ungepflegte Vordergarten bietet mehrere Schlupfwinkel. Stachelbeerbüsche vermischen sich mit Flieder und Schilfgewächsen, hohes Unkraut verdeckt den Stamm des Pfirsichbaums, der dazu noch von einem Birnbaum und verschiedenen Apfelbäumen umgeben ist, so daß er nur recht klägliche Früchte trägt. Wild vermehren sich die Erdbeerpflanzen über den Boden, die ohne Rücksicht zertreten werden. Den Gartenweg säumen auf seiner gesamten Länge zwölf prächtige hohe Linden, deren Äste ein schützendes Dach bilden und den Eindruck erwecken, man brauche nur durch diesen Alleetunnel zu gehen, um ein verwunschenes Schloß zu entdecken. Die Kinder lieben den Garten, nutzen ihn für ihre Abenteuerspiele, stellen im Sommer ein Indianerzelt auf und sehen zu, wenn die Kleine gekonnt auf die Obstbäume klettert. Oft tut sie das heimlich und bleibt mucksmäuschenstill, wenn wir sie angstvoll suchen. Ein Sandstreifen führt links an der Villa vorbei zum hinteren Grundstück, zur Wasserseite. Hier zieren Tannengehölze den kurzgemähten Rasen, über drei Steinstufen aus Naturfelsen gelangt man hinunter zum Wasser. Ein Fleckchen Blumenwiese endet am Bootssteg, der von der Spree umspült wird. Die alte Uferbefestigung samt Steg ist einer Sturmnacht zum Opfer gefallen und mit Betonteilen erneuert worden, so daß die Kinder jetzt mittels einer Leiter bequem vom Steg ins Wasser gelangen können. Oft sitze ich mit ihnen auf dem Bootssteg, wir schauen auf die alte, romantische Villa, die an der Wasserseite bis unters Dach von wildem Wein überwuchert ist. Für uns ist sie ein Schloß, das wir lieben. Ein verwittertes Teehäuschen lugt hinter drei Birken hervor und dient bei Unwetter als Unterschlupf. Der Garten verdeckt das alte Haus von der Straßen- und von der Wasserseite, nur der Rasen bleibt, einer winzigen Lichtung gleich, zum Sonnen frei. Ein Kleinod in der großen Stadt Berlin, gäbe es nicht die Mieter aus dem Erdgeschoß.

Wir bewohnen die obere Etage unterm Dach auf etwa 130 Quadratmetern Wohnfläche. Unter uns lebt ein Ehepaar mit zwei jungen Töchtern. Die Mädels mag ich gern; oft sitzen wir auf der Wiese und unterhalten uns über die Beatmusik aus meiner Zeit. Manchmal wurden wir von ihrer Großmutter unterbrochen, die den Mädchen Französischunterricht erteilte. Sie war eine hochgebildete, nette alte Dame, die leider plötzlich an Krebs starb.

Das ältere Mädchen ist in Timos Alter; es schockiert die Eltern oft mit ausgeflippter Kleidung: mal geht sie als Grufti, mal mit Klamotten der sechziger Jahre.

Als sie Abitur machte, wollte sie den Abschlußball bzw. die Abschlußfete zu Hause ausrichten. Sie entschuldigte sich schon im voraus für den Lärm. Ich mußte lachen, denn an diesem Abend waren wir eingeladen und gar nicht daheim. Als wir gegen drei Uhr früh zurückkamen, hörten wir vom Wasser her noch leise Musik. Wir gingen nach oben, zogen uns dicke Pullover an und setzten uns zu den jungen Leuten, die friedlich bei Kerzenlicht auf der Wiese kampierten.

Sofort kamen wir ins Gespräch, und ehe wir wußten, wie uns geschah, verflogen die herrlichen Sommernachtstunden, in denen wir uns selbst wie Schüler fühlten. Niemals haben mein Mann und ich diese Nacht vergessen.

Wir werden traurig, wenn wir an Abschiednehmen denken. Aber da sind ja noch die »Renzer«, die Mieter aus dem Erdgeschoß. Im Gegensatz zum Vater der beiden Mädchen, der beim Rundfunk arbeitet und zurückhaltend und höflich grüßt, läßt Herr Renz keine Chance ungenutzt, den Hausbesitzer und Wachmann zu spielen. Wie ein Inspektor verfolgte er damals unseren Einzug, keine Gelegenheit ließ er sich entgehen, uns auf die Vorschriften hinzuweisen. Er brachte uns das Hausbuch, da er die Funktion des Hausobmannes innehatte. Unverblümt bestimmte er, wann und wo sich unser Besuch bei ihm zu melden und einzutragen hatte.

Der ABV, der Abschnittsbevollmächtigte, also der zuständige »Polizist« für das Wohngebiet, ging regelmäßig bei ihm ein und aus. Herr Renz sah sich persönlich im Dienste der Volkspolizei, denn als eines Tages Gerda, meine Freundin aus dem Heim, mit ihrem Trabbi auf dem Grundstück parkte und kaffeetrinkend bei mir in der Küche saß, klingelte es Sturm an der Wohnungstür. Draußen stand im blauen Trainingsanzug mit aufgeklapptem Hilfsausweis Herr Renz und forderte brüllend die Entfernung des Autos der fremden Person. Gerda bestaunte gelassen die Hilfspolizeikarte und rührte sich nicht. Wutschnaubend versprach Herr Renz eine Anzeige, die er prompt machte, die jedoch nichts fruchtete. Gerda hatte sich inzwischen bei der Verkehrspolizei erkundigt, ob das Parken auf einem

Grundstück verboten sei, worauf sie zur Antwort erhielt, die Verkehrspolizei sei für die Straßenordnung zuständig und nicht für Privatbesitz. Nun gehörte das Grundstück aber nicht Herrn Renz, sondern der KWV, der Kommunalen Wohnungsverwaltung Köpenick, und die wiederum war nur Eigentümerin des Hauses. Für den Garten war das Gartenbauamt zuständig, und dieses beschäftigte sich nur mit den öffentlichen Parkanlagen. Ein Grund mehr für Herrn Renz, der eigenmächtig auf dem Grundstück eine Garage für sein Auto gebaut hatte, zu schweigen.

Seinen Frust reagierte er dann an den Kindern ab, vor allem wenn er sah, daß wir nicht da waren. Breitbeinig schritt er dann durch den Garten, um Schulfreunde unserer Kinder aufzuspüren, die er laut blaffend wie ein Hund vom Grundstück zu jagen versuchte. Eines Tages hatte mein Sohn die Idee, seine Freunde am Ufer zu empfangen, die zum Grundstück geschwommen kamen. Was er nicht ahnen konnte, war, daß sich Herr Renz nebst fülliger Gattin mit Campingtisch und Stühlen zum Kaffee auf dem Bootssteg plaziert hatte. Die Jugendlichen erkannten zum Glück das ihnen feindlich gesinnte Ehepaar und tauchten unter. Wie Neptun schossen sie vor den Augen der Familie Renz an die Oberfläche. Frau Renz sprang vor Schreck auf, der Stuhl kippte nach hinten ins Wasser, und sie schrie, während sie sich an ihren schweren Busen faßte und nach Luft schnappte:

»Mein Herz! Nun tu doch was, Heinzilein!«

Heinzilein schmiß in seinem Zorn die Kaffeekanne ins Wasser und brüllte:

»Jahrelang hatten wir hier unsere Ruhe, das lasse ich mir nicht gefallen! Das wird ein Nachspiel haben!«

Er drohte an seiner schrillen Stimme, die bis ans andere Ufer drang, zu ersticken.

Ewig konnten die Jungen nicht schwimmen, aber er verhinderte mit seiner Angelrute, daß sie ans rettende Ufer gelangten. Der Freund, der sie mit seinem Boot hier abgesetzt hatte, war längst fort. Ich war etwas eher vom Einkauf zurückgekommen und beobachtete amüsiert und schadenfroh das Schauspiel. Mehrmals hatte ich ihnen gesagt, sie brauchten auf Herrn Renz nicht zu hören, er habe ihnen gar nichts zu sagen. Angesichts der Not, in der sie sich nun befanden, rannte ich hinunter.

Ein Junge hatte es bis zum Ufer geschafft. Nun stand Herr Renz drohend vor ihm, eine lächerliche Figur in blauer Badehose, darüber der dicke Bauch, die dünnen Arme verschränkt auf dem Rücken, die gespreizten Beine in Gummilatschen, am Uferrand Halt suchend. Mich überkam die Lust, ihm einen ordentlichen Stoß zu verpassen. Aber nein, ich war ja kein Kind mehr. Kaum hatte er mich gesehen, wandte er sich mir zu und tobte weiter. Ich erwiderte so lange nichts, bis die Kinder sicher auf die Wiese gelangt waren. Als er andauernd wiederholte: »Jahrelang hatten wir unsere Ruhe ...«, unterbrach ich ihn:

»Gehen Sie ins Altenheim, Herr Renz, dann haben Sie Ihre Ruhe. Es gibt bestimmt viele Familien, die sich nicht am lauten Lachen von Kindern stören und gerne hier wohnen würden. Und noch eins: Ihnen gehört nichts, weder das Haus, noch der Garten und leider auch nicht das Wasser. Schade, daß Sie Ihre eigene Kindheit und die Kinderjahre ihrer Kinder vergessen haben.«

Danach drehte ich mich einfach um und sagte zu den Jungs: »Spielt weiter.«

Seitdem unterließ Herr Renz das Grüßen, aber er duldete die Kinder, wenn ich mich im Haus befand. Dennoch ging von ihm etwas Feindliches aus. Erst als Timo zufällig Zeuge einer Prügelei zwischen ihm und seinem erwachsenen Sohn wurde, duckte er sich peinlich berührt und grüßte wieder, plötzlich sehr kleinlaut.

Trotzdem erinnert er mich immer an eine gezähmte Bestie und mahnt zur Vorsicht. Wenn ich telefoniere, ziehe ich den Stecker im Korridor heraus und gehe mit dem Apparat ins hintere Wohnzimmer, denn ein vom Flur aus geführtes Telefongespräch hört man bis ins Treppenhaus. Ständig fühle ich mich von ihm beobachtet. Auch wenn ich hinter den Gardinen seiner Wohnung niemanden erkennen kann, schaue ich wie hypnotisiert zu seinen Fenstern, wenn ich das Haus verlasse.

Es gibt Tage, da packt mich die Einsamkeit in dem großen Haus derartig, daß ich meinen Mann im Büro anrufen muß. Alle Mieter gehen früh zur Arbeit, und ich bin dann ganz allein. Eines Tages fällt mir auf, daß drei Tage lang auf dem Mittelstreifen der Straße, genau vor unserem Grundstück, ein Auto steht, Tag und Nacht. Meinem Mann ist das auch schon verdächtig vorgekommen, deshalb schleicht er sich am Abend hinaus, um den Wagen genauer zu betrachten. Er findet nicht die geringste Spur von einem Unfall, keinen Kratzer, nichts, was einen so langen Aufenthalt begründen könnte. Ruhiger werde ich davon nicht. Eines Morgens ist der Wagen verschwunden.

Dafür spricht mich am selben Tag ein fremder Mann an. Unsere Briefkästen stehen wie Einwurfcontainer an der Straße. Wozu diese Erfindung gut ist, habe ich nie verstanden, zumal an der Haustür Briefkästen hängen, die schon Rost ansetzen. Bei Wind und Wetter, Schnee und Regen bleibt einem nichts anderes übrig, als die 120 Meter auf der Straße zum Briefkasten zu laufen. Gießt es in Strömen, läuft das Regenwasser an undichten Stellen in den Kasten hinein. Die feuchten Briefe lege ich dann zum Trocknen auf den Ofen; bei den Postkarten zerläuft die Tinte, und der Text löst sich ins Blaue auf.

Im Kasten liegt keine Post, ich klappe den Deckel herunter, ziehe den Schlüssel aus dem verklemmten Schloß und drehe mich zur Straßenbahn um, die unverhofft mit hoher Geschwindigkeit an einem parkenden Auto vorbeirattert. Aus dem Auto steigt ein unbekannter Mann und kommt zielsicher auf mich zu:

»Entschuldigen Sie, ich suche die Rosenstraße.«

»Ich nicht«, gebe ich zur Antwort und eile durch die menschenleere Straße nach Hause. In Höhe des Kindergartens, an der Grundstücksgrenze, stoppt er den Wagen neben mir und ruft aus dem heruntergekurbelten Fenster:

»Wollen wir einen Kaffee trinken gehen?«

»Einer ist mir zuwenig, außerdem habe ich meinen eigenen«, antworte ich impulsiv und schmeiße das Gartentor so heftig zu, daß ich das Vibrieren der wakkeligen Metallstreben im Nacken verspüre. Gänzlich außer mir rufe ich meinen Mann an.

»Sehen wir schon Gespenster, daß wir hinter jeder ungewöhnlichen Begebenheit die Stasi vermuten?«

Wie stets gelingt es ihm, mich zu beruhigen, und desto mehr schätze ich den glücklichen Umstand, Besitzer eines Telefons zu sein. Dennoch mahnt Frank mich zur Vorsicht. Aus dem eigenen Bekanntenkreis wissen wir, daß die Stasi versucht, die Ehen Ausreisewilliger auseinanderzubringen. Derjenige, der den Antrag zurückzieht und die Scheidung einreicht, erhält zur Belohnung die Kinder zugesprochen. Durch Axel und Angelika, die während der Wartezeit unsere Vertrauten sind, lernen wir eine Betroffene kennen. Gemeinsam ging das ausreisewillige Ehepaar zu einem Termin ins Innenministerium. Die Frau schickten sie hinaus in den Flur, und ihr Mann blieb mit der Bearbeiterin allein. Nach dem Einzelgespräch verlangte ihr Mann von seiner Frau völlig überraschend die Scheidung. Den Ausreiseantrag widerrief er. Die Frau wollte jedoch an ihrer Ausreise festhalten. Der Mann bekam das Sorgerecht für beide Kinder und schwieg beharrlich über die Gründe für seinen plötzlichen Sinneswandel. Die Frau verlor durch ihre Sehnsucht nach Freiheit ihre Familie. Wir haben Angst, daß auch uns so etwas passieren könnte.

Adventszeit

Wir erwarten Angelika und Axel zu Besuch. Ich habe Kartoffelsalat mit echter ungarischer Salami und Knoblauch zubereitet. Überall auf den Fensterbrettern stehen Kerzen und Weihnachtsfiguren aus dem Erzgebirge, Holzschnitzarbeiten, die es sehr selten in unseren Geschäften zu kaufen gibt. Der größte Teil wird gegen Devisen ins Ausland verkauft. Für uns bleibt die zweite Wahl, aber auch die bekommt man nur durch Beziehungen. Mit diesem System bin ich groß geworden: Der Fleischer tauscht sein Filet unterm Ladentisch mit der Gemüsefrau gegen eine Kiste Apfelsinen. Diese Früchte wiederum bekommt der Friseur für einen Termin außer der Reihe für den dringend benötigten Haarschnitt oder die Verkäuferin im Porzellanladen für eine Kristallvase.

Ich zünde die Lichter an und stelle gerade die Stollen auf den festlich gedeckten Tisch, als es klingelt.

»Pünktlich wie die Maurer«, lacht Axel zur Begrüßung. Meine Tochter stürzt auf Angelika zu, sie liebt sie hingebungsvoll. Ständig hängt sie fordernd an ihrem Rockzipfel:

»Spiel mit mir!«

Angelika versteht es, sich in die Welt des Kindes versetzen zu lassen. Albern necken sie sich, ihr fröhliches Lachen dringt zu mir in die Küche. Nur die tiefen Stimmen der Männer klingen erregt, sie beschäftigen sich mit dem Thema Nummer eins: der Ausreise.

Der engere Kontakt zu dem Ehepaar entstand durch unseren Entschluß, den Antrag zu stellen. Wir wußten, daß sie sich ein Jahr zuvor dazu entschlossen hatten, deshalb suchten wir bei ihnen Rat.

Später erging es uns nicht anders: wir erlebten mehrmals, daß sich Hilfesuchende an uns wandten.

Seit einem Jahr bewegen wir uns ausschließlich im Kreis der Ausreisewilligen. Der freundschaftliche Kontakt zu den anderen Bekannten ist eingeschlafen, sicherlich auch aus Angst. Die ungewollte Isolation, in der man sich plötzlich befindet, endet mit der »Solidarität« Gleichgesinnter, die aber auch nur so lange anhält, wie man selbst wartet. Da der neue Bekanntenkreis nicht aus alten Zeiten stammt, bleibt immer etwas

Mißtrauen. Immer wieder warnt uns Axel, jeder könnte einer von der Stasi sein. Ich verdränge die aufkommenden Zweifel. Zu sehr ist man auf die Informationen angewiesen, besonders wenn sie aus dem Westen kommen. Neid grassiert wie ein ansteckendes Virus unter allen, besonders dann, wenn es jemandem gelungen war, die Aberkennung der DDR-Staatsbürgerschaft zu erreichen. Die Solidarität schwindet mit der Ausreise. Ich will nicht neidisch sein, dennoch blicke ich wehmütig den Gehenden hinterher.

Vom Abendessen müde und faul geworden, liegen wir alle auf der großen Liege, dem einzigen Möbelstück, das uns geblieben ist. Während wir auf den Film »Doktor Schiwago« im Fernsehen warten, rauchen wir ununterbrochen. Plötzlich platzt Angelika heraus:

»Wir qualmen, bis wir Kippen kacken!«

Sie liebt diesen Spruch und wendet ihn oft an, aber wir amüsieren uns jedesmal aufs neue, denn man traut solche Reden der zurückhaltenden Angelika nicht zu. Seit dem Tod ihres einzigen Kindes Anja ist ein fröhliches Weihnachten nichts Selbstverständlches mehr. Oft schweigen wir oder reden über ihre Tochter.

Anja hatte die Schönheit ihrer Mutter und die Intelligenz ihres Vaters geerbt. Angelika ist eine kleine hübsche Frau, die von der Natur mit dem Vorzug bedacht wurde, nicht so schnell zu altern. Lockiges, kurzes, braunes Haar, das nie eine Dauerwelle benötigte, umrahmt ihr stupsnasiges Gesicht. Große braune Augen blicken fragend in die Welt. Ist sie jedoch spaßig aufgelegt, steckt sie mit ihrer Heiterkeit alle an. Tiefe Grübchen bilden sich in ihren Wangen und verleihen dem Puppengesicht etwas Keckes.

Axel, ihr Mann, ein großer, vorzeitig ergrauter Mathematiker, betrachtet die Welt nüchtern. Er versucht, alles vorher zu berechnen, um etwaige Hindernisse aus dem Weg zu räumen oder Probleme zu vermeiden. Ein Analytiker, der alles hinterfragt, der bis ins kleinste Detail geht, für alles eine Erklärung sucht und immer skeptisch bleibt. Als Gruppenleiter eines Rechenzentrums verlor er nach dem Bekanntwerden seines Ausreiseantrags sofort die Arbeit.

Die Tochter wurde von der Mathespezialschule wegen ihrer außerordentlichen Begabung getestet und angenommen.

Am 30. 12. 1984, nach dem fetten Weihnachtsessen und den vielen verwandtschaftlichen Besuchen, wollten Angelika und Axel mit ihrer Tochter das Jahr gemütlich ausklingen lassen. Sie entschlossen sich, in ein Café auf dem Fernsehturm am Alexanderplatz zu gehen. Der Turm ist ein 300 Meter hohes Betongebilde, das unterhalb der Spitze das sich um die eigene Achse drehende Restaurant beherbergt. Jeder Gast darf sich eine Stunde darin aufhalten, denn so lange braucht es für eine Runde. Die Berliner erfanden ziemlich ausgefallene Spitznamen für den Fernsehturm. Sie nennen ihn ›Telespargel‹ oder ›Die Rache des Papstes‹, denn wenn die Sonne scheint, treffen ihre Strahlen zu einem silberblinkenden Kreuz zusammen, das über die Mauer hinweg bis nach West-Berlin zu sehen ist. Eine eher unheimliche zufällige »Rache« in einem Land, in dem Kirchenlehre an der Schule verpönt ist.

Anjas Lebendigkeit verursachte nie Probleme, sie zog andere einfach mit, ohne dabei selbstherrlich zu wirken. Ein selbstbewußtes dreizehnjähriges Mädchen, glaubten die Eltern. Dennoch hatte sie mit Schmollen reagiert, als ihr die geplante Silvesterfeier bei Freunden untersagt worden war. Anjas Eltern hatten einfach Angst, wenn das Mädchen nachts unterwegs war. Anja schaute verträumt aus dem Turmfenster und sah auf das Glitzermeer von West-Berlin, als plötzlich ihre alte Fröhlichkeit wieder hervorkam. Sie schwärmte von Musikgruppen, die sie sich im Westen live ansehen würde, sie bat ihre Eltern um einen Abstecher nach Hennigsdorf, um ihrem Freund einen guten Rutsch ins neue Jahr zu wünschen. Angelika und Axel hatten nichts dagegen, spätestens um 21 Uhr sollte sie zu Hause sein. Liebevoll sagte sie tschüs, hauchte beiden einen Kuß auf die Wange und ging, ohne sich noch einmal umzudrehen.

Als es gegen 21 Uhr 30 an der Wohnung bei den Eltern klingelte, erwartete keiner von ihnen, daß es die Polizei sei. Ohne eine Erklärung abzugeben, fragten die Beamten:

»Sind Sie die Eltern von Anja W.?«

Sie bejahten verwundert.

»Dann müssen wir sie leider bitten, uns zu begleiten.«

Angelika zog sich im Schlafzimmer den Mantel über und meinte:

»Bestimmt eine Dummheit der Jugendlichen, sie haben vielleicht schon etwas getrunken und zu früh geballert. Anja hat noch keinen Ausweis, deswegen müssen wir sie wohl abholen.«

Axel brummte auf ihr Gerede:

»Wird schon nichts weiter sein.«

In Oranienburg traf sie die Nachricht wie ein Faustschlag ins Gesicht:

»Ihre Tochter hat sich vom elften Stock eines Hauses aus dem Treppenfenster gestürzt. Sie war sofort tot.«

Wir haben nicht aus Furcht vor dem Umgang mit Trauernden geschwiegen. Wir haben mit ihnen geredet, geweint und getrauert. Anja lebt durch Erinnerungen weiter; jeder, der über sie redet, trägt ein Stück von Anjas Leben in die Welt hinaus. Tot ist nur derjenige, der totgeschwiegen wird.

Meine Tochter ist in Angelikas Arm eingeschlafen; vorsichtig nimmt Frank sie hoch, trägt Fanni ins Kinderzimmer. Axel fragt, ob wir schon von den neuesten Gerüchten gehört haben. Neuerdings soll es für politische Treffen mit Bonner Spitzenleuten »Listen« von Ausreisegenehmigungen geben. Das heißt, wer auf dieser Liste steht, kommt vor oder nach dem Treffen raus. Der Begriff »Liste« war uns seit Heikes Inhaftierung öfter genannt worden, aber gesehen haben wir eine solche »Liste« nie. Angeblich stehen die Namen auf einer »Liste«, die bei der Rechtsanwältin Sch. in West-Berlin hinterlegt ist.

Jeder spürt die Hoffnungslosigkeit der anderen.

»Wir vertagen einfach das Thema«, sage ich und gehe uns einen Kaffee kochen. An diesem Abend schwören wir vier:

»Das ist das letzte Weihnachten im Osten. 1987 trinken wir den Sekt im Café Kranzler am Ku'damm.«

Innenministerium, Rückertstraße, Rathaus Köpenick

Wieder sind Bekannte ausgereist, nach Österreich. Am Flughafen haben wir das letzte gemeinsame Glas Wein getrunken, haben versprochen, durchzuhalten, und dem Flugzeug sehnsüchtig hinterhergeschaut. Die Sommerferien verbringen wir in der Slowakei; für Ungarn erhalten wir kein Visum mehr.

Die Landschaft muß früher sehr schön gewesen sein, ist jetzt aber heruntergewirtschaftet. Auf den Stauseen in den Bergen liegt eine zähe, braune Masse, in der tote Fische auf dem Rücken treiben, ab und zu schnappt noch einer mit weißem Blähbauch wild nach Luft. Das Baden ist allerdings nicht verboten. Als ich erschreckt feststelle, daß die braune Brühe stinkende Fäkalien sind, rufe ich meine Tochter sofort ans Ufer zurück. Kein einziger See ist sauber, so bleibt uns bei der Sommerhitze in den Bergen als Abkühlung der reißende, breite Fluß, der sich glasklar von den Hängen über die Steine in die Tiefe stürzt. Spaß finden die Kinder daran, daß sie den Lauf des Flusses selbst bestimmen können. Sie bauen mit Felsbrocken einen künstlichen Staudamm, von dem sie mit ihren Luftmatratzen blitzschnell bis zur flachsten Stelle davonsausen. Ein gefährliches Spiel. Mein Mann läßt sie nicht aus den Augen.

In der Nacht bricht ein heftiges Unwetter los, das sich in den Bergen eine Woche lang hält und uns zur vorzeitigen Abreise veranlaßt. Auf der Rückfahrt erleben wir sehnsüchtige, traurige Momente, verursacht durch die Autobahnschilder, die in Richtung Wien zeigen. Mein Mann tröstet mich:

»Nicht mehr lange, dann sehen wir Wien.«

Zu Hause erwartet uns nichts Neues, außer daß das Ehepaar Renz für seinen Kinderhaß durch die »Hand Gottes« bestraft wurde. Die Tochter hatte letztes Jahr einen Sohn geboren, dem die Großeltern das Abreißen ihrer Rosen gestatteten, so groß war plötzlich ihre Kinderliebe. Und in diesem Jahr präsentierte sie ihnen gleich Zwillinge. Die Schwangerschaft war zu spät diagnostiziert worden und durfte nicht mehr abgebrochen werden. Vor Renzens Tür brüllen nun drei Enkelkinder lautstark nach Oma und Opa.

Frank will die Ausreise beschleunigen, er schreibt einen Brief an den bekannten Rechtsanwalt Dr. V. Wir wissen von einem Ehepaar, das dem Anwalt für die beschleunigte Ausreise ihr Grundstück am Wasser mitsamt dem Haus angeboten hat. Nach nur sechs Monaten reisten sie davon. Wir haben zwar keine Immobilie, aber Hoffnung.

Uns erreicht ein Brief, datiert vom 1. 9. 87:

Sehr geehrte Familie B.,
die Entscheidung trifft nur die örtliche Behörde. Ich kann leider nicht helfen.
Mit Hochachtung
Prof. Dr. V.
Rechtsanwalt

Haste nichts, kriegste nichts. Damit finde ich mich nicht ab. Einer Eingebung folgend, rufe ich meinen Mann im Büro an:

»Laß uns heute ins Ministerium für Inneres in die Mauerstraße gehen.«

Er hält es für ein waghalsiges Unternehmen, aber schließlich stimmt er meiner Idee zu und verspricht mir, seine Arbeit eher zu beenden.

Gegen 15 Uhr werde ich unruhig; wo bleibt Frank? Ich ertappe mich dabei, wie ich vor dem Küchenfenster hin und her laufe. Blödsinn, sage ich mir, ihm wird nichts passiert sein, aber ein kleiner Stau im Berufsverkehr würde bewirken, daß wir die Sprechstunde nicht einhalten könnten. Endlich taucht der rote Käfer unter den dichten Linden hervor. Aufgeregt greife ich meine Jacke, ziehe die Wohnungstür zu, eile die Treppen hinunter, da fällt mir ein: Die Tür ist nicht abgeschlossen. Zum Glück kommt mir Timo entgegen; er hat heute seinen Berufsschultag. Er winkt:

»Fahrt mal ruhig, ich drücke euch die Daumen!«

Wir müssen quer durch Berlin fahren; vom Süden bis ins Zentrum dauert es ohne Komplikationen eine gute halbe Stunde. Je näher wir der Mauerstraße kommen, desto rasender schlägt mein Herz. Bloß nichts anmerken lassen, denke ich und sehe Frank von der Seite an. Er schaut angespannt nach draußen.

»Überall ist Halteverbot, wo soll man denn hier parken?« brummt er ärgerlich vor sich hin. Die baumlose Straße, an der Haus neben Haus steht, verdient den Namen Mauerstraße. Dicht gedrängt bilden die Häuser unbeabsichtigt eine hohe, unüberwindliche Mauer vor der richtigen Mauer. Niemals habe ich einen Straßennamen passender gefunden. An jeder Giebelwand entdecke ich Überwachungskameras, die das Straßengeschehen kontrollieren. Polizisten stehen an Hauseingängen oder gehen vorüber. Es ist eine düstere, kasernenähnliche, tote Gegend, die so abschreckend wirkt, daß ich am liebsten auf der Stelle kehrtgemacht hätte.

»Frank?«

»Was ist?«

»Es kommt mir vor, als geisterten wir durch eine alte Filmkulisse von der einstigen Reichshauptstadt.«

»Da hast du recht. Die Häuser stammen noch aus der Zeit. Sieh mal«, er zeigt auf die Einschußlöcher, »die zeugen von der Schlacht um Berlin 1945.«

Wir betreten schweigend den Gebäudeeingang. Aus einer verglasten Pförtnerloge verlangt ein Polizist unsere Personalausweise, fragt nach dem Grund unseres Besuches und telefoniert dann. Ein Mann in Zivil erscheint; er begleitet uns, ohne ein Wort zu sprechen, zum nächsten Glaskasten, an den sich das blaugepolsterte Wartezimmer anschließt. Es sieht aus wie ein Pionier- oder FDJ-Zimmer.

Die Farbe Blau weckt in mir unangenehme Erinnerungen, sie ist für mich das Symbol für Zwang. Zu jeder erdenklichen Feierstunde mußten wir als Kinder die blauen Pioniertücher umlegen. Die Blauhemden der Freien Deutschen Jugend folgten. Blaue Fahnen auch zu den nächtlichen Fackelzügen, zu denen bei politischen Anlässen die Massen befohlen wurden.

Als Heimkind marschierte ich einmal mit. Die Straßen lagen im hellen Licht der Fackeln, blaue Fahnen schwangen sich zu hohen Wogen über meinem Kopf, wie Feuer und Wasser. Ich bekam Angst. Angst, mir könnte eine Flamme das Haar verbrennen, Angst vor den vielen Menschen, Angst verlorenzugehen. Aus der ersten Reihe brüllte eine Stimme:

»Ein Lied! Ich trage eine Fahne!«

Angst, die man nie mehr vergißt. Ich hasse Fackelumzüge und laute Trommeln, weil sie mir angst machen.

Ich ertrug es nicht, daß sich bei meinen Kindern die Erziehung wiederholen sollte, deshalb verbot ich Timo, in die FDJ einzutreten. Zum Glück sprach er nicht dagegen, sondern wollte von sich aus kein Mitglied dieser Organisation werden. Um der vormilitärischen Ausbildung zu entgehen, besorgte ich ihm ein ärztliches Attest. Aber trotz Hautkrankheit und dem Asthma, unter dem er seit Jahren leidet, mußte er an einigen obligatorischen Übungen teilnehmen. Wenigstens gelang es mir zu verhindern, daß er wie ich über den feuchten Waldboden robben und schießen lernen mußte. Keines meiner Kinder sollte jemals im Güterwagen mit vierzig anderen Personen um einen kleinen Ofen hocken müssen, um nach einer endlosen Fahrt nach Karl-Marx-Stadt (Chemnitz) hohen Partei- und Staatsfunktionären, obwohl übernächtigt und durchgefroren, fröhlich beim FDJ-Treffen zuzuwinken und anschließend auf dem dunklen Rücktransport nach Berlin den alkoholisierten, busengrapschenden Ausbildern ausgesetzt zu sein.

In Gedanken versunken verspüre ich einen leichten Stoß in die Seite. Erschreckt sehe ich in Franks grüne Augen:

»Was ist?«

Er nickt in Richtung Tür, die soeben von einem Mann im braunen Anzug geöffnet wird. Wichtigtuer, denke ich. Außer uns und einer Dame befindet sich kein Mensch im Raum. Dennoch nimmt sich der Mann sehr ernst, rückt seine Krawatte zurecht, blickt wohlgefällig zuerst an sich herunter, läßt dann seine Augen wie Radarschüsseln im Wartezimmer kreisen und ruft:

»Frau Husel aus Leipzig!«

Frau Husel, eine kleine, verhärmte, blasse Mittfünfzigerin, erhebt sich. Ihr Gesicht ist uns zugewandt, einen winzigen Augenblick treffen sich unsere Augen; sie zeigt ein feines Lächeln, das sagen will: Ich bin eine von euch. An dem zaghaften Lächeln erkenne ich die Verbündete, eine der vielen Unbekannten, die das Land verlassen wollen. Ich sehe ihr nach, sie geht nicht gebeugt, nein, stolz ist ihr Gang, eine kleine »große« Frau.

»Hier würde ich nicht mal aufs Klo gehen«, sage ich.

Mein Mann sieht mich verdattert an: »Wie kommst du denn darauf?«

»Weiß ich auch nicht, aber ich werde das Gefühl nicht los, von allen Seiten beobachtet zu werden.«

Beschwörend legt er seinen Finger an die Lippen, nur sein Augenzwinkern verrät mir: Kopf hoch.

»Mein Gott«, stöhne ich. »Die Frau hatte ja eine Tagesreise hinter sich.«

»Du sollst mich nicht immer ›Mein Gott‹ nennen«, flüstert Frank heiter.

Woher nimmt er bloß diesen Humor? Jedesmal überrascht er mich in ungewöhnlichen Situationen damit. Sprachlos drücke ich seine Hand. Komisch ist das schon: Wenn wir in einer heiklen Lage stecken, werden wir albern, necken uns wie Teenager, die Lust auf Sex bekommen. Ich lache laut auf:

»Sex im Ministerium für Inneres.«

»Wäre nicht schlecht, käme allerdings einer Peepshow gleich«, küßt er mir ins Ohr.

Wir können unser Lachen nur mit Gewalt zurückhalten.

Der Zivilist betritt den Warteraum. Mühsam ringt er sich ein Lächeln ab, als er uns so lustig vorfindet.

»Sie können mitkommen.«

Auch wir werden sofort wieder ernst. Bevor wir an dem Tisch Platz nehmen, betritt ein zweiter Mann das Zimmer. Das Gespräch verläuft im wesentlichen erfolglos. Die Rollenverteilung steht zum Beginn gleich fest, wir reden, und sie hören schweigend zu. Der grellweiß gestrichene, fensterlose Raum läßt keine Möglichkeit zu, in Gedanken abzuschweifen; der Blick ist auf das Gegenüber fixiert. Die Viererrunde hat etwas von einem Gesellschaftsspiel wie »Mensch ärgere dich nicht« an sich. Ein falsches oder zu lautes Wort, und wir würden rausfliegen. Wie gut, daß ich meinen Mann habe, der sachlich bleiben kann. Mir gehen die stummen Zuhörer auf die Nerven. An dem zweiten Mann fällt mir auf, daß er kein Parteiabzeichen trägt. Außergewöhnlich freundlich fragt er nach unseren Besuchsgründen und gibt uns den Hinweis, in der Rückertstraße, bei der übergeordneten Stelle aller Rathäuser, unser Anliegen nochmals vorzutragen. Er wolle in vierzehn Tagen von sich hören lassen.

Zehn Minuten hat die Unterredung gedauert. Die Namen der Männer bleiben uns unbekannt.

Die neue Anlaufadresse wollen wir unbedingt Axel und Angelika nennen. Bisher haben sie die Rückertstraße nicht erwähnt, also sind wir um eine Erfahrung reicher. Die beiden wohnen im Prenzlauer Berg, einem alten Arbeiterwohngebiet, das zwar dringend sanierungsbedürftig ist, da die Häuser den Eindruck erwekken, sie würden jeden Augenblick einstürzen, doch keines von beidem geschieht: weder die Sanierung noch der Einsturz. Sie zerfallen nur. Kaum ein Haus hat eine Innentoilette, geschweige denn ein Bad oder gar

Zentralheizung. Dennoch gibt es hier wunderbare Kneipen, wie die Offenbachstube, eine Theaterkneipe, den Prater mit den Ausstellungsräumen für Künstler, die Schwulenbars, Café Schönhauser, den Club der Mittzwanziger, die Kneipe 1900 und einige mehr. Prenzlauer Berg hat das gewisse Etwas, das nirgendwo sonst in Berlin zu finden ist. Allenfalls noch die Schönhauser Allee, über der die U-Bahn als Hochbahn fährt, so daß man im Regen darunter spazierengehen kann, ohne naß zu werden und die deshalb liebevoll »Magistratsregenschirm« genannt wird. Rechts und links der Straße reiht sich Geschäft an Geschäft; wer hierher kam, wollte nie mehr weg. Alle möglichen Berufsgruppen zog es in den Prenzlauer Berg, Künstler, Studenten, Familien und Rentner vermischten sich ohne Standesdünkel. Oft waren sie alle auf die einzige Toilette in der Etage angewiesen. Wenn das nicht verbindet, was dann?

Die beiden »A's« sind daheim. Wir erzählen beim Kaffee in der Küche von dem spannenden »Abenteuer« sowie dem neuen Hinweis auf die Rückertstraße. Axel wiegt bedächtig den Kopf; er hält nichts von eigenständigen Unternehmungen.

»Wenn es soweit ist, melden die sich«, ist seine Meinung. Wir sollten uns nicht unnötig Gefahren aussetzen.

Das Warten und die Ungewißheit hängen mir zum Hals heraus, deshalb beschließen Frank und ich, am kommenden Dienstag in die Rückertstraße zu fahren.

Wie jeden Dienstag, wenn ich nicht selbst ins Rathaus fahre, rufe ich dort an. Zum Glück habe ich Frau Bölke am Apparat. Sie ist von allen Sachbearbeitern und

-bearbeiterinnen, die wir in den zwei Jahren Wartezeit kennengelernt haben, die menschlichste.

»Frau Burkowski, leider habe ich keinen positiven Bescheid; sobald ich etwas höre, melde ich mich.«

»Danke«, sage ich enttäuscht. Ich bin mir sicher, daß sie ehrlich ist. Vor einigen Wochen mußten wir das Büro wechseln, und im Flur gestand sie mir:

»Westschokolade schmeckt mir auch besser.«

Ich dachte, ich hätte mich verhört. Sonst zeigten die Bearbeiter nie menschliche Regungen. Im Gegenteil: Sie verabreichten uns Gehirnwäschen mit endlosen Vorwürfen über unsere Ausnutzung des Staates, schütteten uns mit Vorträgen über die kapitalistische Ausbeutung im Westen zu, ließen nichts unversucht, um uns umzustimmen. Vor dem Zimmer hing eine Wandzeitung, die deutlich die Armut im Westen dokumentieren sollte. Mit Rotstift gezeichnete Tabellen gaben Einblicke in die Arbeitslosigkeit, Wohnungsnot und Säuglingssterblichkeit. Schwache Anzeichen von Zweifel, die uns kamen, unterdrückten wir im Keim. Wir wollten es selbst sehen und erleben. Frau Bölke versprach mir damals, wenn sie die geringsten Anzeichen dafür sähe, daß wir gehen dürften, würde sie uns anrufen.

Ausweiskontrolle. Fragen nach dem Grund, warum wir erscheinen, beantworten wir:

»Das Ministerium für Inneres hat uns geschickt.«

Daraufhin dürfen wir gleich passieren. Der Wegweiser führt uns in den zweiten Stock. Auf dem Gang sind alle Stühle besetzt. Leise frage ich Frank:

»Wollen die etwa alle ausreisen?«

»Wahrscheinlich.«

»Mein Gott, dann sitzen wir morgen in der ersten Reihe!«

»Du rufst mich schon wieder mit falschem Namen.«

Ich muß grinsen. Plötzlich stellt sich heraus, wir sitzen vor dem Standesamt. Welch glücklicher Irrtum. Vor der richtigen Tür sind wir allein. Kein Namensschild ist an der Tür noch sonst irgendein Hinweis auf die Abteilung, in der wir warten. Nach zwanzig Minuten klopfe ich an. Eine unfreundliche junge Frau öffnet.

»Was wollen Sie?«

»Wir kommen vom Ministerium. Dort wurde uns gesagt, Sie seien für uns zuständig.«

Fassungslos kassiert sie unsere Personalausweise.

»Einen Moment.«

Sie verschwindet im Büro, aus dem wir jemanden laut und aufgeregt telefonieren hören. Erst nach einer Stunde öffnet sich die Tür.

»Kommen Sie mit.«

Sie führt uns in ein Büro auf der gegenüberliegenden Seite. Hinter dem Schreibtisch sitzt ein junger Mann. Nervös fummeln seine Hände darunter herum. Ich vermute, er bedient ein Tonbandgerät oder ist zum Schutz der unsympathischen Blondine im Raum. Sie wettert gleich los:

»Was fällt Ihnen ein, einfach ins Ministerium zu gehen? Wir bestimmen hier, ob Sie ausreisen oder nicht.«

Frank empört sich über ihr lautes Schreien. Gespannt verfolge ich das mündliche Duell. Die Frau ist seiner ruhigen, beherrschten Art nicht gewachsen. Jedoch erkenne ich kleine Anzeichen von Erregung an ihm. Ich ahne einen Zornausbruch, nein, ich warte förmlich darauf. Und dann wird es ihm zu bunt, er brüllt:

»Was bilden Sie sich eigentlich ein? Meinen Sie, wir haben Angst vor Ihnen? Denken Sie, Sie können mit uns machen, was Sie wollen? Vielleicht gewöhnen Sie sich erst mal einen anderen Ton an!«

Die Blonde schnappt über: »Ich, ich bestimme, wann Sie gehen! Und wenn ich will, gehen Sie nie!«

Mir kommt das Lachen, Frank zieht mich am Arm zur Tür.

»Komm, ich bin doch nicht im Affenhaus!«

Wütend knallt er die Tür hinter uns zu.

Gemeinsam fahren wir eine Woche später ins Rathaus Köpenick. Die strenge junge Frau, die wir mittlerweile als Leiterin der Abteilung Inneres erkennen, empfängt uns mit Vorwürfen. Sie weiß schon über unsere Aktivitäten Bescheid. Wir haben das erwartet. Auch sie schreit uns an, welche Unverschämtheit es von uns sei, ins Ministerium zu gehen. Wortwörtlich sagt sie:

»Ob die da oben etwas sagen oder nicht, wir treffen hier die Entscheidung. Sie kommen nie raus, das merken Sie sich mal.«

Mein Mann verträgt nicht, wenn Frauen so keifen. Er feuert zurück: »Das werden wir ja sehen!«

Im Auto lassen wir Dampf ab; hier kann uns keiner hören.

»Unglaublich, wie die über ihr eigenes Ministerium reden«, sage ich, und plötzlich habe ich eine fabelhafte Idee: »Frank, laß uns ins Ministerium fahren, ich werde denen sagen, wie über sie gedacht wird, vielleicht hilft uns das. Jeder will der Mächtigere sein, also spielen wir sie gegeneinander aus.«

Begeistert ist er davon nicht.

»Uschi, so was geschieht nur im Film. Aber wenn es dich beruhigt, fahren wir.«

Ich fühle mich ruhig, ja fast sicher, daß es klappt.

Wieder das gleiche Ritual: Ausweiskontrolle, Empfang durch einen Schreiberling, der blaue Warteraum, der Aufruf ins andere Zimmer, und dann erscheint als zweiter Mann ein betagter Herr. Wir schildern unsere Erlebnisse in der Rückertstraße, die er geduldig anhört. Als ich aber die Worte seiner Kollegin vom Rathaus wiederhole, regt sich Empörung in seinem Gesicht:

»So geht das nicht. Sie gehen ab sofort nicht mehr dorthin, sondern warten die Entscheidung ab.«

Der Sekretär wagt nicht, von seinem Schreibblock aufzusehen. Draußen umarme ich Frank.

»Du wirst sehen, wir haben es geschafft, die lassen uns gehen.«

Siegessicher fahren wir nach Hause.

Die Ausreisegenehmigung

Timo hilft mir beim Hausputz. Während er die Fenster saubermacht, schwinge ich fröhlich im Nachthemd den Staublappen. Wir albern dabei herum, aus dem Radio dröhnt laute Rockmusik. An der Tür klingelt es. Schnell verschwinde ich im Arbeitszimmer, das noch behaglich wohnlich ist. Timo steckt seinen Kopf durch die Tür.

»Sind nur Gerd und Monika.«

»Bleiben sie?«

»Ein Stündchen. Wir setzen uns auf die Terrasse, kannst dir beim Schminken ruhig Zeit lassen.«

Wie gut mich Timo kennt. Er wird im Dezember 19 Jahre alt, ein junger Mann, der stolz auf seine 17 Jahre ältere Mutter ist. Er mag es nicht, wenn ich ohne Make-up gehe oder zuviel esse.

Seine schwarzgekleideten Freunde kommen oft. Sie sitzen entweder in der Küche oder draußen. Ihre bleichen Gesichter, die schwarz umrahmten Augen, das dunkel gefärbte Haar jagen mir keinen Schrecken mehr ein; ich habe mich an ihr Aussehen gewöhnt. Als Timo sie das erste Mal mitbrachte, dachte ich, sie wollten zum Fasching. Aber nein, sie nennen sich Grufties, haben die Mode im Westfernsehen gesehen. Sie lieben Friedhöfe, stellen dort Kerzen auf und laufen ständig wie Frankensteins Kinder herum. Harmlose Jugendliche, die gefährlich aussehen.

Niemals wollte ich vergessen, wie die Erwachsenen damals über uns als Jugendliche in der Beatmode herzogen, deshalb nahm ich mir vor, bei meinen Kindern und ihren Freunden das Äußere zu tolerieren. Gerd lernt Glasbläser, seine Freundin Monika studiert, sie will Kindergärtnerin werden. Beide rauchen nicht, sie sind für Timo mit seiner unruhigen Art die idealen Freunde, ruhig und fröhlich, aber auch realistisch im DDR-Alltag. Sie stechen der Staatsmacht nur mit ihrem Aussehen ins Auge, weitere Provokationen verursachen sie nie.

Eine bunte Verkleidungswelle ist schon vor längerer Zeit über die behüteten Kinder des Landes hereingebrochen. Da gibt es die Punker mit dem neongefärbten Haar, die Kinder der sechziger Jahre – sie tragen Twisthosen –, die Skins mit Glatzen und Schnürstiefeln. Selten sieht man sie im Straßenbild: sie versammeln sich lieber zurückgezogen in ihren vier Wänden.

Halb zwölf Uhr klingelt das Telefon.
»Ja, bitte?«
»Frau Burkowski?«
»Ja?«
»Hier Bölke. Ich sage nur: Ja.«
Mein Herz rast, höre ich falsch?
»Meinen Sie, wir dürfen ausreisen?«
»Ja, aber es ist nicht offiziell. Sie bekommen noch einen Anruf. Von mir wissen Sie nichts.«
»Hallo, Frau Bölke, sind Sie es wirklich?«
»Ja!«
»Nein, ich glaube Ihnen nicht, wer sind Sie?«
Vor Aufregung erkenne ich die Stimme nicht, ich bin zu durcheinander.
»Wie sehe ich aus?«
Sie lacht: »Sie haben einen blonden Zopf.«
»Und es stimmt, wir dürfen gehen?«
»Ja.« Sie legt auf.
»Timo!« schreie ich. »Timo!«
Er kommt ins Zimmer gerast.
»Was ist passiert? Dürft ihr ausreisen? Oder was ist los?«
Ich liege auf der Liege, rolle mich lachend von einer Seite auf die andere, springe auf, umarme ihn und rufe:
»Ja, ja, ja, wir reisen aus! Wir reisen aus!«
»Das glaube ich nicht, du verkohlst mich.«
Timo sieht mich fragend an.
»Nein, eben hat Frau Bölke angerufen!«
»Und wenn sich jemand mit dir einen üblen Scherz erlaubt hat?«
Meine Freude ist sofort gedämpft.
»Du hast recht – aber nein, es war ihre Stimme.«
»Ruf lieber Frank an«, rät mir Timo.

»Du hast die klügste Idee!«

Timo läßt sich in einen Sessel fallen.

»Ich fasse es nicht. Wenn das wahr ist, haben wir heute vollkommen umsonst geackert. Menschenskinder, zehn Doppelfenster und zwei Balkontüren umsonst geputzt!« Er stöhnt.

In Franks Büro geht keiner ans Telefon.

»Was nun?« frage ich Timo.

»Zieh dich erst mal an, dann trink einen Kaffee und ruf im Rathaus an. Vielleicht stimmt alles gar nicht.«

Schnell schlüpfe ich in irgendwelche Sachen. Mit wem könnte ich meine überschwengliche Freude teilen? Timo ist zu skeptisch, Frank nicht erreichbar, die wenigen Freunde besitzen kein Telefon. Dann fällt mir Ira ein, meine Zahnärztin. Ira hat Bücher von uns gekauft, und nach ein paar Wochen kam vorsichtig die Frage:

»Könntet ihr am Abend bei uns vorbeikommen?«

Bereits damals ahnte ich den Grund ihrer Einladung: sie wollten die Ausreise beantragen. Was sie dann auch taten.

Ira, denke ich und wähle die Nummer. Sie ist in der Praxis und sofort am Apparat.

»Ira, hier ist Uschi. Wir haben eben einen Anruf erhalten.«

»Nein!« schreit sie freudig auf. »Das kann doch nicht wahr sein!«

»Doch«, lache ich glücklich. Vor Rührung schießen mir plötzlich Freudentränen aus den Augen.

»Herzlichen Glückwunsch, ihr habt es geschafft.«

»Du bist die erste, die es erfährt.«

»Was ist mit Frank?«

Sie hat Mühe, sich zu beherrschen, ihre Stimme zittert.

»Er weiß es noch nicht, er war nicht im Büro.«

»Ich komme nach Dienstschluß bei euch vorbei.«

Als ich auflege, sehe ich Timo an:

»Und nun?«

»Ruf im Rathaus an«, mahnt er.

Am liebsten würde ich nicht anrufen, ich habe Angst, daß alles ein großer Irrtum ist. Mein Finger wählt mechanisch die Nummer.

»Bölke.«

»Hier ist Burkowski. Frau Bölke, haben Sie vor einer Stunde mit mir telefoniert?«

»Ja!« Mein Gott, sie sagt ja.

»Und es stimmt, wir dürfen ausreisen?«

Sie lacht: »Ja, es ist jetzt offiziell, Ihr Mann wurde im Betrieb verständigt. Das genaue Datum erfahren Sie noch, Sie bekommen Bescheid.«

»Danke«, hauche ich ins Telefon.

Jetzt springt Timo auf, wir tanzen glücklich lachend durch die Wohnung.

»Meinst du, Mutti, ich kann die große Wohnung behalten?«

»Das glaube ich nicht, sie werden dir eine kleine anbieten. Aber keine Angst, ich kümmere mich darum, dir soll es nicht wie mir mit 18 Jahren gehen. Eine düstere Hinterhofwohnung ohne Bad kommt nicht in Frage. Ich weiß aus eigener Erfahrung, wie sie mit Jugendlichen umgehen, die niemanden haben, der sich um sie sorgt. Bevor du keine Wohnung hast, verlasse ich das Land nicht.«

Halb drei – endlich erreiche ich Frank telefonisch.

»Frank, hast du es schon gehört?«

»Nein, was denn?«

»Ach, tu doch nicht so, die haben längst in deiner Abteilung angerufen!«

»Nein, ich weiß nicht, wovon du sprichst. Wer soll denn bei mir angerufen haben?«

»Du weißt wirklich nichts? Wir dürfen ausreisen!«

»Mach keinen Quatsch, mir hat niemand was gesagt.«

»Dann sage ich es dir eben, vor zwei Stunden rief Frau Bölke hier an. Komm nach Hause.«

»Ich komme nach Hause, aber wehe, du spinnst mich an!«

»Nein, ich schwöre dir beim Leben meiner Kinder, es ist die Wahrheit.«

»Gut, bis gleich.«

Es klingelt an der Haustür, ich laufe die Treppen hinunter. Ira steht mit einem großen Blumenstrauß vor mir. Wir drücken uns herzlichst, weinen vor Glück, können es gar nicht fassen. Im gleichen Augenblick kommt Frank, er sieht uns, ich lasse Ira los, fest preßt mich Frank an sich.

»Es stimmt! Nachdem ich den Hörer aufgelegt hatte, erschien mein Chef. Er wollte mich in sein Büro bitten. Ich habe ihm aber gesagt, daß ich weiß, worum es geht. Er hat mich dann verabschiedet und mir alles Gute gewünscht.«

Ein glücklicher Moment, der mir das Gefühl gibt, ein freier Mensch zu sein. Aber es ist nur ein Moment, denn schon bald verschlucken uns die Mühlen der Bürokratie.

Eine Woche später werden wir ins Rathaus bestellt. Die unfreundliche Abteilungsleiterin begrüßt uns überschwenglich nett. Sie verlangt, daß wir auf einem vorgedruckten Formular einen Ausreiseantrag ausfüllen. Als Begründung sollen wir eintragen: Verlegung des

Wohnsitzes nach West-Berlin. Keine Familienzusammenführung, keine politischen Gründe, nichts dergleichen darf erscheinen, alles ist vorgegeben. Sie legt uns einen Antrag zur Ausbürgerung vor und teilt uns mit, daß ab jetzt unser Antrag bearbeitet werde. Meinem Mann drückt sie einen Laufzettel in die Hand, rät ihm aber, noch nicht zu kündigen. Wir finden alles sonderbar, haben aber nicht die Zeit, darüber nachzudenken. Für mich steht in diesen Tagen nur Timo mit seinem Wohnungsproblem an erster Stelle. Ich bestürme das Wohnungsamt mit Fragen. Die Sachbearbeiterin scheint zu glauben, ich ließe mich verschaukeln, denn sie sagt, er bekomme »bald« eine Wohnung. Darauf will ich mich nicht verlassen, aber sie bleibt stur.

»Solange Sie nichts Amtliches haben, daß Sie ausreisen, bekommt Ihr Sohn keine Wohnung.«

Frank rennt von Behörde zu Behörde: Müllabfuhr, Wasserwerk, Bauernverband, Sparkasse, Post, Bewag, alle müssen ihren Stempel auf den Laufzettel drücken. Selbst die Abteilung Kultur will unbedingt die Bestätigung von einem Fachmann, daß wir kein kulturhistorisches Erbe ausführen. Wir besitzen einige kleine Antiquitäten, von denen wir uns nicht trennen möchten. Im Rathaus nennen sie uns Lothar B. als Gutachter, Besitzer des einzigen Gründerzeitmuseums. Mir fällt ein Stein vom Herzen, denn ich bin mir sicher, er wird sein Möglichstes tun, uns zu helfen.

Das Gründerzeitmuseum

Lothar B., genannt Charlotte von Mahlsdorf, begegnete ich 1976 zum ersten Mal. Ein ehemaliger Heiminsasse machte mich auf die kleine Kostbarkeit in Mahlsdorf aufmerksam. Hans, ein leidenschaftlicher Sammler alter Gegenstände, meinte, ich sollte meinen geistigen Horizont etwas erweitern, denn von Antiquitäten hatte ich so viel Ahnung wie der Schuster vom Melken einer Kuh. So machte ich mich auf, ihn bei einem Museumsbesuch zu begleiten. An einem warmen, sonnigen Aprilsonntag setzten wir uns mittags ins Auto. Die Fahrt dauerte eine halbe Stunde. Hans schwärmte unterwegs von den herrlichen Dingen, die ich gleich zu sehen bekäme.

»Aber«, lachte er, »der Typ hat was von einer Frau an sich. Na, du wirst ja sehen.«

Mahlsdorf, in der Großstadt Berlin gelegen, hatte nichts von seinem ländlichen Charakter verloren. Die Einfamilienhäuser sahen bis auf wenige Ausnahmen kläglich aus. Verwahrloste Vorgärten, umgeben von rostigen Zäunen, machten die Gegend nicht gerade attraktiv. Vor einer Kurve, hinter der gerade die Straßenbahn quietschend verschwand, bogen wir durch ein ehemals stattliches Tor, das – notdürftig repariert – schief in den Angeln hing, in das parkähnliche Grundstück ein. Einsam, auf einer leichten Anhöhe stand das graue Gutshaus; die breite Freitreppe zum Eingang sowie die Fassade schienen dem Verfall preisgegeben. Nicht nur an der Mauer, die das Anwesen behelfsmäßig umschloß, bröckelte der Putz, sondern auch vom Haus. An allen Ecken nagte der Zahn der Zeit.

»Das ist das Museum?« fragte ich skeptisch. »Es sieht eher aus, als sei es zum Abriß freigegeben.«

Hans schüttelte den Kopf. »Du wirst dich wundern, was du zu sehen bekommst. Alles, auch das Haus, hat sie – oder er – mit eigenen Händen, aus eigenen finanziellen Mitteln geschaffen.«

Ich war sehr auf den merkwürdigen Besitzer gespannt. Vor der Tür standen bereits zwölf Personen; ab und zu versuchte einer, durch die Ziergitter der Glasscheiben zu lugen. Wären nicht die andern dagewesen, hätte ich daran gezweifelt, daß das ein Museum sein sollte, so verlassen kam mir das Haus vor.

Endlich! Hinter der Tür tat sich etwas. Wir rückten dichter zusammen, jeder wollte als erster das geheimnisvolle Haus betreten. Ein Türflügel wurde zum Einlaß geöffnet. Trotz aller Mühen – ich reckte mich auf die Zehenspitzen hoch – sah ich nur Hinterköpfe. Meine Neugier wurde arg strapaziert. Enttäuscht mußte ich am Eingang feststellen, daß uns außer zwei älteren Damen kein ungewöhnlicher Mensch begrüßte. Was hatte ich erwartet, eine Sensation vielleicht?

Die eine der beiden Damen trug das graue Haar schulterlang. Über das männliche, herbe Gesicht huschten bei der freundlichen Begrüßung weibliche, weiche Züge. Unpassend wirkte nur die Hose, in der ihre frauliche Figur wie in eine Zwangsjacke gepreßt schien. Meine leicht ironische Stimmung schwand wieder.

Schwule, Lesben, Transvestiten oder Transsexuelle hatte ich frühzeitig in dem Künstlerclub »Möwe« kennengelernt. Wenn man wie ich mit einem Schauspieler befreundet war, lernte man schnell, daß diese Menschen, ungeschützt von Staat und Gesetz, oftmals hilflos den Anfeindungen der Gesellschaft ausgeliefert sind. Gerade unter ihnen fand ich, das ehemalige Heimkind, Freunde und viel Verständnis.

Charlotte von Mahlsdorf führte uns durch die Räume in eine mir unbekannte Welt. Aus schönem Holz geschreinerte Schränke fesselten meine Aufmerksamkeit; an den Türen und Innenspiegeln befanden sich kunstvoll geschnitzte Ornamente. Gedrechselte Stühle mit hohen Lehnen und grünsamtenen Sitzpolstern standen um den wuchtigen, einladenden Eßtisch, auf dem unter der Last einer schweren, silbernen Obstschale eine zarte Filetdecke lag. Die perfekt zusammengestellte Einrichtung der Zimmer, von der Lampe bis zum gußeisernen, verzierten Ofen, versetzte mich in Großmutters Welt. Wehmütig bedauerte ich, damals nicht gelebt zu haben. So sehr habe ich mich von Charlottes Leidenschaft bezaubern lassen.

Meisterhaft verstand sie es, Geschichten zu erzählen. Über jedes Möbelstück und den letzten Besitzer wußte sie eine Anekdote, mal lustig, mal traurig, aber niemals langweilig. Auch den übellaunigsten Besuchern trotzte sie mit ihrem Humor ein Lachen ab.

Als Liebhaberin einer vergangenen Epoche kämpfte sie unter erschwerten Bedingungen um die Erhaltung der Werte aus der Gründerzeit. Sie rettete, was zu retten war; aus Trümmern, Abrißhäusern, Trödelmärkten und Privatverkäufen trug sie für uns und die nachkommende Generation ein Stück Zeitgeschichte zusammen. Die DDR ließ entweder alles vernichten oder gegen Devisen ins Ausland verkaufen. Trotz aller Widrigkeiten, die sie deshalb mit den Behörden bekam, baute sie das Museum auf. Sie betrachtete die Einrichtung als gemeinnützig und überließ es – bis heute – dem Besucher, wie hoch er den Wert seines Besuches in Form einer Spende bemessen wollte.

Das Aufregendste und für mich Spannendste zeigte sie jedoch zum Schluß der Besichtigung. Dazu mußten wir eine steile Holztreppe hinunter in den Keller steigen. Was wir hier zu sehen bekamen, war einmalig. Plötzlich befanden wir uns in einem Gastraum, der einzigen echten Zille-Kneipe Berlins, in der Mulackritze im Originalzustand. (Sie ist nach dem Namen der Straße benannt, in der sie ursprünglich lag.) Staunend setzten wir uns auf die Kneipenstühle, ich hatte das Wahnsinnsgefühl, als könne ich das Bier förmlich riechen, das seit Jahren nicht mehr floß, aber seinen Duft in den Möbeln hinterlassen hatte. Die Luft roch dermaßen intensiv danach, daß ich mir einbildete, gleich rufe der Wirt vom Tresen in die Spelunke:

»Will noch eener, hat noch keener?«

Charlotte erzählte, und wir lauschten den Abenteuern der Vergangenheit.

Bis 1920 verkehrten in der Mulackritze Verbrecher und Straßenmädchen, unter denen sich fest zur Kneipe gehörende Frauen befanden. Das Scheunenviertel in Berlin-Mitte galt als gefährliches Milieu. Erst als der Film »Das Mädchen aus der Ackerstraße« mit Henny Porten in der Ritze gedreht wurde, zog es die Künstler dorthin. Claire Waldoff, Bertolt Brecht, Gustaf Gründgens, Marlene Dietrich und viele andere amüsierten sich hier.

Die Mulackritze wurde zum Mittelpunkt für Homos und Transsexuelle. Dienstags galt die Devise: Männer in Frauenkleidern und donnerstags umgekehrt: Frauen in Männerkleidung.

Charlotte, als Junge geboren, fühlte sich schon frühzeitig als Mädchen. Still, in ihrer unauffälligen Art, setzte sie sich für die Minderheiten ein. Sie entwickelte sich zu einer kämpferischen »Frau«, wie sie selten zu finden ist. Wer sie einmal kennengelernt hatte, wurde sich bewußt, daß die Welt ohne sie nicht nur um ein Museum ärmer wäre, sondern auch um eine schillernde Persönlichkeit, eine großartige Erzählerin.

Charlotte hat uns für die Abendstunden zu sich bestellt. Wir legen das Bild, einen Druck von Corot, ins Auto; die restlichen Kleinigkeiten, die wir mitnehmen möchten, haben wir aufgelistet. Beate, Charlottes Freundin, führt uns gleich in die Kellerräume. Im Dämmerlicht der spärlichen Deckenbeleuchtung sehe ich viele Frauen und Männer; sie suchen auf Tischen in den Bücherstapeln nach lang Gewünschtem herum. Wir gehen an ihnen vorbei ins Arbeitskabuff. Charlotte sitzt im Schein einer Glühlampe vor ihrem vollbeladenen Schreibplatz und begrüßt uns:

»Wieder welche, die gehen.«

Sie sieht müde und abgespannt aus. Von dem Bild nimmt sie kaum Notiz, sie legt unseren Laufzettel auf den Tisch, knallt einen Stempel darauf, fügt ihre Unterschrift hinzu und wundert sich über meine Frage:

»Dürfen wir das wirklich mitnehmen?«

Sie lacht verächtlich: »Na, das wäre ja noch schöner, wenn Sie Ihr Eigentum nicht mitnehmen könnten. Ich stemple alles. Sie hätten das Bild, ein übrigens sehr schönes, wertvolles Stück im Originalrahmen, nicht extra mitzubringen brauchen. Fehlte nur noch, daß uns dieser Staat wie ungezogene Kinder übers Knie legt und den Po versohlt. Gab es nicht schon mal eine Zeit, in der Menschen das Land nur mit Handgepäck verlassen durften?«

Frank, der sie vorher nie gesehen hat oder hat reden hören, ist beeindruckt.

»Ein mutiger Paradiesvogel«, flüstert er anerkennend.

Charlotte hat nur Ausreisewillige bestellt; selbst hier setzt sie sich über die Schranken des Erlaubten hinweg, ihre Solidarität mit »uns« bringt jedem ein Geschenk, indem sie durch ihren Stempel und Namen das Recht auf persönliches Eigentum bewahren hilft. Ein Stück eigener Würde bleibt dank ihres Mutes erhalten.

Ungestört können wir im Keller einkaufen oder mit anderen Erfahrungen austauschen. Ich nehme zur Erinnerung an Charlotte eine weiße, gebückte Engelsfigur mit, die ein rotes Herz auf dem Rücken trägt. Ich kaufe sie als Symbol: Die Last der Menschlichkeit drückt, aber deshalb muß man nicht zum Kriecher werden. Sie steht noch heute auf meinem Schreibtisch.

Abschied

Wir sind mit Verschenken und Aufräumen beschäftigt. Da wir nicht wissen, wann es losgehen wird, beeilen wir uns mit der Haushaltsauflösung. Meine Tochter kann sich nicht von ihren Spielsachen trennen. Große Tränen kullern ihr aus den Augen, als sie hört:

»Der Puppenwagen bleibt hier.«

Sie hockt in ihrem Zimmer wie ein Unglückswürmchen; das Chaos in der Wohnung verschreckt sie. Ich einige mich mit Frank darauf, alle ihre Spielsachen mitzunehmen, dafür verzichten wir auf einiges Wichtige, wie Bügeleisen und Kochtöpfe. Im Auto ist nicht viel Platz, deshalb müssen wir genau überlegen, was wir mitnehmen. Als ich ihr sage: »Du darfst deine Lieblingssachen mitnehmen«, packt sie eifrig mit.

Timos Wohnung bereitet mir große Sorgen; deswegen fahre ich mit ihm noch einmal zum Rathaus. Frau Bölke begleitet mich zum Wohnungsamt. Sie bestätigt, daß wir ausreisen, aber noch kein Termin feststeht. Wir erhalten eine Besichtigungskarte für eine Einraumwohnung, in der eine Wohnküche und Bad vorhanden sein sollen.

Ich fahre mit meinem Sohn die Wohnung besichtigen. Sie liegt zur Straßenseite, ist hell und renoviert. Kein düsterer Hinterhof, sondern eine Gartenanlage schließt sich hinterm Haus an. Timo ist begeistert. Während mein Mann die Ämter abklappert, kümmere ich mich mit Timo um den Mietvertrag. Ich zahle die Miete für ein halbes Jahr im voraus. Schnell organisieren wir den Umzug, installieren in der Küche einen Warmwasserspeicher und richten die Wohnung nach seinem Geschmack ein. Von der gefüllten Speisekammer bis zum Blumenstrauß auf dem Tisch ist alles da, was eine Wohnung gemütlich und bequem macht. Am liebsten will Timo gleich einziehen, aber ich bitte ihn, die letzten Nächte bei uns zu verbringen.

Wir leben wie im Campinglager; auf den nackten Dielen liegen Matratzen, zum Essen benutzen wir einen einzigen Teller. Die Wohnung erscheint mir doppelt so groß wie früher, jedes Wort hallt wie ein Echo wider.

Am 28. Oktober kommt der Anruf. Der Abschied ist schmerzlich. Meine Freundinnen umarmen mich heulend. Allen verspreche ich, sobald ich Zeit habe, zu schreiben. Timo lassen wir unser restliches Geld da; wir haben es bei einer unserer Freundinnen deponiert, und sie zahlt ihm ein halbes Jahr lang einen monatlichen Zuschuß von 450,– Mark. Davon muß er nur Lebensmittel kaufen und den Strom bezahlen. Ich habe auch für eventuell auftretende Probleme vorgesorgt. In ein schwarzes Schulheft habe ich für jede Situation, in die er geraten könnte, einen Rat hineingeschrieben; selbst die einfachsten Kochrezepte findet er darin.

Meine Fürsorge geht ihm »auf den Keks«, wie er zu sagen pflegt. Vergeblich will er mich beruhigen:

»Ich komme schon zurecht, mach dir keine Sorgen.«

Mir hat das Leben keine guten Erfahrungen gebracht, solange ich allein war. Timo sollte immer wissen, wohin er sich in Not wenden könnte. Meine Freundinnen Gerda, Caroll und andere wollen für ihn da sein.

Nachts kann ich keine Ruhe finden, ich denke über Timos und mein Leben nach. Ist es jetzt zu Ende? Ist er erwachsen und stark genug, ohne mich weitergehen zu können? Wann soll man loslassen? Wenn die Kinder es wollen? Ich bin wieder an einem Punkt angelangt, wo ich Zweifel habe, ob unsere Entscheidung richtig war. Durfte ich Timo ausschließen? Aber es ist eine Entscheidung, die Timo selbst getroffen hat, seine erste. Aus Sorge, er könnte sie bereuen, schreibe ich ihm einen langen Abschiedsbrief, den er erst öffnen soll, wenn wir an der Grenze sind. Darin schreibe ich über meine Gefühle, meine Liebe und meine Ängste um ihn.

Niemals habe ich so offen darüber gesprochen. Eines ist mir besonders wichtig: Er soll wissen, daß er jederzeit nachkommen kann.

Um zehn Uhr fahren wir das letzte Mal nach zwei Jahren und drei Monaten ins Rathaus. Die Unfreundliche, plötzlich Freundliche überreicht uns fast feierlich die Urkunde über die Aberkennung der Staatsbürgerschaft der DDR. Sie schüttelt meinem Mann die Hand und wünscht uns alles Gute. Wir erhalten die Aufforderung, zur Polizei zu gehen, die Personalausweise gegen eine Identitätsbescheinigung zu tauschen und bis 24 Uhr die Hauptstadt Berlin und das Land, die DDR, zu verlassen. Sie kassiert 80,– DM Bearbeitungsgebühr, dann dürfen wir gehen.

Außer Reich- und Hörweite der Rathausangestellten, im backsteinernen Eingangsportal berauscht mich ein überwältigendes Glücksgefühl:

»So ähnlich muß sich Wilhelm Voigt, der arme Schuster, am 16. Oktober 1906 nach seinem genialen Streich gefühlt haben.«

Als Hauptmann verkleidet drang er damals in das Rathaus ein, forderte die Stadtschatulle, die ihm unverzüglich gebracht wurde, und verschwand mit der Beute. Ganz Deutschland lachte damals über die Dummheit der Ratsherren; sogar der Kaiser amüsierte sich köstlich und ließ den armen Voigt begnadigen, der darauf in die Geschichte mit dem Namen »Der Hauptmann von Köpenick« einging. Ein triumphales Erlebnis, aus diesen Mauern genau 81 Jahre und zwölf Tage später auf denselben Stufen zu entfliehen.

Frank mahnt mich zur Eile. Leichtfüßig springe ich die Treppe hinunter. Ich sehe mich um, es gibt kein

Zurück. Übermütig laufen wir durch den alten Stadtkern, der dem Zerfall preisgegeben ist. Kleine Geschäfte mußten schließen, weil der Regen bis in die Keller drang. Aus holzvernagelten Fenstern strömt muffiger Geruch. Der Tod eines Hauses stinkt, nicht nur zum Himmel. Wertvoller Wohnraum geht durch schlechte Sanierungsmaßnahmen verloren. Die Dächer sind kaputt, die Wände schwammig, das Holz ist morsch. Köpenick ade, ich ergebe mich nicht meinem Schicksal.

Am »Platz der Freiheit« befindet sich das Polizeirevier. Ich bleibe vor dem Straßenschild stehen:

»Sieh mal, Frank, der Name ›Freiheit‹ hat heute für mich einen tieferen Sinn. Wenn wir da drüben in das schreckliche graue Haus hineingehen und anschließend herauskommen, sind wir frei.«

»Dann komm doch weiter, sonst schaffen wir es nie.«

Er zieht mich am Arm schräg über den Platz. Im Treppenhaus des Reviers sind wir nicht die einzigen. Sechs Personen blicken von den obersten steilen Stufen neugierig auf uns herab. Frank flüstert:

»Die wollen auch weg. Heute ist keine offizielle Sprechstunde.«

Ich lächle in die Höhe, scheu grinsen sie zurück. Bevor wir bei ihnen angelangt sind, schließt eine Polizistin unfreundlich die Tür auf. Hintereinander erfolgt der Aufruf. Zügig fertigen sie uns ab:

»Personalausweis!«

Wir legen ihn schweigend auf den Tisch.

»Ihre Identitätsbescheinigung!«

Ich greife nach dem dünnen Faltblatt, in dem nur mein Name und Geburtsdatum stehen. Auf meinem Paßbild sehe ich kleiner, auch schmaler aus. Die Polizisten arbeiten in ungewohnter Schnelligkeit, als wollten sie lästige Schmeißfliegen verscheuchen. Aus einem der eisernen Gesichter donnert unbeherrscht die letzte Gefechtssalve:

»Bis 24 Uhr müssen Sie das Territorium der DDR verlassen haben. Ferner dürfen Sie keine Zahlungsmittel ausführen, weder in Mark der DDR noch D-Mark.«

Schweigend verlassen wir Staatenlose das Dienstgebäude. Erleichtert lache ich auf der Straße auf.

»Frank, stell dir vor, wir sind Touristen. Sieh doch mal die schöne alte Kirche mit dem Wetterhahn!«

»Aber Schätzilein, du irrst, das ist das Rathaus!« erwidert er lustig.

»Was denn, ein Rathaus gibt es hier? Davon stand aber nichts im Reisekatalog.«

Frank legt seine Hände um mein Gesicht: »Abschiedsschmerz?«

Ich nicke: »Ein wenig schon. Köpenick war mir von allen Bezirken Ost-Berlins am liebsten.«

Eingebettet zwischen zwei Wasserarmen der Spree und der Dame, ringsherum die hohen Müggelberge, zu ihren Füßen der große und der kleine Müggelsee, bot es nicht nur im Sommer romantische Stunden im Boot, sondern ließ den Berlinern die Wahl, im Winter zu wandern, zu rodeln oder Ski zu fahren. Köpenick ist die grüne Lunge von Berlin.

Wir steigen ins Auto und fahren nach Schöneweide, das zwar auch in Köpenick liegt, aber ein großes Fabrik- und Arbeiterwohngebiet ist.

Die Ausreise

Die Wohnung ist bis auf einen Holzschemel und drei Stühle leergeräumt. Sie stehen auf der rechten Seite des Wohnzimmers vor dem Fenster. Die kalte Oktobersonne steht niedrig genug, um über die Terrasse ins Zimmer zu dringen. Grell, wie die Scheinwerfer einer Bühne, leuchtet sie die restlichen Minuten unserer DDR-Zeit aus. Häßliche Randstreifen kennzeichnen die einstigen Bilderrahmen auf den ehemals weißen Rauhfasertapeten, die es nur durch Beziehungen als »Bückware« unterm Ladentisch gab. Die Fenster sind nicht mehr sauber; Timo hatte sie zuletzt vor drei Wochen, am Tag des Anrufes geputzt; jetzt klebt der Fabrikschmutz von Schöneweide auf ihnen. Nur die grauen Holzdielen glänzen wie frisch gestrichen. Fünf Jahre lang waren sie dank der Auslegware vor der Abnutzung geschützt; der neue Mieter wird sich freuen.

Die großen Glasflügeltüren zum zweiten Wohnzimmer stehen weit offen. Mein Blick saugt sich an dem Podest, zu dem zwei Stufen hinaufführen, fest. Frank hatte mühevoll den Fußboden erneuert, der sieben Zentimeter abgesackt war. Den neuen hatte er gleich als Podest in Höhe des niedrigen Fensterbretts umgebaut. Darauf gruppierten wir eine gemütliche Sitzecke, die von allen Familienmitgliedern und Freunden wegen der schönen Aussicht über das Wasser bevorzugt wurde. Drei Jahre brauchte er, um die Wohnung auszubauen, drei Jahre machte er deshalb keinen Urlaub. Seit 1945 waren wir die ersten Mieter, die 1982, nach 37 Jahren, die Wohnung renovierten. Mit dem

Spachtel kratzte ich alte russische Prawdablätter von den Wänden. Man sah der Wohnung an, daß sie einst dem russischen Stadtkommandanten von Karlshorst als Domizil diente. Das Korridorfenster mit dem eingeschliffenen Soldaten ließen wir nicht auswechseln, er sah dem braven Soldaten Schwejk so ähnlich.

Wenn diese Wohnung erzählen könnte, wäre es phantastisch. Oft habe ich darüber nachgedacht, eine Geschichte über diese Wohnung zu schreiben.

Es klingelt, mein Bruder kommt mit einer Tüte dampfender Hühner (Goldbroiler), dem Abschiedsessen. Vor Aufregung verspürt keiner Hunger, appetitlos lassen wir sie im Silberpapier ausgebreitet auf dem Holzschemel liegen. Vielleicht greift von den Kindern eines zu. Zur Zeit treiben sie sich bei ihren Freunden herum, Auf Wiedersehen sagen. Ich fege noch mal alle Räume. Wie vor einer Premiere blicke ich in die Runde. Das Stilleben »Holzschemel mit Hühnern« wird nur vom heißen Dampf, der aus dem Inneren aufsteigt, belebt. Ein Bühnenbild – aber kein Schauspieler wird es jemals betreten.

15 Uhr. Frank chauffiert das vollbeladene Auto langsam durch die Stadt. Ich habe Angst, es könnte sich etwas vom Dachgepäckträger lösen.

»Wir sehen bestimmt aus wie ›Richard Kimbel auf der Flucht‹«, scherze ich. »Sieh mal, die Leute draußen, wie die uns anglotzen.«

Auf dem Wagendach befinden sich drei Koffer, eine große, verschnürte Pappkiste, der Puppenwagen und ein rotes Federbett für Bekannte, die uns an der Grenze abholen wollen. Sie sind vor über einem Jahr ausgereist und haben uns um den Gefallen gebeten, es mitzubringen.

Von der Friedrichstraße biegen wir in die Invalidenstraße, die der einzige Grenzübergang für Ausreisewillige mit Auto ist. Am Naturkundemuseum halten wir, eine Stunde wollen wir noch gemeinsam mit Timo, meinem Bruder und Freunden verbringen.

Draußen ist es bitter kalt, feiner Nieselregen, wie aus einem Zerstäuber gesprüht, setzt langsam ein. Die feuchte Luft dringt in jede Pore meiner Haut, läßt das Haarpony naß herunterhängen, als hätte ich unter der Dusche gestanden. Frierend laufe ich vor dem Auto auf und ab. Die Männer reden belangloses Zeug; verbergen sie damit ihren Trennungsschmerz?

Timo raucht, alle anderen auch. Ich habe die Qualmerei vor einem Jahr aufgegeben. Timo sieht meinen vorwurfsvollen Blick.

»Guck nicht so streng«, lacht er verlegen.

Ich mag nicht, daß Timo raucht. Er ist das Asthma seit seiner Kindheit nie losgeworden. Mein Bruder steht ihm bei:

»Mach mal eine Ausnahme, ihr seht euch lange nicht mehr.«

Ich nicke. Bisher hat Timo meine Sorgen respektiert und in meiner Gegenwart nie eine Zigarette geraucht. Heute fängt sein neues Leben an, ohne mich. Ich sehe ihm schweigend beim Qualmen zu; froh, in seiner Nähe zu sein, ertrage ich es. Timo ist ein lebenslustiger Mensch, seine hervorragenden Eigenschaften sind Hilfsbereitschaft, Gutmütigkeit und Humor. Leider hat er keine große Ausdauer; alles, was er anfängt, läßt er unvollendet liegen. Ständig bin ich in seinem Zimmer über technische Basteleien gestolpert.

Schon früh habe ich seine rücksichtsvolle Haltung anderen gegenüber bemerkt. Seiner jüngeren Schwester konnte er keinen Wunsch abschlagen, liebevoll spielte er mit ihr, obwohl er etwas anderes unternehmen wollte. Geduldig hörte er seiner Oma und der Uroma zu, half im Garten und erledigte Einkäufe. Jetzt steht er vor einer harten Bewährungsprobe. Ich hoffe, daß er sich im täglichen Kampf des Lebens nicht unterkriegen läßt.

Frank drängt zum Abschiednehmen.

»Timo«, flüstere ich ihm ins Ohr, »ich mache mir Sorgen.«

Er kämpft um ein trauriges Lachen: »Burkel, mach dir keine Sorgen, ich gehe schon nicht unter.«

Burkel – er hat mich bei meinem Spitznamen genannt. Das tut er nur, wenn wir uns ganz nahe sind, näher als Mutter und Sohn, auch näher als Freunde. So nah wie mein zweites Ich, das ich vor siebzehn Jahren bei seiner Geburt an ihn verloren habe.

»Was macht dich so sicher?« frage ich.

Er lacht, diesmal fröhlich: »Du weißt, wir Heimkinder lassen uns nicht unterkriegen. Ich habe was von dir.«

Er hat mir nie verraten, was es ist. Ich winke ihm aus dem Auto. Da steht er voller Zuversicht, mein neunzehnjähriger, lustiger Kämpfer, der bisher keinen anderen Kampf außer um meine Liebe hat bestehen müssen.

Vor der Grenzsperre müssen wir halten.

»Ihre Papiere bitte!«

Mein Herz klopft zum Zerspringen, zudem drückt mich meine volle Blase.

»Frank, ich muß mal.«

»Was denn, hier?«

»Wo denn sonst?«

»Kannst du nicht bis in den Westen warten?«

»Nein«, schreie ich verzweifelt auf, »ich muß!«

»O Gott, das fehlte noch. Was ist, wenn die hier kein Klo haben?«

»Dann mache ich eben ins Auto, vielleicht durchsuchen sie es dann nicht.«

Frank ist nicht zum Scherzen aufgelegt, er stöhnt:

»Wo bleibt der denn so lange mit unseren Papieren!«

»Ist mir egal, ich steige aus und suche eine Toilette.«

Kaum habe ich einen Fuß auf heilige »demokratische Erde« gesetzt, nähert sich mit Riesenschritten ein Soldat, über die Schulter eine MPi.

Nicht weit von den Grenzanlagen entfernt auf der rechten Seite wohnen Bekannte von Frank, eine Familie, die seit zwei Jahren auf ihre Ausreise wartet. Die Hochhäuser sind von allen Seiten sichtbar, aus diesem Grund verabredeten wir eine Zeit, zu der wir »rüberfahren« wollten; sie versprachen, aus dem Flurfenster zu winken. Angestrengt suche ich das letzte Stockwerk nach einem »Winkelement« ab, einem Stück Fahne oder einem Taschentuch. Da, endlich erkenne ich schwach etwas Weißes, das wie ein Scheibenwischer hin und her schwingt. Ich weiß, daß der Gruß uns gilt, denn der Mann besitzt einen Feldstecher. Bei Besuchen war das Fernglas immer in der Hand eines östlichen Betrachters, der sehnsüchtig die westlichen Straßen nach den großen gelben Omnibussen absuchte, um dann vor Entzücken laut aufzuschreien:

»Da ist er! Mein Gott, ist der aber schön und sooo nah!«

Frank raunt mir zu:

»Nicht winken, der erkennt sonst die Richtung!«

Schade, sie werden bestimmt enttäuscht sein.

Frank wird von dem ersten Kontrolleur aufgefordert, rechts in die Grenzanlage zu fahren, wo er auf einem kleinen Platz parken soll.

»Warum steigen Sie nicht ein?«

Die Frage kommt von dem Grenzsoldaten.

»Weil ich mal dringend wohin muß.«

»Hier muß niemand dringend wohin«, bestimmt er scharf. Der Kontrolleur mischt sich ein:

»Genosse Unteroffizier, führen Sie die Dame zur Toilette.«

Befehlsgewohnt fordert mich der Unteroffizier in sächsischem Tonfall zum Mitkommen auf. Die lächerliche Situation, in militärischer Begleitung eine Toilette aufzusuchen, ermuntert mich zu einem Gag:

»Früher wurde ich zum Tanzen geführt, ich hätte nie gedacht, mal aufs Klo geführt zu werden.«

Er ist der Provokation gewachsen, der stahlharte Soldat. Schweigend fördert er einen Vierkantschlüssel zutage. Im gleißenden Schein der Flutlichtlampen schließt er grimmig die Tür ohne Griff auf, selbstverständlich folgt er mir in den Vorraum.

»Wollen Sie vielleicht zugucken?«

Gänzlich unbeeindruckt heftet er stur seinen Blick auf das winzige, vergitterte Belüftungsfenster. Mir bleibt keine Wahl, ich muß, deshalb verschwinde ich in der Toilette, drehe den Riegel zu und bete:

»Lieber Gott, laß es leise geschehen.«

Der liebe Gott scheint mit Wichtigerem beschäftigt.

Noch nie in meinem Leben habe ich mir Gedanken über solche Art von Geschäften gemacht, aber ich bin auch noch nie dabei bewacht worden.

»Wo kann ich meine Hände waschen?«

Stumm deutet er in eine dunkle Ecke des Raumes.

An der Paneelwand hängt ein kleines Handwaschbekken, von unzähligen Rissen der langen Grenzjahre durchzogen. Der Wasserhahn ist kaputt; das eiskalte Wasser tropft sparsam über meine Hände. Seife ist keine da, auch ein Handtuch vermisse ich. Das Wasser von den Händen schüttelnd, trete ich ins Freie. Zufällig wendet mir der Soldat den Rücken zu, eine günstige Gelegenheit zu winken. Aus dem Hochhaus kommt prompt eine Antwort. Der Soldat dreht sich abrupt zu mir herum, ein heißer Schreck durchfährt mich: Hat er etwas gemerkt? Ich lasse meine winkenden Arme langsam tiefer sinken, so als wäre ich immer noch mit dem Windtrocknen beschäftigt. Er sieht mich skeptisch an, dann suchen seine Augen das Hochhaus ab. Für einen Außenstehenden ist zum Glück nichts Verdächtiges zu sehen. Trotzdem halte ich unbewußt die Luft an. Wenn er nun ein Fernglas benutzt, muß er sie entdecken. Glück gehabt, er geht weiter. Verstohlen atme ich tief auf, beinahe hätte ich wegen meiner Gedankenlosigkeit eine ganze Familie gefährdet.

Frank empfängt mich erbost: »Die lassen uns nicht durch, unsere Tochter ist nicht in den Papieren eingetragen, außerdem stimmt die Autonummer nicht mit den Papieren überein.«

Ich erschrecke über sein Aussehen, bleich wie der Tod sitzt er neben mir. Im Ernstfall blieb immer einer von uns beiden völlig ruhig, jetzt trifft es uns beide.

»Und nun, was machen wir? Keine Wohnung, kein Geld, Ausländer, deren Aufenthaltsgenehmigung in der DDR in sechs Stunden abläuft.«

Hilflos starren wir vor uns hin, jeder sucht krampfhaft nach einem Ausweg.

»Mami, mir ist kalt!«

Meine Tochter hat sich bisher sehr ruhig verhalten, ihre Stimme löst meinen Zorn aus:

»Verdammt, wir sitzen seit zwei Stunden im kalten Auto, können die nicht wenigstens unsere Papiere zurückbringen?«

»Jetzt reicht's«, sagt Frank. Gerade als er im Begriff ist, auszusteigen, bringt uns der Kontrolleur die Papiere:

»Entschuldigen Sie, aber Sie dürfen nicht mit diesen Papieren die Grenze passieren. Ich habe mein Bestes getan, Ihnen zu helfen, es geht nicht.«

»Und nun?«

In Franks Frage klingt ein drohender Ton mit. Hoffentlich dreht er nicht durch, bei einem gewaltsamen Grenzübertritt würden wir trotz der Papiere zusammengeschossen werden. Meine Nerven sind zum Zerreißen gespannt. Nicht heulen, sage ich mir.

»Am besten, Sie fahren ins Polizeipräsidium, vielleicht treffen Sie noch einen Genossen. Viel Hoffnung habe ich nicht, da seit einer Stunde Feierabend ist.«

Der Grenzer macht auf mich den Eindruck, als wäre er ehrlich um Hilfe bemüht.

»Leider muß ich Sie auffordern, das Grenzgebiet zu verlassen.«

Seine freundliche Art läßt mich den Frust vergessen.

»Also gut, Frank, das sollte alles so sein. Die wollen tatsächlich, daß wir die Macht der DDR bis in die letzten Sekunden zu fühlen bekommen. Betrachten wir das eben als ein weiteres Abenteuer makabrer Art, davon lassen wir uns nicht einschüchtern.«

Frank fährt zum Hochhaus. Vor der Tür sagt er:

»Geh du mal ruhig mit der Kleinen rauf, ich fahre gleich zum Präsidium.«

»Sei vorsichtig, wir sind zur Zeit Menschen ohne Rechte, sozusagen staatenlose Ausländer«, warne ich ihn. Er beruhigt mich:

»Mach dir keine Gedanken, ich bringe das in Ordnung.«

Das Ehepaar steht verblüfft in der Tür, als ich die Treppe hinaufkomme.

»Schnell einen Kaffee«, flehe ich.

Meine Tochter rennt sofort ins Kinderzimmer, wirft sich auf den Boden und beginnt zu spielen.

»Warum mußtet ihr denn umkehren?«

Erst als ich die warme Tasse in den Händen halte, bin ich in der Lage zu erzählen. Der Mann regt sich fürchterlich auf.

»Die Geschichte klingt ja unglaublich! Aber in diesem Überwachungsstaat wird doch nichts dem Zufall überlassen. Eure Tochter tragen sie ›aus Versehen‹ nicht ein, die Autonummer stimmt auch nicht, da steckt doch Absicht dahinter. Die hatten siebenundzwanzig Monate Zeit zur gründlichen Überprüfung, da passieren keine Fehler.«

Seine Empörung ist ein schwacher Trost, sehnsüchtig erwarte ich Franks Rückkehr. Fassungslos sagt die Frau:

»Und ich habe schon geglaubt, du hättest was angestellt oder geschmuggelt.«

»Wie kommst du darauf?« frage ich verwundert.

»Na, durch das Fernglas habe ich beobachtet, wie du von einem Soldaten mit Gewehr in ein kleines Haus abgeführt wurdest.«

»Liebe Zeit«, lache ich, »der hat mich aufs Klo begleitet.«

Trotz der ausweglosen Situation, in der ich mich befinde, müssen wir lachen.

Um 19 Uhr ist Frank zurück.

»Wir kommen nicht weiter«, sagt er niedergeschlagen. »Im Präsidium habe ich tatsächlich keinen gefunden, der sich dafür verantwortlich fühlt. Die haben mich zum Reisebüro für Ausländerangelegenheiten zum Alexanderplatz geschickt. Dort hatten sie seit zwei Stunden geschlossen.«

»Uns bleibt noch eine Möglichkeit«, fällt mir plötzlich ein, »wir gehen in die Vertretung der Bundesrepublik Deutschland.«

Frank winkt ab: »Hat keinen Zweck, ich bin vorbeigefahren, die Rollgitter waren heruntergelassen, drinnen brannte kein Licht. Wenn wir da vergeblich klopfen oder klingeln, steigt die Chance der Polizei, uns zu verhaften.«

»Dann bleiben wir eben über Nacht hier. Ich rufe Maria an, bei ihr können wir bestimmt schlafen. Sie hat keine Familie, die wir gefährden könnten.«

Frank erklärt sich einverstanden.

Maria war die richtige Idee, sie lacht am Telefon laut auf, als ich ihr sage, daß wir immer noch im Osten sitzen.

»Natürlich biete ich euch meine Wohnung als Nachtasyl an. Ich schließe gleich den Laden, wir treffen uns dann bei mir. Das Auto stellen wir im Hausdurchgang ab, den kann ich verschließen, das erspart euch das Ausladen.«

Maria ist die praktische, selbständige »Emanze« mit der Sehnsucht nach einem großen, urwüchsigen Mann aus den Bergen. Unter ihren Naturlocken steckt viel Grips. Verbal treibt sie jeden in die Enge. Ihrer Intelligenz verdankt sie einen erträglichen, ja sogar hohen Lebensstandard in der DDR. Von der gelernten Schneiderin zum Textildesigner aufgestiegen, hat sie das Wunder vollbracht, einen eigenen Modeladen zu eröffnen. Zu mir sagt sie oft:

»Ich bin zu feige, einen Ausreiseantrag zu stellen, aber zeige mir ein grünes Loch in der Grenze, ich wäre die erste, die hindurchkrauchen würde.«

Frank benutzt für die Fahrt nach Schöneweide Schleichwege, er will nicht, daß wir in eine Polizeikontrolle geraten. Um 21 Uhr treffen wir bei Maria ein, die in tosendes Gelächter ausbricht, als sie uns sieht. Auf dem Küchentisch duftet ein vorzügliches Spaghettigericht – das Abendessen. Die Nacht verbringen wir auf Matratzen, wir albern herum, keiner von uns kann ein Auge zumachen, wir spekulieren, wie es möglicherweise mit uns weitergehen wird. Gegen Morgen schlafen wir total übermüdet ein.

Maria hat Frank frühzeitig geweckt, gemeinsam fahren sie die Behörden ab. Ich decke um elf Uhr den Frühstückstisch, schaue zum Hinterhof hinaus und warte. Fröhlich schließt Maria eine halbe Stunde später die Tür auf. Frank lacht auch:

»Alles okay, sie haben sich für alles entschuldigt. Ich habe eine neue Identitätsbescheinigung, in der unsere Tochter eingetragen ist.«

Wir ahnen nicht, daß wir deshalb mit dem Verfassungsschutz Schwierigkeiten bekommen werden.

»Wer reist schon zweimal aus? Eigentlich sind aller guten Dinge drei. Betrachten wir die gestrige Reise als Generalprobe«, gebe ich gelassen zur Antwort.

Zweiter Anlauf. Die Grenze ist leer. Der Uniformierte begrüßt uns:

»Sollten Sie nicht gestern fahren?«

»Ja, wollten wir auch, aber wir haben es uns dann anders überlegt«, kontert Frank.

»Die Papiere sind in Ordnung, fahren Sie rechts zum Zollhaus.«

»Mein Gott, ist der höflich«, sage ich zu Frank.

»Hast du mich gerufen, Liebling?« neckt er mich.

Wir sind alle in bester Stimmung. Der Zöllner ist jung, gleichgültig nimmt er die Papiere entgegen. Ich denke, ich höre nicht richtig, als er plötzlich sagt:

»Wir sind allein, da haben Sie Glück, ich krauche nicht unter Ihren Wagen. Wenn Sie mir sagen, was in den Koffern ist, glaube ich Ihnen. Nur die Sitzbank müssen Sie herunternehmen.«

»Da ist keiner drunter, unter den Sitzen ist Spielzeug«, sage ich.

Frank montiert geduldig die Bank ab, der Zöllner wirft einen kurzen Blick hinein:

»In Ordnung.«

Er verlangt unsere Zollerklärung. Frank gibt ihm die dreifache Ausfertigung. Erstaunt fragt er:

»Wieso gleich dreimal?«

»Das wurde im Rathaus angeordnet«, gebe ich höflich zur Antwort.

Er lacht verächtlich.

»Das haben die Ihnen gesagt, aber was Sie wirklich machen sollten, wohl nicht?«

»Das darf doch nicht wahr sein«, stöhnt Frank. »Was fehlt denn nun schon wieder?«

Der Zöllner sieht auf die Blätter.

»Seien Sie froh, daß wir allein sind. Zum Glück haben Sie Platz gelassen, das kriegen Sie dazwischen. Schreiben Sie: Hiermit versichern wir, daß die ausgeführten Gegenstände unser persönliches Eigentum sind und nicht zum Verkauf oder der Veräußerung an dritte Personen dienen.«

Nachdem wir unterschrieben haben, bedankt er sich und sagt:

»Na dann, gute Reise.«

Wir fahren zum nächsten Wachhäuschen, in dem kein Mensch zu sehen ist. Aus einer kleinen Klappe reicht plötzlich eine Hand unsere Papiere heraus.

»Fahr weiter«, rufe ich glücklich, »wir haben es geschafft!«

»Geht nicht, die Ampel steht auf Rot.«

»Fahr doch, da vorne ist das Loch, dahinter ist der Westen. Nachher überlegen die es sich noch anders.«

Das Loch ist nicht breiter als ein Auto, Frank gibt Gas, die Ampel leuchtet grün.

»Hurra, hurra!«

In West-Berlin

Vor uns ist die Fremde. Mich wundert es, daß hinter der Charité ein Kanal fließt, über den eine Eisenbahnbrücke führt. Niemals zuvor habe ich das gesehen oder davon gehört.

Die letzten Worte in Ost-Berlin haben wir mit Uniformierten gesprochen, warum sollte es im Westen anders sein? Die ersten Worte kommen aus dem Mund eines Uniformierten:

»Fahren Sie bitte auf den Mittelstreifen.«

Die grüne Uniform erinnert in ihrer Farbe an welkes Gras.

»Sind Sie Übersiedler?« ruft er ins Wageninnere.

Frank steigt aus. Sie wechseln ein paar Worte miteinander. Ich sehe, wie mein Mann mit dem Uniformträger in einem Häuschen verschwindet. Meine Tochter will unbedingt aussteigen, ich kann sie kaum ruhighalten. Aber dann gebe ich mich geschlagen; wir verlassen das Auto, um uns die Füße zu vertreten. Ein Zollbeamter mit Schnauzbart tritt an mich heran, bescheiden-freundlich fragt er:

»Wie fühlen Sie sich, plötzlich im Westen zu sein?«

»Einfach glücklich.«

Waren es die vergangenen, aufregenden Stunden oder seine menschliche Anteilnahme, ich weiß es nicht, jedenfalls steigen mir Tränen in die Augen. Ausgerechnet mir, die ich so gut wie nie heule. Bestürzt legt er mir den Arm um die Schultern.

»Na, na, wer weint denn da, jetzt ist ja alles vorbei.«

Ich lache, schließlich bin ich geschminkt.

»Aber mal im Ernst. Hier sind Sie vollkommen auf sich gestellt, hier heißt es Ellbogen gebrauchen. Hier hilft Ihnen kein Mensch in der Not. Gleich einen Rat: Lassen Sie das Auto, wenn Sie angekommen sind, stehen. Sie sind nicht versichert, ein Unfall kann teuer werden, und mit Schulden wollen Sie doch nicht anfangen.«

Sein Ratschlag geht mir nicht aus dem Sinn, bis heute halte ich mich daran.

Unsere Bekannten, Anke, Sohn und Mann, biegen fünf Minuten später mit ihrem Wagen um die Ecke. Nach der herzlichen Wiedersehensbegrüßung fahren sie voraus, wir folgen ihnen in Richtung Norden. Frank staunt begeistert über die Stadtautobahn in Richtung Hannover. Der Verkehr ist fließend und schnell. Meine Tochter jauchzt über die bunten Geschäfte, die mir nicht unbekannt sind.

In der Wohnung klingen unsere Gläser auf einen neuen Anfang. Anke kenne ich seit unserer gemeinsamen Heimzeit, sie lebte in derselben Gruppe wie ich. Sie war mit ihrem Sohn Stefan und ihrem Ehemann ausgereist. Bis tief in die Nacht dauert unsere Unterhaltung. Am Morgen bleibt das Auto ungenutzt stehen, wir fahren mit der U-Bahn nach Marienfelde ins Flüchtlings- oder Aufnahmelager.

In der U-Bahn erblicke ich zu meinem Erstaunen Menschen aller Hautfarben und Nationalitäten. Schleierverhangene Gesichter, Frauen, die ihre Haare unter schwarzen oder bunten Kopftüchern verstecken, so daß manches schöne Gesicht pausbäckig wie das eines Babys wirkt. Knöchellange Mäntel bedecken ihr Beine. Dunkelhäutige Männer unterhalten sich in einer fremden Sprache. Einige schlafen, andere reden oder träumen vor sich hin. Wüßte ich nicht hundertprozentig, daß ich in einer Berliner Untergrundbahn sitze, würde ich glauben, irrtümlich den Orientexpreß in Richtung Istanbul bestiegen zu haben. Einige der Frauen tragen kunstvoll verschlungene weiße Tücher, sie stehen in Vierergrüppchen, halten an der Hand kleine, dunkeläugige Kinder, denen sie beruhigende Worte zuflüstern. Die Kinder fühlen sich im Gedränge der überfüllten Bahn nicht wohl. Eingeengt zwischen den bunten Baumwollmänteln lugen sie wie beim Versteckspiel hinter ihren Müttern hervor. Die dazugehörenden Männer sitzen heftig diskutierend auf der Bank. Verwundert beobachte ich, wie die Frauen, mit dem Gepäck beladen, die Kinder an der Hand, aussteigen, wobei die Männer ihnen nicht behilflich sind. Neugierig sehe ich ihnen über den Bahnsteig nach, die Frauen gehen im Abstand von ein bis drei Schritten hinter ihren Männern her. Aus welchem Land mögen sie sein? Eine Schulklasse steigt zu. Unter ihnen sehe ich ebenfalls viele fremdländisch aussehende Jugendliche, teilweise unterhalten sie sich deutsch, doch im Gespräch mit den Landsleuten benutzen sie ihre Landessprache.

Seit wir gestern Ost-Berlin verlassen haben, verliere ich nicht eine Sekunde das Gefühl, als Deutsche im Ausland zu sein. Wie ein Weltenbummler in der Fernsehsendung »New York, New York« schaue ich interessiert dem Treiben in der U-Bahn und auf den Bahnhöfen zu. Die Vielfalt der bunt dekorierten Bahnsteige ist beeindruckend, überdimensionale Reklameschilder locken mit Werbesprüchen zum Rauchen und Trinken. An zeitungsüberladenen Kiosken werden Süßigkeiten, Getränke und Plüschfiguren verkauft. Im Waggon hängen witzige, zumeist blöde Reklamesprüche.

Vor unseren Sitzen haben wir ordentlich die Koffer plaziert, hellgraue Kunstlederkoffer, alle gleich aussehend. Plötzlich kommt mir der Gedanke: Ob die Menschen sehen, daß wir Übersiedler (Ostler) sind? Überrascht hören wir die schnarrende Stimme aus dem Abteillautsprecher:

»Achtung, letzte Station in West-Berlin!«

Ein eisiger Schreck durchzuckt mich:

»Frank, sind wir in die falsche U-Bahn eingestiegen?«

»Nein, ich glaube, die Linie führt durch Ost-Berlin, sicherlich ein Hinweis, falls sich Flüchtlinge aus der DDR im Zug befinden. Bei einer Notsituation auf Ostberliner Gebiet könnten DDR-Grenzer die Waggons kontrollieren und Gesuchte verhaften.«

Zwar sind wir keine Flüchtlinge, dennoch beschleicht mich Unbehagen. Was ist, wenn wir ange-

In diesem Haus in Ost-Berlin wurde ich 1953 von meinem Großvater halbverhungert aufgefunden.

In diesem Ostberliner Kinderheim lebte ich bis zu meinem 16. Lebensjahr.

1957 gehe ich zum ersten Mal zu meinen Pflegeeltern und verbringe bei ihnen auch das Weihnachtsfest.

Meine Jugendweihe 1965. Karl Eduard von Schnitzler gratuliert.

Weihnachten im Kinderheim im Jahre 1962 (Ursula ist die dritte von links).

Ursula (rechts) mit ihrer Freundin bei der vormilitärischen Ausbildung am Schamützelsee.

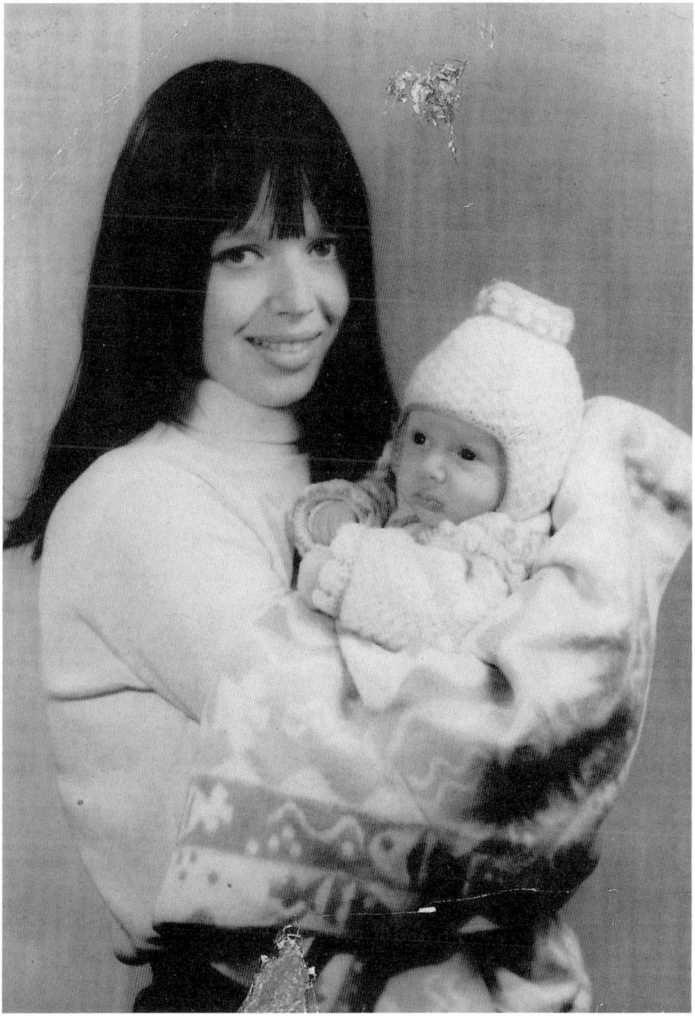

Mein Sohn Timo und ich 1968 in Ost-Berlin.

Timo genießt den Urlaub im polnischen Sopot.

Timo (links außen) schließt Freundschaft mit dem Weihnachtsmann.

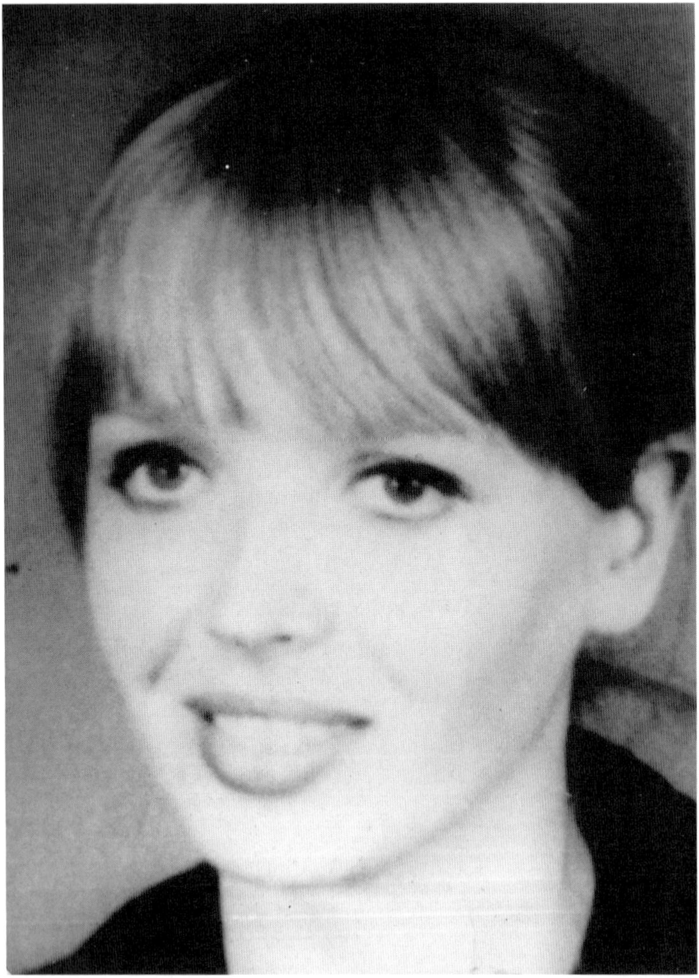

Ich bin jetzt 26 Jahre alt.

halten werden? Wir sind nicht einmal im Besitz eines gültigen Personalausweises.

Der Zug verringert auffällig seine Geschwindigkeit, langsam, im Schrittempo nähern wir uns einem erschreckend düster aussehenden Bahnhof; wie eine Gespensterbahn schleicht der Zug am menschenleeren Bahnsteig entlang. Eine Station, die seit 1961 nicht mehr benutzt wird. Trotzdem erkenne ich in der schwachen Beleuchtung die schmutzigen, abschreckend aussehenden Wachhäuschen. Zwei Soldaten mit MPi über der Schulter laufen wachsam über den Bahnhof, ihre langen, schwarzen Schatten an der Wand gaukeln einem die doppelte Anzahl der Jäger vor. Ein Soldat versucht sich im ehemaligen Abfertigungsraum des Bahnhofsvorstehers vor dem hellen Licht des vorbeizuckelnden Zuges zu ducken. Bisher habe ich nicht gewußt, daß diese Stadthälfte auch unterirdisch bewacht wird. Bei dem Gedanken, daß wir womöglich in einer dieser Friedhofsgrotten aussteigen müßten, kriecht mir ein Schauder über den Rücken. Frank und Fanni sehen schweigend aus dem Fenster. Die anderen Fahrgäste reden leiser, ihre Gespräche klingen wie das Gemurmel eines Gebetes in der Moschee. Urplötzlich empfängt uns der nächste Bahnhof grell erleuchtet, wir fahren an dem Stationsschild »Friedrichstraße« vorbei, und ehe ich recht begreife, daß wir in Ost-Berlin halten, steigen Fahrgäste aus und ein. Ich stupse Frank mit dem Ellbogen in die Seite:

»Sieh mal, Ost-Berlin! Wir sind wieder zurück.«

»Willst du aussteigen?« grinst er.

»Quatschkopf.«

Die U-Bahn ruckt an, der Zug setzt sich in Bewegung, erleichtert atmen wir auf, als wir Ost-Berlin verlassen.

Drei Stationen vor Marienfelde steigen vier wie Penner aussehende Gestalten wankend ins Abteil. Der Geruch abgestandenen Bieres verbreitet sich in der Luft. Ihre Kleidung hängt verlottert und muffig riechend an ihren ausgemergelten Körpern. Über den verquollenen Gesichtern hängen liederlich die strähnigen Haare, unter denen die Augen stumpfsinnig ins Weite stieren.

Schon auf dem Weg zur U-Bahn sind mir zwei auf Pappe sitzende Bettler aufgefallen. Einer saß vor dem Eingang zur Commerzbank, der andere im Ausgangsbereich der U-Bahn. »Habe Hunger« stand auf einem Zettel. Niemals habe ich Bettler in der DDR gesehen, nur Zigeunerkinder in Ungarn, die jeden Urlauber um eine Spende anflehten. Nachdem wir die Fahrkarten gelöst hatten, mußten wir an einem Bettler vorbeigehen. Meine Tochter konnte den Blick von dem Mann nicht lösen.

»Mami, warum sitzt der da?«

»Er hat nichts zu essen und bettelt.«

»Was ist betteln?«

»Weil er kein Geld hat, um sich was zu essen zu kaufen, fragt er die Leute danach.«

»Der arme Mann!« Mitleidig zog sie mich in die Richtung des Kauernden.

»Mami, gib ihm was«, forderte sie mich auf.

»Das geht nicht, wir haben auch kein Geld.«

Ich schämte mich, es ihr so hart sagen zu müssen. Sie guckte zu mir auf:

»Mami, sag bloß, wir müssen jetzt auch betteln?«

»Nein, wenn wir im Lager sind, bekommen wir Geld.«

»Kriegt der Mann auch was ab?«

»Ja, wenn wir wieder hier vorbeigehen, darfst du ihm etwas geben.«

Damit war sie vorerst zufrieden. Frank konnte unsere Unterhaltung hören, er entrüstete sich über unser Mitleid:

»Der Penner sollte lieber arbeiten gehen, dann hätte er Geld. Man sieht doch gleich, daß er ein Säufer ist.«

Wie zwei Verschwörer schauten meine Tochter und ich uns an.

»In erster Linie ist er ein Mensch. Ich kann nicht einfach darüber hinwegsehen, mir tut er leid.«

»Mir auch«, bekräftigte unser Kind. Wir drückten uns verstehend die Hände.

»Es bleibt dabei, wenn wir Geld haben, bekommt er eine Spende.«

Die Augen der Kleinen leuchteten wie unterm Weihnachtsbaum.

Eine der vernachlässigten Figuren ist eine Frau. Offensichtlich hat sie große Schwierigkeiten, in der schaukelnden U-Bahn das Gleichgewicht zu halten. Vergeblich versucht sie, festen Halt zu bekommen, ihre Hand greift jedesmal neben die Haltestange, die oberhalb der Köpfe der stehenden Fahrgäste angebracht ist. Einer der Saufkumpane lallt:

»Mänsch, Liiilo, haste det Zupacken imma noch nich jelernt?«

Energisch packt er sie am Handgelenk, so daß ihre Hand den Griff zu fassen bekommt. Eine ehemals schöne, schmalgliedrige, zarte Frauenhand, die vom Elend des Lebens auf der Straße gezeichnet ist. Blutverkrustete Kratzer, vernarbte Schrammen bedecken zahlreich den Handrücken. An den nikotingelb verfärbten Fingerkuppen prangen schwarzumrandete, abgebrochene Nägel, ähnlich einer Vogelkralle. Eine Hand, die vergeblich Halt sucht. Eine Hand, die keiner mehr streichelt, eine Hand, die abstößt, eine Hand, die Halt nur im Alkohol findet.

Als die Frau das Holz in ihrer Hand spürt, umklammert sie mit der Linken ebenfalls die Stange, und ehe ich weiß, was geschieht, schwingt sie sich plötzlich mit angezogenen Beinen wie ein Affe im Waggon hin und her. Sie hangelt sich von einem Ende zum andern, wobei sie den zahnlosen Mund weit aufreißt und furchterregende Laute ausstößt. Tierische Urwaldtöne gellen, von einfältigem Lachen begleitet, an unsere Ohren. Sie ist offensichtlich verblödet, die Fahrgäste schauen verlegen der Verrückten hinterher. Am Wagenende kreischt sie:

»Noch mal, Dieta?«

Dieter, der hilfsbereite Penner, nickt: »Na, mach schon, Liiilo.«

Das Affentheater dauert an. Meine Tochter reagiert befremdet: »Mami, ist das eine Frau?«

»Ja.«

»Komische Menschen gibt es hier. Zu Hause gab es die nicht.«

Ich nicke stumm. Wie recht sie hat. Drüben sah man weder Penner, Bettler noch Alkoholiker. Daß es sie gab, wußte ich, man sah sie eben nicht. Alkoholiker lebten in Krankenhäusern oder Trinkerheilanstalten.

Wir halten in Marienfelde, die Rolltreppe bringt uns zum Ausgang, zur Busstation. Fanni fiebert dem großen »Gelben« entgegen, ihre kindliche Aufregung steckt mich an. Seit meinem 19. Lebensjahr bin ich in keinem Doppelstockbus mehr gefahren. Irgendwann waren sie von den Ostberliner Straßen verschwunden, hier hingegen gibt es keine Straßenbahn mehr.

»Mami, Papi, der Bus kommt!« ruft sie freudig, als er über die Kreuzung direkt auf uns zufährt.

Der Busfahrer erklärt sich freundlich dazu bereit, uns Bescheid zu geben, wenn wir aussteigen müssen. Wir steigen die schmale Treppe ins obere Deck hinauf, wo wir freie Plätze ganz vorn an der Frontscheibe finden. Fanni streicht behutsam über die rot-schwarze, velourbezogene Sitzfläche.

»Wie richtige Sessel«, piepst sie leise.

»Luxus pur«, flüstere ich spöttisch Frank ins Ohr.

»Im Sommer bleibst du wenigstens nicht mit dem Hintern am Kunststoff kleben«, antwortet er, wobei seine Augen zweideutig zwinkern. In den letzten Stunden blieb für die Liebe wenig Zeit, zumal es dafür auch keine Gelegenheit gab, so necken wir uns wie Teenies, die sehnsüchtig auf die große Chance warten.

Die Sicht von hier oben erweckt den Eindruck, als führen wir in einem großen, alles in sich verschluckenden Ungeheuer spazieren. Jedes Fahrzeug vor uns verschwindet plötzlich unter dem gelben Ungetüm. Beim Heranfahren an Haltestellen zucken wir vor den herunterhängenden Ästen unwillkürlich zusammen, sie klatschen geräuschvoll gegen die Frontscheibe, als wollten sie unsere Gesichter treffen, jedoch im selben Moment wischen sie laut klopfend wie ein Hagelunwetter übers Dach hinweg. Draußen sehe ich einige Passanten Hunde ausführen; alle paar Meter verweilen sie mit den Tieren an Bäumen und sehen zu, wie ihre Lieblinge sich auspissen. Im Gegensatz zu Ost-Berlin säumen nicht nur viel mehr Bäume die Straßenränder, sondern auch Hundehaufen. Auf dem Weg zur U-Bahn und zum Bus muß man ihnen slalommäßig ausweichen. Aus diesem Grunde mahne ich Fanni beim Aussteigen:

»Paß schön auf, daß du nicht in einen Haufen trittst.«

»Ja«, sagt sie, steigt vorsichtig aus und rutscht im gleichen Augenblick in feuchtem Dreck aus. Frank bewahrt sie geistesgegenwärtig vor einem Sturz auf die Erde, indem er sie am Ärmel hochreißt, doch vor dem Gestank kann er sie nicht retten. Beide Schuhe stecken in übelriechendem Hundekot. Unglücklich darüber, daß sie dem Geruch nicht entfliehen kann, brüllt sie ihren Abscheu heraus:

»In was für ein Land sind wir denn gegangen, wo überall Hundekacke liegt!« Herzzerreißend weint sie los: »Ich will wieder zurück!«

Ihr Vater ist mit unendlicher Geduld darum bemüht, das Malheur mittels mehrerer Grasbüschel zu beseitigen, trotzdem will sie sich nicht beruhigen. Ein derartiger Zornausbruch meiner Tochter ist mir neu; erstaunt stelle ich fest, wie selbstbewußt sie ihre kindliche Wut herausschreit. Erst die Worte ihres Vaters: »Du stinkst nicht mehr« überzeugen sie von dem überstandenen Unglück, nicht die Sauberkeit der Schuhe. Dankbar umschlingen ihre Ärmchen seinen Hals, und willig läßt sie sich den Rest des Weges ins Lager tragen.

Flüchtlingslager Marienfelde

Ich habe mir ein Lager in der Art eines Pionier- oder FDJ-Lagers vorgestellt, doch wir betreten eine ganz normale Wohnanlage, die sich von den Wohnhäusern in der Straße nur dadurch unterscheidet, daß sie umzäunt ist und ein Hinweisschild Presse und Fotografen abweist. Andere unerwünschte Personen werden durch den streng kontrollierenden Pförtner am Eingang zurückgewiesen. Wir legen unsere Ausbürgerungsurkunden vor und dürfen ungehindert passieren.

Im Gang vor der Anmeldung sitzen wenige Leute, die sich in polnischer Sprache unterhalten. Wieder beschleicht mich das Gefühl, im Ausland zu sein. Gepäckbeladen treten wir in das Aufnahmebüro. Der hinterm Schreibtisch sitzende Mann zieht bei unserer Begrüßung »Guten Tag« erstaunt die buschigen Augenbrauen in die Höhe:

»Nanu, endlich mal wieder deutsche Worte!«

Verwundert fragen wir: »Wieso, kommen denn keine Übersiedler aus dem Osten?«

»Aus dem Osten schon«, sagt er und lacht, »aber die meisten kommen aus Polen!«

»Polen?« fragen wir erstaunt.

»Aus der DDR kommen wenige, seit Wochen sind Sie die ersten. Fast alle, die aus Polen kommen, haben Großeltern, die mal Deutsche waren, sie selbst sprechen kaum ein Wort deutsch. Sie gehören zu den Heimatvertriebenen.« Offensichtlich freut er sich, endlich wieder mit Deutschen reden zu können, und erzählt weiter: »Regelmäßig fahren Touristen in Bussen vor, die ihre Landsleute bis vor die Tür bringen. Einige schöpfen das Begrüßungsgeld ab, kehren zurück, kommen erneut wieder, und das Spiel beginnt von vorn, dagegen können wir nichts machen. Alle wollen plötzlich Deutsche sein. Einmal meldeten sich fünfzig Personen aus einem Ort als Deutschstämmige. Bei der späteren Überprüfung ergab sich allerdings nur eine gesamte Einwohnerzahl von 28 Menschen, von denen eine einzige Familie deutscher Herkunft war. Leider gibt es viele schwarze Schafe unter den weißen, aber was sollen wir machen? Wir kommen mit den Prüfungen gar nicht so schnell nach, wie Leute hier ankommen. Das tollste Ding, das ich bisher erlebt habe, war, daß sich ein Pole mit einer alten Abstammungsurkunde eines deutschen Schäferhundes um Aufnahme bemühte.«

Fassungslos lauschen wir den Geschichten des Mannes, der uns einen Laufzettel in die Hand drückt und viel Glück wünscht. Ahnungslos über die nervenaufreibenden Stunden, die noch vor uns liegen, tragen wir unsere Koffer eine Treppe höher, zum nächsten Anlaufpunkt, dem Arzt.

Nach 120 Minuten Wartezeit im menschenüberfüllten Gang ruft eine Krankenschwester meinen Mann und Fanni auf. Die Untersuchung der beiden verläuft reibungslos und schnell, danach bittet sie mich ins Sprechzimmer. Ein fülliger Arzt streckt mir lachend seine fleischige Pranke entgegen:

»Na, Frau Burkowski, Hochkonjunktur?«

Ich verstehe seine Frage nicht. Sein frivoles Lachen verstärkt sich, so daß ich annehme, es ist bis nach draußen zu hören.

»Schauen Sie nicht so verdattert, in Ihrem Beruf herrscht doch zur Zeit Aufschwung.«

Ich verstehe immer noch nicht, schüchtern frage ich:

»In welchem Beruf meinen Sie?«

Sein Gesicht färbt sich blaurot vor Lachen, er ist mir unsympathisch.

»Als Gummifacharbeiter im Zeitalter von Aids werden Sie sicherlich schnell eine Arbeit finden.«

Endlich verstehe ich. Sicherlich erzielte die Herstellung von Kondomen, scherzhaft Verhüterli genannt, in den Gummiwerken neue Produktionsrekorde, aber was hatte ich damit zu tun?

Da in der DDR alles verpönt und schlecht war, was aus dem Westen kam, schwieg man sich auch über diese Krankheit in der Öffentlichkeit aus. Trotzdem machte ein makabres Scherzwort in der Bevölkerung die Runde: Lieber Aids als gar nichts aus dem Westen. Wie grausam diese Krankheit ist, wie qualvoll die Todgeweihten sterben, erfuhr ich erst aus den Westmedien, vor allem dem Fernsehen.

Über die Anspielung des Arztes auf meinen erlernten Beruf kann ich nicht lachen, zumal ich ihn widerwillig erlernt habe, aus Angst und Verzweiflung. Ich wußte im Kinderheim nicht, was ich später mal lernen sollte, geschweige denn, welche Arbeit mir Spaß machen würde. Der Vormund, der mir bis zum 18. Jahr zur Seite gestellt wurde und dem ich höchstens dreimal in zwei Jahren begegnete, schlug mir einen Internatsplatz in Dresden vor. Dort sollte ich in der Halbmondteppichweberei eine Ausbildung machen, die mich nicht nur von Berlin, sondern auch von meinen Freundinnen getrennt hätte. Die Gefahr der Abschiebung, weg aus meinem Bekanntenkreis, erschreckte mich, mobilisierte meinen Widerstand den Erwachsenen gegenüber, und ich ergriff notgedrungen den Beruf eines Gummifacharbeiters in einer stinkenden Fabrik. Bald nach dem Abschluß der Lehre kündigte ich damals.

Der Arzt lenkt versöhnlich ein: »Ich wollte Sie doch nur aufheitern, sie sahen so ernst und erschöpft aus.«

Ich griene: »So besser?«

»Etwas.«

Flüchtig hört er meine Lunge ab, gibt mir ein Glasröhrchen für eine Urinprobe, und ich bin entlassen.

Es geht mit Sack und Pack weiter, zur Sichtungsstelle.

Hier erwarten uns die Alliierten – Engländer, Franzosen und Amerikaner – zu einem Einzelgespräch. Es gibt mehrere kleinere Wartezimmer, in denen jeweils höchstens sechs Personen Platz haben; sie sind alle besetzt. Die Zeit vergeht, ohne daß wir aufgerufen werden. Unsere Tochter nörgelt, sie will spielen, und Hunger macht sich bemerkbar. Um sie abzulenken, gehe ich in die Anmeldung. Eine nette Engländerin hört sich meine Bitte nach Malblatt und Stiften an. Freundlich reicht sie mir das Papier, auf dem ein Stückchen Schokolade liegt. Überglücklich vertieft sich die Kleine in ihre Zeichnung. Das Stückchen Schokolade, das sie sich sofort in den Mund geschoben hat, wandert von einer Backe in die andere. Eine Köstlichkeit, mit der sie sparsam wie ein Hamster haushält.

Nach zwei weiteren Stunden Wartezeit werde ich endlich ich in ein Zimmer gerufen, das großzügig und hell eingerichtet ist. Ein Amerikaner sitzt mir gegenüber, der akzentfrei nach meinen Ausreisegründen und der politischen Stimmung in der DDR-Bevölkerung fragt. Die allgemeine Unzufriedenheit über die eingeschränkte Reisefreiheit der DDR-Bürger interessiert ihn nicht, er erkundigt sich nach der momentanen Situation:

»Haben Sie irgendwelche Anzeichen von Aufruhrstimmung feststellen können?«

Natürlich habe ich mehr als einmal aufrührerische Parolen vernommen; da ich aber Zweifel darüber hege, daß sie jemals in die Tat umgesetzt werden, hüte ich mich, Vermutungen auszusprechen. Außerdem erinnert mich das Gespräch trotz seiner freundlichen Art an eine Stasi-Ausfragerei. Hinsichtlich meiner Erfahrungen im Umgang mit derartigen Behörden traue ich dem Amerikaner auch nicht über den Weg. Nach der Befriedigung seiner Neugier schickt er mich zum Engländer weiter. Ein hochgewachsener, kahlköpfiger Krawattenträger bietet mir einen Stuhl neben seinem Schreibtisch an. Ohne Umschweife erkundigt er sich nach den Fragen des Amerikaners. Unglaublich, welch Mißtrauen untereinander herrscht, denke ich, oder vergleichen sie meine Antworten?

»Konnten Sie bei Ihren Ausflügen durch die DDR Truppentransporte der Russen beoabachten?«

Die ständige Ausfragerei nervt mich. Natürlich haben wir Russen gesehen, schließlich wohnten wir in der Nähe von Karlshorst, der militärischen Kommandantur von Berlin, da waren Lastwagen, Marschkolonnen und Übungen nichts Besonderes.

»Ich bedaure, tut mir leid, mir ist nichts dergleichen aufgefallen, außerdem interessierte mich nicht, wie viele Autos das Tor der Kaserne verließen.«

Der Engländer ist klug genug, meine abwehrende Haltung zu durchschauen. Wohlbedacht formuliert er noch ein paar harmlose Fragen und entläßt mich dann zum Franzosen.

Mittlerweile haben wir es jetzt halb vier, ohne Essen und Trinken. Ständig die Koffer im Schlepptau, laufen wir von Verhör zu Verhör. Einzig der Franzose zeigt sich menschlich:

»Madame, haben Sie schon ein Zimmer?«

»Nein, wir wissen nicht, wo wir die Nacht verbringen.«

»Gut, Madame, für heute machen wir Schluß. Ich gebe Ihnen einen Schein, damit erhalten Sie im Haus B ein Zimmer für sich und Ihre Familie. Wir sprechen uns dann morgen. Auf Wiedersehen.«

Der Streß ist wie weggeblasen, wohltuend empfinden wir die plötzliche Ruhe vor den Behörden. Im Haus B erblicken wir in der Zimmervergabestelle nur drei Personen vor uns. Erleichtert über so viel Glück albern wir fröhlich herum. Die Vergabe wird von einer Polin bewerkstelligt; rasch fertigt sie ihre Landsleute ab. Jeder erhält einen Teekessel, einmal Besteck, eine Wolldecke, ein Kopfkissen und Bettwäsche. Der Mann vor uns unterhält sich recht lange mit ihr, wir verstehen kein Wort. Frank wird ungeduldig:

»Wie lange dauert es noch?«

Die beiden reagieren nicht, erst als ein weiterer Mann den Raum betritt, unterbrechen sie das Gespräch, allerdings nur, um den Neuankömmling überschwenglich zu begrüßen und – ich denke, ich sehe nicht recht – mit einem Zimmer und Hausrat zu versorgen. Frank sieht meinen empörten Blick.

»Bleib ruhig, der war bestimmt nur mal kurz weg.«

Ich will aber nicht ruhig bleiben.

»Das glaubst du wohl selbst nicht. Die Begrüßung sah nicht nach einer Pinkelpause aus.«

Ein Ehepaar im mittleren Alter kommt herein, sie stellen sich hinter uns an. Als sie hören, daß sich die Leute polnisch unterhalten, mischen sie sich begeistert ein. Ehe wir uns versehen, erhalten sie ebenfalls alles, was sie brauchen. Frank platzt der Kragen.

»Schluß jetzt! Wir stehen hier eine dreiviertel Stunde, sollen wir vielleicht warten, bis ganz Polen eine Unterkunft hat? Sie geben uns sofort ein Zimmer!«

Ein vernichtender Blick streift ihn, böse fügt sie in gebrochenem Deutsch hinzu:

»Hier polnische Ordnung.«

Damit wendet sie sich wieder ihren Landsleuten zu. Zornesröte steigt Frank ins Gesicht.

»Mich interessiert nicht, welche Ordnung Sie für die bessere halten. Ich verlange ein Zimmer, sonst passiert was.«

Ich weiß wirklich nicht, was Frank getan hätte, aber seine Worte zeigen eine kolossale Wirkung. Offenbar ist sie unsicher, wie mein Mann auf ihre Untätigkeit reagieren würde, sie unterbricht die Unterhaltung. Widerwillig legt sie die Gebrauchsutensilien auf die Absperrung. Hastig flüstert sie ihren Landsleuten einige Worte zu, die sich wie Schimpfwörter anhören. Blicke treffen uns. Grußlos nehmen wir die Gegenstände an uns. Während wir uns mit dem Hausrat auf die Suche nach unserem Zimmer machen, erzeugt unsere Tochter fröhlich einen pfeifenden Ton auf dem Teekessel; wie eine Lokomotive zieht sie vor uns her bis zu unserer Zimmertür.

Auf dem langen Gang liegt Zimmer an Zimmer, wie im Kinderheim oder Krankenhaus. Die Einrichtung ist dürftig, aber ausreichend. Rechts und links an der Wand steht jeweils ein Etagenbett aus Metall, in der Mitte unter der Lampe ein großer Holztisch, um den vier Stühle plaziert sind. Wir verstauen unsere Sachen in einem einfachen Kleiderschrank links neben dem Bett. Fanni muß dringend verschwinden, ich gehe mit ihr ins Badezimmer, das sich am Flurende befindet und allen Bewohnern zur Benutzung dient. Das Toilettenbecken ist verschmutzt, der Deckel entzwei. Ich zeige der Kleinen, wie sie austreten kann, ohne sich dabei auf die Brille zu setzen. Unnatürlich verkrampft hockt sie über dem Klosett, angeekelt guckt sie mich aus großen blauen Augen an, dann stößt sie seufzend die bange Frage hervor:

»Mami, wir bleiben doch nicht hier?«

»Nein, mein Schätzchen, höchstens zwei Nächte.«

Das Händewaschen ist nur über der Badewanne mit kaltem Wasser möglich, der Warmwasserhahn fehlt und das Handwaschbecken zeigt deutlich Spuren vom Gebrauch als Spucknapf.

Frank ist in der Küche, um uns einen Tee zu kochen, kommt jedoch recht schnell zurück:

»Dort zanken sich zwei betrunkene Polen, es ist besser, wir gehen in das Restaurant.«

Bevor wir das Zimmer verlassen, läßt er die Jalousien herunter und verschließt den Schrank. Seine Idee, essen zu gehen, erweist sich als genial. Warme Speisen stehen schon ab vier Mark fünfzig auf der Tageskarte. Der weihnachtlich geschmückte Baum, die freundliche Bedienung – nichts erinnert an eine Lagereinrichtung. Wir haben pro Person 15,– DM Verpflegungsgeld erhalten, womit wir prima zurechtkommen.

Völlig abgespannt strecke ich meine müden Glieder unter die rauhe Decke und versinke wenig später in tiefen Schlaf. Mitten in der Nacht schrecke ich plötzlich auf, ich weiß zuerst gar nicht, wo ich mich befinde, die undurchdringliche Finsternis macht mir angst. Keinen Lichtschimmer erkennen meine wachen Augen, deshalb rufe ich nach Frank. Sofort antwortet meine Tochter: »Mami, hast du Angst?«

»Ja.«

»Ich auch.«

»Komm zu mir ins Bett.«

Frank wird endlich munter: »Was ist denn mit euch los?«

»Wir haben Angst!« rufe ich in seine Richtung.

Er springt aus dem Bett und tastet sich zum Lichtschalter. Das grelle Licht blendet uns fürchterlich, dann müssen wir plötzlich lachen. Wir sehen, wo wir sind, und die Angst ist wie weggeblasen, aber was war der Grund?

Wir schieben die Betten zusammen, und Frank löscht das Licht. Kaum ist es dunkel, kuschelt sich meine Tochter ängstlich an mich. Ich spüre ihren warmen Körper und streichle beruhigend ihr Haar, dann höre ich deutlich, was mir angst macht. Irgendwo im Lager grölen Männer lautstark Nazilieder:

»Deutschland, Deutschland über alles ... Wenn alles in Scherben zerfällt, denn heute gehört uns Deutschland und morgen die ganze Welt ...«

Die Meute brüllt:

»Deutschland den Deutschen, Juda verrecke!«

Ich traue meinen Ohren nicht, ich kann es nicht glauben, ich will es nicht glauben. Ist das das Deutschland, vor dem wir im Osten immer gewarnt worden sind? Meine Kindheit, meine Jugend, die Parolen der Funktionäre stehen deutlich vor mir: Im Westen wohnen die alten Nazis. Bist du jetzt in diesem Deutschland? Doch die Stimmen sind nicht alt, nein, sie sind jung. Junge Männer ziehen schreiend im nächtlichen Lager umher. Ihre Stimmen singen wahrhaftig, ich träume nicht. Ununterbrochen klingen Lieder aus der Zeit, die ich aus Erzählungen älterer Menschen und aus Filmen kenne. Eine Zeit der Kriege, der Massenvernichtung von Menschen, eine Zeit, die ich um keinen Preis der Welt erleben möchte. Furcht, nie gekannte Angst krallt sich in mir fest, jede Pore meines Körpers fühlt sie, saugt sie auf. Kälte umgibt mich, wie zu Eis erstarrt liege ich in der Dunkelheit und beginne fürchterlich mit den Zähnen zu klappern. Frank hat die Tür fest verschlossen, und trotzdem denke ich, jeden Moment stürmen sie herein, um uns zu peinigen. Wie ein Donnerschlag kracht es plötzlich auf dem Flur. Ein Körper schlägt gegen die Tür, ein schmerzerfüllter Männerschrei zerstört endgültig die Nachtruhe.

»Mami, was ist da draußen los?«

Ängstlich klammern wir uns aneinander. Ich sage:

»Da prügeln sich Betrunkene.«

»Kommen die zu uns herein?«

»Nein, die Tür ist zugeschlossen.«

Überzeugt bin ich von meiner Antwort allerdings nicht. Der Tumult vor unserer Tür verstärkt sich. Jetzt sind mehrere Stimmen und Schreie zu vernehmen, immer wieder fliegt jemand heftig an die Tür oder klatscht auf den Boden. Plötzlich hören wir den erlösenden Ruf:

»Polizei!«

Wir sind mucksmäuschenstill, keiner von uns scheint zu atmen. Angestrengt lauschen wir nach draußen, was wird wohl nun passieren? Eine heftige Diskussion endet in unerwarteter Stille.

Das ist also Deutschland, die Freiheit. Hier ertönen alte Nazilieder, hocken Penner, Bettler und Betrunkene in U-Bahnhöfen, liegen Verlierer der Gesellschaft im Dreck; wer liegt, wird liegengelassen. Es gibt kein soziales Netz, das auffängt, was ins Rutschen gerät. Ich bin mir nicht mehr sicher, ob Ost oder West das bessere Deutschland ist. Hier heißt es: Kopf hoch, Zähne zusammenbeißen, wenn es sein muß, ins Kopfkissen heulen, aber nicht jammern. Seit meiner frühesten Kindheit weiß ich: Mit Klagen und Jammern erreicht man gar nichts. Noch einmal dringen haßerfüllte Wortfetzen ins Zimmer, doch dann schlummere ich einer neuen Welt entgegen.

Unausgeschlafen stellen wir uns schon um fünf Uhr bei der nächsten Behörde an. Nach und nach haben wir alle Stempel zusammen, die wir brauchen, um das Begrüßungsgeld von 100,– DM zu erhalten. Von den insgesamt 300,– DM können wir Anke die geliehenen 50,– DM zurückgeben.

Nun noch der Verfassungsschutz, unsere letzte Hürde, dann dürfen wir das Lager verlassen. Dank Ankes Hilfe erwartet uns ein Zimmer in einer Villa, die einem Amerikaner gehört, der sämtliche Räume an Übersiedler vermietet. Er bekommt es vom Sozialamt gut bezahlt.

Leider zieht sich das Verhör durch den Verfassungsschutz ewig in die Länge und das aus einem einzigen Grund: Franks Identitätsbescheinigung weist infolge der erneuten Ausstellung ein späteres Datum auf. Sie wollen uns die Geschichte mit der Ausreiseverweigerung nicht glauben. Zuerst verhören sie Frank, dann wird er hinausgeschickt, und ich werde hereingerufen. Vier lange Stunden vergleichen sie unsere Antworten. Erstaunt nehme ich zur Kenntnis, daß ihnen auch meine Anwerbung durch die Stasi Anfang der 70er Jahre nichts Neues ist. Alles in allem sehe ich auch hier keinen großen Unterschied zur Stasi, nur daß das Gespräch wesentlich freundlicher verläuft und ich belehrt werde:

»Frau Burkowski, auch hier befinden Sie sich nicht auf sicherem Boden. Sollte sich jemals eine verdächtige Person an Sie wenden, wissen Sie hoffentlich, daß es Ihre Pflicht ist, sich bei uns zu melden. Auf Wiedersehen.«

Gedankenverloren stimme ich zu. Überglücklich sehe ich unserem Auszug aus dem Lager entgegen.

Auf einem der Flure treffen wir auf Deutsche, die uns fragen:

»Haben Sie schon eine Krankschreibung?«

Wir schütteln verneinend die Köpfe.

»Wieso?« erkundigt sich Frank. Einer der Männer lacht, bereitwillig klärt er uns auf:

»Für eine Krankschrift gibt es mehr Geld als Arbeitslosengeld oder Sozialhilfe, die wird sowieso vom ersten Verdienst wieder abgezogen.«

Er empfiehlt uns zwei Ärzte, Dr. Bär und Dr. Apfel, beide Psychiater.

»Dort lassen sich alle Übersiedler krankschreiben!«

Wir bedanken uns für den Tip, packen unsere Sachen und fahren zu Mister Joe.

Eine herrliche Backsteinvilla, umgeben von grünem Rasen und Eichen – das kann doch unmöglich unser neues Zuhause sein? Zögernd betreten wir das Grundstück. Die steile Treppe führt zu einer schweren Eichentür, an der ein Namensschild mit goldenen Lettern prangt. Frank drückt den goldglänzenden Messingknopf, der einen dumpfen, angenehmen Ton als Echo nach draußen wiedergibt. Gleich darauf öffnet sich die dicke Eingangstür, und »Frau Joe« stellt sich uns vor. Eine üppige, stattliche Frau, die das blondgefärbte Haar auf vielen Lockenwicklern kunstvoll zu einem Turm dekoriert hat. Flüchtig wirft sie einen Blick auf den Schein vom Flüchtlingslager, bittet uns einzutreten und lamentiert sofort los:

»Vor dem Betreten des Hauses die Schuhe gründlich putzen, nicht die Türen schlagen, keine Wäsche waschen oder gar über den Heizkörpern trocknen, und im Zimmer darf weder gegessen, noch geraucht und gekocht werden.«

Schweigend folgen wir ihr durch die einzelnen Räume, die Führung endet im Keller, der zu einer Großküche und einem Speisezimmer umfunktioniert worden ist. Wir steigen zum ersten Stock empor, in dem sich unser Zimmer befindet. Im Treppenhaus mit seinen holzverkleideten Wänden deutet alles auf die Jagdleidenschaft des Hausherrn hin. Über uns, an den Seiten hängen die Jagdtrophäen: Köpfe von Hirschen, Elchen, Füchsen und Mardern. Ihre toten Augen wachen über die Sehenden. Jeder Schritt, den wir auf den alten Holzdielen machen, wird von einem knarrenden Geräusch begleitet, als stolziere »Käpten Huck« mit einem Holzbein über die Planken seines Piratenschiffes. Mir kommen Bedenken: Wie schafft es Fanni, ohne Krach im Haus herumzugehen? Bei aller Mühe, die ich mir gebe, ein leiser Gang gelingt selbst mir nicht.

Unsere zweite Unterkunft erweist sich als dreißig Quadratmeter großes Zimmer, in das durch das hohe Erkerfenster viel Licht und Sonne hereinfällt. In der linken Ecke ist eine kombinierte Wasch-, Dusch- und Toilettenzelle installiert, so daß wir wenigstens unser eigenes WC haben. Diese sanitäre Einrichtung, über die wir anfangs sehr erfreut sind, erweist sich schnell als Nachteil, da jeder intime Ton ins Zimmer dringt. Trotzdem sind wir zunächst mehr als zufrieden.

Erst als wir in die Küche gehen, um das Mittagessen zuzubereiten, erfahren wir, daß wir hier die einzigen deutschen Übersiedler sind. So wundern wir uns nicht, daß die drei Kochherde, die Kühlschränke sowie die

Sitzordnung fest in der Hand der restlichen Hausbewohner, der Polen, sind. Sie bestimmen, wer wann wo kocht. Geduldig warten wir, bis die polnischen Familien gegessen haben, erst dann haben wir Platz. Vorräte im Kühlschrank lagern zu wollen, ist ein sinnloses Unterfangen, da nicht ein Zentimeter frei ist.

Wir schleichen mehr oder weniger durchs Haus, flüstern im eigenen Zimmer, schlingen stehend in der Küche unsere Brote hinunter, waschen heimlich die Socken und Schlüpfer, die wir bei Nacht doch über dem Heizkörper trocknen, und kommen uns wie Urlauber im fremden Land vor. Die längste Zeit des Tages verbringen wir jedoch mit der Behördenlauferei: Meldestelle, Arbeitsamt, Sozialamt, Wohnungsamt und Kindergeldkasse. Nervenaufreibende Stunden rauben uns den Schlaf. Nachts wälze ich mich unruhig und hellwach hin und her. Als ich wegen jeder Kleinigkeit Tränen kommen fühle, gehe ich doch zu Dr. Bär. Erstaunlicherweise begegnen mir dort altbekannte Gesichter aus dem Ostteil Berlins. Anscheinend treffen hier die gesamten ausgebürgerten Deutschen der DDR aufeinander.

Dr. Bär bringt viel Verständnis für meine Situation auf, überhaupt macht er mir den Eindruck, als kenne er sich im Umgang mit Landsleuten aus dem Osten besonders gut aus, so daß ich ohne weiteres annehmen darf, daß auch seine Wiege jenseits der Grenze stand. Ich erhalte nicht nur eine Krankschreibung, damit sich meine angeknackste Psyche erholen kann, sondern außerdem mehrere Überweisungsscheine zu verschiedenen Ärzten. Nach dem Verlassen des Untersuchungszimmers fühle ich mich dann auch echt krank. Ich ahne ja nicht, wie kollegial sich Ärzte untereinander verhalten. Von der freien Marktwirtschaft, in der sich jeder Patient den Arzt allein aussuchen kann, weiß ich nichts.

Zum Glück bleibt mir die Sucherei dank der Empfehlungen erspart, nichtsdestotrotz findet jeder Arzt neue Symptome einer Krankheit bei mir, so daß ich mich schließlich mehr in Arztpraxen aufhalte als sonstwo und meine Nerven tatsächlich dringend der Beruhigungspillen von Dr. Bär bedürfen.

Ein Zufall beschert unserer Familie eine dreiwöchige Erholungsreise in den Harz. Dadurch entgehe ich der Gefahr, langsam aber sicher ein Hypochonder zu werden.

Birgit

Noch im Lager hat eine nervöse Frau meine Aufmerksamkeit erregt. An ihrem Rockzipfel hängen drei Kinder im Alter von sieben, acht und neun Jahren, die unentwegt ihre Mutter mit Fragen bestürmen:

»Wie lange dauert es noch? Wir haben Hunger!«

Sichtlich genervt bricht die Frau in Tränen aus, was mich nicht verwundert, denn alle Wartenden haben Stunden oder Tage voller Streß hinter sich. Was mag sie wohl erlebt haben, bis sie in Marienfelde ankam, daß sie so weint?

»Kann ich Ihnen irgendwie helfen?«

Meine Hilfsbereitschaft verwirrt sie. Verlegen zieht sie ein blütenweißes, spitzenumhäkeltes Taschentuch aus ihrer Manteltasche und stammelt:

»Nein, nein, es geht schon wieder.«

Rasch trocknet sie ihre rotgeweinten Augen, schneuzt kräftig in das zarte Tuch, und bevor ich zu meinem Mann zurückgehe, fragt sie zaghaft:

»Wir können ja zusammen mit den Kindern Kaffee trinken gehen, oder wäre es Ihrem Mann nicht recht?«

Ich lache: »Im Gegenteil, er freut sich, wenn seine Tochter mal Bewegung hat.«

Birgit, so stellt sie sich vor, kommt aus Schwerin. Über Österreich ist sie mit ihrer Familie ausgereist. Ihr Mann Arthur war in einer kleinen Gemeinde als Pastor tätig. Da sich ihre Ehe seit Monaten in einem ausweglosen Dilemma befand, stellten sie den Ausreiseantrag, in der Hoffnung, im Westen einen neuen Anfang für sich und ihre Ehe zu finden. Komisch, einen derart naiven Gedanken hätte ich ihr gar nicht zugetraut, denn sie macht trotz ihrer Tränen keinen hilflosen, dummen Eindruck auf mich.

Sie wechselt schnell vom Sie zum Du über. Im Umgang mit Fremden scheint sie keine Hemmschwellen überwinden zu müssen. Sie hat sich ziemlich schnell beruhigt, nur an der fahrigen Handbewegung, mit der sie sich eine Zigarette in den Mund steckt, erkenne ich ihre Gereiztheit. Ruhelos irrt ihr Blick durch das Café, wobei sie ununterbrochen kräftig an ihrem Glimmstengel zieht. Die graugrünen Augen forschen eindringlich in den Gesichtern der Gäste, als suche sie jemand Bestimmten. Dann straffen sich ihre Gesichtszüge, selbstbewußt lehnt sie sich im Stuhl zurück und beginnt plötzlich aus ihrem Leben zu erzählen. Ich nutze die Möglichkeit, sie ausgiebig zu betrachten. Da sitzt sie, die unbekannte große Frau mit dem schmalen Gesicht, dem freundlichen Lächeln auf einem wohlgeformten Mund, der unruhig die Zigarette mit den Lippen festhält, während ihre gepflegten Hände mit der Streichholzschachtel spielen. Eine Frau, die im Sitzen eher zierlich wirkt, aber dennoch unter ihrem weiten Rock ein breites Becken, dicke Hüften und starke Schenkel zu kaschieren sucht. Alles in allem verkörpert sie das »Weib«, wie es uns Rubens mit Ölfarbe auf Leinwand nicht besser hinterlassen hat.

Verworren erzählt sie aus ihrer Kindheit, mehrmals gerät sie ins Stocken, springt von einem Thema zum andern, beendet angefangene Sätze nicht vollständig, als überlege sie, ob sie darüber vielleicht nicht lieber schweigen solle. Sie hat mir ihre Lebensgeschichte so lückenhaft berichtet, daß ich, um der Wahrheit die Ehre zu geben, keine Vermutungen anstellen möchte, sondern nur das wiedergebe, was sie bereit war mir anzuvertrauen.

Seit ihrem elften Lebensjahr wurde sie von ihrem Vater sexuell mißbraucht. Obwohl sie sich davor ekelte, empfand sie dabei manche Momente auch als schön. Deshalb fühlte sie sich an den Handlungen des Vaters mitschuldig. Hinzu kam, daß sie sich erstmals den Geschwistern gegenüber als etwas Besonderes empfand, auch gerade wegen des Geheimnisses, das sie mit ihrem Vater teilen mußte. Als sie sich in der Pubertät dem Elternhaus durch die Flucht entzog, gestand sie der Polizei den sexuellen Mißbrauch. Nach peinlichen Verhören kam ihr Vater ins Gefängnis und sie in ein Heim.

Das erste Kind, das sie mit 19 Jahren bekam, gab sie zur Adoption frei und ließ sich, warum auch immer, im Gefängnis als Mitarbeiterin für den Staatssicherheitsdienst anwerben.

Schockiert verfolge ich ihren Lebenslauf und entdecke bei mir widerstreitende Gefühle, die zwischen Mitleid und Abscheu schwanken. Ich gewinne den Eindruck, daß sie aufgrund ihrer Erfahrungen und Niederlagen, verknüpft mit Lügen und deren Verstrickungen, in die Ehe floh. So bin ich geneigt, ihren Geständnissen Glauben zu schenken. Ich weiß, wie man sich vor seinem eigenen Spiegelbild erschrecken kann. Ihr Mann, der scheinheilige Herr Pastor, wälzt alle Verantwortung für die Familie auf die Frau ab, überhäuft sie in angespannten Situationen mit Vorwürfen und dergleichen mehr. Birgit kümmert sich um die Unterkunft, nimmt Kontakt zur Gemeinde auf, meldet die Kinder zur Schule an, organisiert die dreiwöchige Erholungsreise über die Flüchtlingsseelsorge in den Harz und schlägt uns vor, mitzukommen. Frank ist von der Idee einer Reise nach Westdeutschland nicht gerade begeistert, da wir noch allerhand Formalitäten zu erledigen haben.

Mister Joe überrascht uns nach drei Tagen Übernachtung mit dem Vorschlag, in eine andere Villa zu ziehen, die er in Lichterfelde besitzt. Der Vorteil sei, daß wir sämtliche Kellerräume für uns hätten, sogar eine Küche; Waschmaschine und Kühlschrank ständen uns zur freien Verfügung. Wir wundern uns zwar, pakken aber dennoch unsere Koffer, und Mister Joe kutschiert uns eigenhändig ins neue Quartier.

Ein großes weißes Haus steht inmitten vieler Tannenbäume, wie ich es ähnlich bei meinem ersten West-Berlin-Besuch gesehen habe. Die Kellerwohnung entpuppt sich als ein ehemals 70 Quadratmeter großer, mit Teakholz verkleideter Partyraum, der dem typischen amerikanischen Geschmack entspricht. Unter der Fensterseite zieht sich eine acht Meter lange Bar bis zum kleinen Kaminzimmer, in dem zwei Betten stehen. Im großen sowie im kleinen Raum stehen wahllos nachgemachte Möbel verschiedener Stilepochen herum. Grauer Spannteppich ist bis in den Flur ausgelegt, und die Küche bietet alles, was wir zum Kochen und Waschen brauchen. In amerikanischem Slang bietet uns Mister Joe an:

»Sie dürfen hier schalten und walten, wie Sie wollen.«

»Auch umräumen?« frage ich vorsichtig.

Er lacht: »Natürlich, und wenn Sie den Kamin heizen wollen, das Holz liegt hinterm Haus. Nur eine Bitte habe ich: Wenn Sie vielleicht ab und zu nach der Heizung sehen würden?«

Frank ist einverstanden: »Keine Ursache, mache ich gerne.«

Kaum hat sich Mister Joe verabschiedet, fallen wir uns lachend und überglücklich in die Arme:

»Endlich allein!«

Rasch stelle ich die Möbel passend zusammen, vor den Kamin gruppieren wir eine gemütliche Sitzecke, und zum ersten Mal beschleicht uns das Siegergefühl, im Westen zu sein. So viel Glück ist kaum zu fassen. Wir beschließen, am Abend unsere Westberliner Bekannten anzurufen, um mit ihnen gemeinsam etwas zu unternehmen. Wir wollten uns nicht eher melden, da wir fest davon überzeugt waren, auch ohne ihre Hilfe einen neuen Anfang zu finden.

Die Anrufe ähneln sich alle: zuerst Freude, Erstaunen, gefolgt von Bewunderung und dann die Absage:

»Keine Zeit, aber vielleicht morgen.«

Komisch – wenn die Westler im Osten anriefen: Wir

kommen, dann nahmen wir uns die Zeit, um mit ihnen herumzufahren, essen zu gehen oder irgendeine Party zu inszenieren, auch wenn sie bis Mitternacht blieben. Niemals hätte einer von uns gemosert, er müsse frühzeitig aus dem Bett.

Walter, ein Medizinvertreter, und Achim, der Banker, spielten als Westler im Osten die unzertrennlichen Freunde, doch hier muß ich erfahren, daß sie schon lange nichts mehr voneinander gehört haben. Was ist das für eine eigenartige Gesellschaft, die keine Zeit für Freundschaft läßt?

Reise in den Harz

In der Sprechstunde bei Dr. Bär treffen wir Birgit und Arthur. Gemeinsam schlendern wir über den drei Kilometer langen Ku'damm. Unser erster Stadtbummel nach zwölf Tagen West-Berlin endet am Rathenauplatz, auf dem ein Cadillac und zu unser aller Überraschung ein Trabant einbetoniert stehen. Ein vorbeirasender Autofahrer schreit über den Platz:

»Das Mahnmal und das Muttermal!«

Begeistert von der bunten Geschäftsstraße, müde von der Lauferei, landen wir lachend im U-Bahnhof und fahren drei Tage später gemeinsam in den Harz.

Die Reise erweist sich als angenehm, da sie vom Funkturm bis in den Harz per Bus geht. Eine Fahrt durch den Osten steht uns bevor. Obwohl der Bus alle Vorzüge und Bequemlichkeiten für eine lange Fahrt bietet, zum Beispiel eine Toilette, zwischen den Bänken kleine Tische, Vorhänge gegen die Sonnenstrahlen, und eine junge Reisebegleiterin für Essen und Getränke sorgt, ist Frank und mir nicht wohl. Was würde an der Grenze passieren, wenn sie uns nicht durchlassen? Immerhin soll die Fahrt drei Stunden über die Autobahn der DDR gehen. Je mehr wir uns dem Grenzübergang »Drei Linden« nähern, desto aufgeregter klopft mir das Herz.

Der Kontrollpunkt ist eine unübersehbare, riesige Grenzanlage. Mehrere Abfertigungsspuren sind mit Nummern gekennzeichnet. Für Reisebusse und LKWs gibt es eine Extraspur. Schon lange vorher dicht nebeneinander fahrend, geraten die Autos in Stau. Die Grenzabfertigung verläuft sehr schleppend. Ich sehe, wie Grenzer die parkenden Autoreihen abschreiten. Neugierig lassen sie sich die Papiere zeigen. Auch hier muß ich erkennen, wie zwecklos ein Grenzdurchbruch von der Ostseite her wäre. Dicke, ausfahrbare Betonschranken könnten sofort die Straße absperren, und das mehrmals hintereinander, außerdem verläuft die Straße in mehreren Windungen, eine gerade Strecke gibt es nicht. Der Bus reiht sich in die Busspur ein und bleibt gleich darauf stehen. Leise zischend öffnet sich die Einstiegtür, und ein uniformierter DDR-Grenzer grüßt:

»Die Papiere bitte.«

Der Anblick reicht, um eiskalte Hände zu bekommen. Frank gibt ihm unsere behelfsmäßigen Ausweise. Schweigend verläßt der Grenzer mit allen Unterlagen die stille Reisegesellschaft. Ich beobachte, wie er in das Kontrollhäuschen geht und mit einem Kollegen redet.

»Wenn die uns hier herausholen, was dann?«

Frank drückt meine Hand: »Dürfen sie nicht, wir sind Westberliner.«

Birgit und Arthur sitzen weit vorn, ihre drei Kinder sind die ganze Zeit laut durch den Bus getobt, jetzt schweigen alle. Ob die wohl auch Angst haben? denke ich. Da erscheint der Grenzer wieder in der Tür, ruft jeden einzeln mit Namen auf, vergleicht dessen Gesicht mit dem des Paßbildes, danach händigt er ihm den Ausweis aus. Plötzlich höre ich »Burkowski«. Mein Gesicht ist zu einer Maske erstarrt, ich sehe ihm in die Augen, ich bin zu keinem Lächeln fähig.

»Hier!« rufe ich mit ächzender Stimme wie ein Halskranker.

Er blickt mich streng an, dann sagt er »Gute Fahrt«, wobei er mir den Ausweis zurückgibt. Meinem Mann ergeht es nicht anders, auch Birgits Familie hat keine Schwierigkeiten. Erleichtert atmen alle auf, als der Bus sich wieder in Bewegung setzt.

Die Fahrt läßt Erinnerungen aufkommen, nichts ist mir fremd, jede Ausfahrt kommt mir bekannt vor. Rastlos durchkreuzen wir die Vergangenheit.

Das Verlassen der DDR vollzieht sich genauso wie die Einreise, ohne Schwierigkeiten geht die Fahrt weiter.

Westdeutschland. Über glatte, asphaltierte Bundes- und Landstraßen, die den Kaffee in den Tassen nicht überschwappen lassen, fahren wir durch Dörfer oder Kleinstädte, die wunderschönen Bilderbuchmalereien gleichen.

Und immer wieder beeindrucken uns die bunten Farben, das vorweihnachtliche Glitzern in den Auslagen der Geschäfte, die schick gekleideten Passanten und das überaus reichhaltige Lebensmittelangebot. Nicht annähernd so schön habe ich mir als Kind das Schlaraffenland vorgestellt. Es dauert nicht lange, und die Reisenden um Birgit herum wissen, daß sie aus dem Osten kommen. Spendierfreudig zahlen sie ihr den Kaffee und wünschen ihr beim Aussteigen alles Gute. Frank hofft inständig, daß uns nicht dasselbe gastfreundliche Mitleid zuteil wird, denn wir haben unser eigenes Geld und unseren Stolz. Jawohl.

Vor zwei herrlich im Tannenpark gelegenen Einfamilienhäusern stoppt der Busfahrer. Wir sind die letzten Reisegäste, deshalb hält er freundlicherweise direkt vor den Eingangstüren.

Fröhlich nehmen wir von den vielen Räumen Besitz. Ein behagliches Wohnzimmer, dessen Einrichtung aus einer Sitzgruppe und Eßecke besteht, wirkt trotzdem nicht eng, da eine breite Fensterfront die weite Sicht in den Garten freigibt. Unsere Tochter findet ein eigenes Kinderzimmer vor, und jubelnd dringt ihr Glücksschrei zu uns ins Schlafzimmer. Eine Nacht voller Zärtlichkeiten, heißem Sex und Albernheiten holen wir nach.

Gutgelaunt erkunden wir am Morgen die Umgebung, wandern im Ort herum und geben viel zuviel Geld für Lebensmittel aus. Preisvergleich ist uns kein Begriff. Fanni nascht in wenigen Stunden die Süßigkeiten auf, und ich schlecke die Joghurtbecher leer. Frank setzt sich am Nachmittag mit Schriftkram in die Eßecke und schreibt Bewerbungen an über 23 Wohnungsbaugesellschaften und Arbeitgeber. Wir wollen die drei Wochen nicht untätig verstreichen lassen.

Feodora, meine alte Westberliner Freundin, hat sich von ihrem Freund getrennt, einen Hamburger Immobilienmakler geheiratet, den Berliner Wohnsitz aufgegeben und erwartet in Hamburg nach Weihnachten ihr erstes Kind. Von einer Telefonzelle aus rufe ich sie an, fröhlich sagt sie:

»Hurra, daß du da bist! Ich komme dich besuchen!«

»Was, mit deinem dicken Bauch willst du noch Auto fahren? Paßt du denn noch hinters Lenkrad?«

Sie lacht. »Am zweiten Advent bin ich in Hannover, von da ist es nur ein Katzensprung in den Harz. Also bereite dich auf einen Weihnachtsbesuch vor.«

Sehnsüchtig erwarte ich den Sonntag ihrer Ankunft, denn meine ehemaligen Freundinnen im Osten fehlen mir.

Eines Morgens sieht die Umgebung wie eine Märchenlandschaft aus. Eine dünne Schneedecke hüllt die Berge, Tannen und Häuser in ein feierliches Weiß. Die Kälte klirrt förmlich in der Luft.

»Frau Holle hat heute Puderzucker über die Erde gestäubt«, spaße ich.

Meine Tochter geht darauf ein: »Das Sieben hat ihr sicher mehr Freude gemacht als das jahrelange Bettenschütteln.«

Ohne zu ahnen, wie weit der Weg in die nächste Ortschaft ist, wandern wir in die angegebene Richtung. Der Spaziergang unter den verschneiten Bäumen bereitet ein herrliches Vergnügen. Ab und zu ziehen wir einen Zweig herunter und lassen ihn wieder hochschnellen und … leise rieselt der Schnee … in unsere Kragen.

Auf der windigen Landstraße klagt Fanni über kalte Füße.

»Papi, nimm mich hoch«, bettelt sie.

Frank nimmt die Kleine auf die Schultern, doch da oben ist sie mehr als vorher dem frostigen Wind ausgesetzt und weint. Gegen Nachmittag erreichen wir den Ort, in dem wir sofort Zuflucht in einem Restaurant suchen. Nach dem Lesen der Speisekarte bleibt uns die Luft weg.

»Viel zu teuer«, sage ich zu Frank. Er nickt.

Als der Kellner kommt, bestellen wir. Aufgewärmt von dem vorzüglichen jugoslawischen Essen, finanziell ärmer, verlassen wir die gastlichen Räume, um einen Bummel in der Geschäftsstraße zu machen. Da begegnet uns Birgit. Zwar sind wir gemeinsam hierher gefahren, doch hocken wir nicht ständig zusammen. Birgit sieht furchtbar wütend aus.

»Was ist mit dir?« frage ich.

Schon beginnt sie zu weinen. »Wir waren im Aldi. Ich wollte einkaufen, aber plötzlich bekommt Arthur einen Wutanfall. Vor allen Leuten putzt er mich herunter, ob ich einen Kaufrausch hätte, so viel unnützes Zeug in den Wagen zu packen. Dabei wollte ich den Kindern zum Nikolaus und Advent eine Freude machen.«

Ich denke, ich höre nicht richtig:

»Ist das nicht euer gemeinsames Geld?«

»Ja, aber er bestimmt, was gebraucht wird und was nicht.«

Arthur der Pastor und nicht Arthur der Engel wacht über euch, denke ich. Vielleicht glaubt er, mit Gottesliedern werden die Kinder zufrieden sein?

»Ach Uschi, mir war das ja so peinlich. Ich mußte alles wieder auspacken.«

Sie kann nicht aufhören zu weinen.

»Warte mal, da fällt mir ein, Feodora kommt uns besuchen, ich brauche noch ein paar Kleinigkeiten, wir gehen einfach noch mal gemeinsam hinein.«

Arthur schiebt gerade den fast leeren Einkaufswagen an der Kasse vorbei. Verstört schaut er uns entgegen, Birgit möchte am liebsten hinauslaufen.

»Nimm den Korb«, fordere ich sie auf.

Sie greift sich einen, ohne den Blick von ihrem Mann

zu lassen. Er sieht sie an, als wolle er sagen: Wage es ja nicht! Ich ziehe sie am Ärmel mit mir fort. Außerhalb der Reichweite des Aufpassers packt sie den Korb voller notwendiger Dinge zum Leben.

»Und die Süßigkeiten für deine Kinder?« frage ich.

Sie zuckt hilflos mit den Schultern.

»Ich will keinen unnötigen Ärger.«

»Der Ärger ist aber nötig, es geht um die Kinder. Jetzt gehst du die Naschbeutel holen, sonst erledige ich das.«

Mit dem Gewünschten geht sie, ihre Augen strahlen. Arthur schweigt.

Nikolaustag. Fanni hüpft vor Freude über ihre gefüllten Stiefel in unsere Betten.

»Mami, Papi, der Nikolaus war auch bei euch! Lauft schnell gucken!«

Frank und ich zwinkern uns zu. Sie hat sich von einigen süßen Dingen getrennt, sie liebevoll neu verpackt und in unsere Schuhe gesteckt. Staunend drücken wir unsere Verwunderung darüber aus, dafür ernten wir ihren freudestrahlenden Blick. Ich muß an Timo denken. Ob er das Päckchen bekommen hat? Bestimmt sitzt er mit seinen Freunden zusammen. Wie gerne wäre ich jetzt dabei.

Gleich als wir unsere Ausweise bekamen, stellten wir einen Antrag auf ein Visum zur Einreise in die DDR, um Timo besuchen zu können. Von Gerda, meiner Heimfreundin, die seit kurzem die glückliche Besitzerin eines Telefons ist, wußte ich, daß mit Timo alles bestens läuft. Einmal in der Woche, wenn er sich Geld holen kommt, richtet sie ihm meine Grüße aus und fragt, wie es ihm geht. Zweimal hatte ich Glück, ich rief gerade an, als er anwesend war. Ein schönes Gefühl, mit ihm zu sprechen, obwohl ich ahne, daß er uns vermißt.

Die Visa-Anträge wurden unbegründet abgelehnt, wir sind als Gäste nicht erwünscht. Doch perverserweise erhielt unsere fünfjährige Tochter ein Visum. Wie sollte sie allein in die Hauptstadt Berlin einreisen? Aber Gerda und ich wollten auf alle Fälle eine Möglichkeit finden; Fanni ist nun das einzige Bindeglied zwischen Ost und West, zu Bruder und Sohn. Unsere kleine Tochter sollte sich noch als groß und selbständig erweisen.

Hamburg

Am späten Nachmittag pocht es laut gegen die Haustür. Wir sitzen beim Kartenspielen, die Adventskerze brennt, und Frank ruft:

»Der Nikolaus holt alles wieder ab!«

»Das wird Birgit sein«, entgegne ich.

Zu dritt gehen wir die Tür öffnen. Wahrhaftig, ein grauhaariger, bärtiger Mann, auf dessen Kopf eine Strickmütze thront, lacht breit übers ganze Gesicht. Wie der Nikolaus persönlich streckt er Fanni ein Geschenk in glänzender Verpackung entgegen. Schüchtern bedankt sie sich, da erscheint hinter dem Nikolaus ein schwarzgelockter Engel im roten Mantel, unter dem sich eine große, runde Kugel versteckt.

»Feodora!«

Lippenstift, Tränen der Freude, alles vermischt sich zu einer Umarmung des Wiedersehens.

»Ihr müßt unbedingt nach Hamburg kommen, wir fahren dann nach Lübeck auf den Weihnachtsmarkt, das müßt ihr unbedingt gesehen haben!«

Typisch Feodora, sie sprudelt förmlich vor Unternehmungsgeist. Ihr Mann stimmt lachend zu:

»Kommt nur, wir haben Platz für alle.«

Unsere Einwände, daß wir uns finanziell eine Reise vom Harz nach Hamburg übers Wochenende nicht leisten können, wehrt Feodora ab:

»Ich schicke euch Intercity-Fahrkarten. Ihr braucht nur in den Zug zu steigen.«

Lustig verbringen wir den Abend bei gutem Essen in einer kleinen Kneipe und versprechen, nach Hamburg zu kommen. Niemand von uns hätte sich vorstellen können, daß Feodora einen Tyrannen geheiratet hat, der mir noch sehr unsympathisch werden würde.

Im Ort telefoniere ich mit Gerda. Ein Ferngespräch in den Osten ist zwar teuer, aber heute ist Timos Geburtstag. Er fehlt mir, in jeder freien Minute versuche ich ihn bei Freunden, die ein Telefon haben, zu erreichen. Da wir eine bestimmte Zeit für den Anruf vereinbart haben, gelingt es uns, miteinander zu reden.

Timo ist happy über die Jeans, den Pullover und die Turnschuhe. Er hat eine Neuigkeit für mich:

»Ich habe eine Freundin, was sagst du dazu?«

»Was soll ich sagen? Sieht sie gut aus?«

»Mensch, Mutti, echt irre. Natürlich bist du schöner, haha.«

»Geht es dir wirklich gut?«

»Ja, aber manchmal fehlt ihr mir, vor allem Fanni.«

»Wenn wir wieder in Berlin sind, schicke ich sie zu Gerda hinüber, dann könnt ihr euch wenigstens sehen. Einverstanden?«

»Klar, aber schade, daß ihr nicht kommen dürft.«

»Timo, ich wünsche dir noch einen schönen Tag, grüße deine Freunde. Ich rufe dich aus Hamburg an, mach's gut.«

»Du auch, und bestell' Feodora liebe Grüße. Hat sie eigentlich schon ihr Kind?«

Ich muß lachen: »Nein, aber sie weiß, daß es ein Junge ist. Das Kind muß Ende Dezember kommen. Timo, ich muß Schluß machen, mein Geld ist alle. Grüß alle, tschüssi.«

Nach dem Anruf kann ich mich nicht mehr beherrschen und heule los. Frank tröstet mich:

»Denk an Fanni. Wenn sie sieht, daß du geweint hast, weint sie auch.«

Ich reiße mich zusammen. Fanni hängt sehr an Timo und vermißt ihn schrecklich.

Zum Glück sind in den nächsten Tagen die Fahrkarten von Feodora da. Abgelenkt durch die bevorstehende Reise, beschäftige ich mich mit Kofferpacken.

Die Fahrt im modernen Intercity gleicht einem Weltraumflug.

Schnell, leise und bequem erreichen wir pünktlich den Bahnhof Altona. Feodoras Mann holt uns ab. Fröhlich und laut erklärt er uns das Stadtbild, neugierig blicken wir aus dem Wagenfenster seines Jaguars auf die Schönheit der Alster und halten in einer Straße, in der sich die weißen, prunkvollen Bürgerhäuser gegenseitig übertreffen. Nie bin ich in einer schöneren Straße gewesen.

Feodora winkt uns von einer großen Terrasse lachend zu. An der Eingangstür stehen nur zwei Namen, zwei Mietparteien bewohnen das gesamte Haus. In der sperrangelweit geöffneten Wohnungstür steht Feodora, die Arme zur Begrüßung ausgebreitet, in ihrer gesamten Fülle.

Unserer herzlichen Umarmung steht nur der dicke Bauch im Wege, der extra auf das komischste gestreichelt wird. Die alte, geräumige Wohnung ist Fes Geschmack entsprechend modern eingerichtet. An einem Eßtisch aus weißem Marmor stehen sechs lederne Freischwingersessel Marke Bauhaus. Der Tisch ist weihnachtlich geschmückt, ein silberner Adventskranz liegt auf einem silberfarbenen Tablett. Zwischen dem weißen Geschirr liegen perlmuttfarbene Muschelhalter, in denen die Servietten stecken. Große Bilder, kühles Chrom der Beistelltische – eben wie in West-Berlin, nur ein vollkommen anderer Mann steht neben ihr.

Der dicke Makler Holger bestimmt den Tagesablauf. Zuallererst die Schuhe ausziehen, der Teppichbelag in Hellgrau sei sehr teuer, danach die Hände waschen.

Als er am Garderobenständer vorbeigeht, ruft er: »Wessen Jacke ist das?«

Frank kommt aus dem Wohnzimmer. »Meine.«

Holger weist ihn schulmeisterlich zurecht: »So hängt man eine Jacke nicht auf. Wenn kein Bügel vorhanden ist, stülpt man sie mit der gepolsterten Schulter über den Haken. Am Kragen beult der Stoff.«

Obwohl er recht hat, ist Frank über die Art, wie er das vorträgt, sauer. Er nimmt seine Jacke, hängt sie in der gewünschten Weise auf und verschwindet ohne ein weiteres Wort im Wohnzimmer, wo er sich mit seiner Tochter beschäftigt, die ein seltsames Spiel in den Händen hin und her bewegt. Franks Unmut bleibt mir nicht verborgen.

Holger schlägt eine Autofahrt zur Ostsee an den Timmendorfer Strand vor. Von dort wollen wir weiter nach Lübeck fahren.

Feodora fährt mit ihrem eigenen Wagen, da wir nicht alle in einem Auto Platz hätten. Unterwegs sprechen wir ausschließlich über die abenteuerliche Ausreise, die wir hinter uns haben.

Timmendorf ist einfach zauberhaft. Das matte Laternenlicht der Nachmittagsstunden beleuchtet die schneebedeckten Kaffeehaustische, die trotz Kälte, Wind und Wetter draußen stehen. Bis auf wenige freie Plätze sind alle Stühle besetzt. Frauen sowie Männer sitzen in Pelzmänteln beim heißen Punsch, als suchten sie in der Sommerhitze eine Erfrischung.

»Warum sitzen sie in der Winterkälte im Freien?« frage ich. »Drinnen wäre es bestimmt angenehmer.«

Feodora erklärt mir heiter: »Uschi, das verstehst du nicht. Drinnen müßten sie ihre teuren Pelze ausziehen, wer sollte sie dann noch bewundern? Außerdem könnten sie nicht in Ruhe ihren Champagner schlürfen, weil ihre Aufmerksamkeit immer nur auf die Garderobe gerichtet wäre.«

Skeptisch sehe ich sie an. »Willst du mich veralbern? Du meinst, sie sitzen wegen der Gaffer und Neider in der Kälte, um sich bestaunen zu lassen?«

Sie nickt.

»Also ernsthaft, ich glaube, denen fehlt nicht nur ein Rädchen, sondern der Frost hat auch für Dachschäden gesorgt.«

Kichernd hakt sie mich unter. »Ich könnt' mich über deinen Ausdruck amüsieren. So ist nun mal der Westen, jeder zeigt, was er hat!«

»Oder versucht es«, widerspreche ich.

Witze reißend schlendern wir die freiwillige Promenade der Wintermodelle entlang.

»Nein, wie hübsch!« rufe ich übertrieben entzückt, als ich eine Dame im Blaufuchsmantel erspähe. Wohlwollend schenkt sie mir einen Blick aus ihren von Krähenfüßen umrandeten, alternden Augen unter der Pelzmütze. Deutlich vernehmbar sage ich:

»Sieh mal, Feodora, Frau Fuchs! Heute mal nicht mit Schwanz, sondern mit Mütze!«

Die Dame zischt empört ihrer Bekannten zu:

»Was dieser Pöbel hier nur sucht?«

Feodora hält sich vor Lachen den kugelrunden Bauch. »Uschi, du bist unmöglich!«

Sie schnappt nach Luft und will von neuem losprusten. Holger verhindert es, indem er sie ernsthaft maßregelt: »Reiß dich gefälligst zusammen, aus dem Schulmädchenalter bist du ja wohl heraus.«

Seine Äußerung macht ihn mir vollends unsympathisch. Stets gelingt es ihm, Feodora mit zynischen Bemerkungen zu demütigen. Ihre Fröhlichkeit ist wie weggeblasen, ihr Lachen wirkt von nun an verkrampft. Sie gehorcht ihm sofort, aber warum? Wo ist die selbstbewußte Frau geblieben, die ich vor drei Jahren kennengelernt habe? In der Ehe scheint sie, außer ihrer Schönheit, alles verloren zu haben.

»Am liebsten würde ich in den Harz zurückfahren, ich ertrage es nicht, wie er mit dir umspringt«, flüstere ich ihr zu.

»Nein, nein, er ist nicht immer so«, wehrt sie sich.

Nach diesem Intermezzo am Strand fahren wir wie geplant nach Lübeck auf den Weihnachtsmarkt. Dort essen wir Unmengen von dem Zuckerzeug, das fast an jedem Stand angeboten wird. Nur Holger hat keinen Spaß daran.

Plötzlich unterbreitet er uns einen Vorschlag:

»Laßt uns zurück nach Hamburg fahren, dort zum Italiener essen gehen und anschließend auf den Dom.«

Um des lieben Friedens willen sind wir einverstanden.

Er führt uns in ein Restaurant, wo wir von der reichen Auswahl verschiedenartiger Nudelgerichte so überrascht sind, daß wir hilflos die Speisekarte zusammenklappen und Feodora die Bestellung überlassen, was sich jedoch als Fehler erweist. Kaum gibt sie dem Kellner die Gerichte bekannt, blafft er sie wieder an: »Wie kannst du für ein Kind so ein Essen verlangen (er nennt einen fremdländischen Namen), das ißt sie niemals!«

»Wenn es ihr nicht schmeckt, bestellen wir eben ein anderes.«

Feodora lächelt mühsam, da der Kellner, am Tisch stehend, unsere Wünsche erwartet.

»Blödsinn«, donnert Holgers Baß bestimmt über ihren Kopf hinweg. »Sie ißt Nudeln, alle Kinder mögen Spaghetti.« Er duldet keinen Widerspruch. Meine Tochter, die empfindlich für angespannte Situationen geworden ist, sagt einlenkend:

»Na gut, dann esse ich eben Nudeln.«

Er gibt die Bestellung auf, lehnt sich selbstgefällig über die Tischecke, um Frank zu fragen:

»Hast du schon einen Job?«

Ich sehe, wie sich mein Mann widerwillig zu einer höflichen Floskel durchringt. Feodora versucht den Zwist zu überspielen. Ich frage mich: Wieso mußte sie sich ausgerechnet in dieses Ekel vergucken, das sie wie eine dumme Göre behandelt?

Die fröhliche Stimmung will nicht mehr aufkommen; appetitlos verzehren wir das ausgezeichnete Essen, bedanken uns für die Einladung und erschrecken vor der Rechnung, die der Kellner zum Schluß serviert. Gelassen zückt Holger die 80,– DM, legt einen Schein extra auf den Teller, ergötzt sich an dem Dank und unseren bedrückten Gesichtern. Freundschaftlich klopft er Frank auf die Schulter:

»Laß gut sein, morgen fahren wir zu einem Bekannten, der kann dir ein paar Kopien für deine Bewerbungen und die Gesetzblätter in der Bauordnung abziehen, dann hast du es leichter mit der Arbeitssuche.«

Erstaunlich, wie kameradschaftlich er mit meinem Mann umgeht. Jedoch der nächste Morgen zeigt ihn in seiner ganzen Widerwärtigkeit.

Feodora besitzt nicht nur das Talent, ihre Wohnung geschmackvoll zu gestalten, sondern sie dekoriert den Frühstückstisch so liebevoll und vorweihnachtlich, als wolle sie damit einen Preis gewinnen. Von Käse über Wurst bis zu Konfitüre und Obst, es fehlt an nichts. Was das Herz begehrt, ist vorhanden. Die zweite silberne Adventskerze brennt nieder, zufrieden und satt bleiben wir zum Plaudern noch sitzen. Holger tupft sich gerade mit der Serviette vornehm den Mund, da passiert es: Seinem dicken Leib ist das fette Essen wohl zuviel gewesen, jedenfalls läßt er einen lauten, ungewollten Rülpser hören. Entsetzt blickt er an sich hinunter, ich fürchte, gleich sprengt er vor Wut den Knoten des seidenen Halstuches, das er jede Nacht aus Angst vor Erkältung trägt. Doch er brüllt in die Frühstücksidylle hinein seine Frau an:

»Jetzt reicht es mir! Wie oft habe ich dir gesagt, ich mag dein vieles Essen nicht! Sieh doch mal dich an, wie dick du bist. Ich will endlich Diät, aber nein, du tischst jedesmal alles wieder auf!«

Wütend fahre ich dazwischen: »Sag mal, spinnst du,

deine Frau so anzuschreien? Sie ist ja wohl nicht von der Fresserei so dick, sondern bekommt in zwei Wochen dein Kind. Zeig mir mal eine Schwangere, die nicht dicker wird. Du bist an deinem Fettwanst selbst schuld. Erst stopfst du dir den Bauch voll, und dann machst du deine Frau dafür verantwortlich, du tickst wohl nicht richtig?«

Feodora ist unterdessen heulend aus dem Zimmer gelaufen. Meine Tochter fügt ihre Meinung gleich hinzu:

»Warum hast du sie denn geheiratet? Dann laß dich doch scheiden!«

Chaos. Ich laufe zu Feodora ins Schlafzimmer. Sie liegt weinend auf dem Bett. Die ehemals lustigen Augen sehen mich ernst an.

»Sind alle Männer so gemein zu ihren Frauen, wenn sie schwanger sind?«

»Ich glaube nicht, Fe, aber ich kann auch nicht glauben, daß dein Mann vorher anders war. Vielleicht hast du es nur nicht bemerkt.«

»Meinst du, er ändert sich, wenn das Kind da ist?«

»Ich weiß es nicht. Es ist besser, wenn wir in den Harz zurückfahren, vielleicht ist ihm auch der Besuch zuviel.«

Sie möchte nicht, daß wir gehen, doch ich bleibe bei dem Entschluß mit dem Versprechen, daß sie jederzeit auf meine Hilfe zählen kann. Sie drückt mich innig und überredet mich, erst am nächsten Morgen abzureisen, da sie mich unbedingt ihrem neuen Frauenkreis in Hamburg vorstellen möchte, der heute abend stattfindet.

»Wenn Holger Frust hat, verschwindet er, ohne ein Wort zu sagen«, gesteht mir Feodora.

Und es stimmt, kurze Zeit später schlägt die Wohnungstür zu, worauf eine unheimliche Stille in alle Räume zieht, die nicht unangenehm ist. Feodora lacht befreit auf:

»Das geschieht öfter, nach jedem Streit.«

Gemütlich verbringen wir den Tag mit einem Einkaufsbummel. Unter einer alten Hochbrücke stehen Markthändler aus aller Welt, sie bieten südländische Früchte, Seidenteppiche, Gewürze, Spielwaren und allerlei Unbekanntes zu Spottpreisen an, wie Feodora meint. Ich finde alles zu teuer. Wenn meine Freunde im Osten nur einmal diese Pracht des Überangebotes sehen könnten, sie würden die Welt nicht mehr verstehen. Gut, daß sie nichts wissen, sonst würden viel mehr von ihnen das Land verlassen.

Frank bleibt am Abend bei Fanni, er ist nicht böse, daß Männer vom Frauenabend ausgeschlossen sind. Unsere Tochter genießt das Alleinsein mit ihrem Vater sehr, da sie dann viel länger aufbleiben darf.

Als erstes verlangt Feodora von mir, daß ich mich von meinen unzähligen silbernen Armreifen trenne, was bei meiner Tochter einen Jubelschrei auslöst. Prompt klimpern sie an ihrem Handgelenk.

»Uschi, sei bitte nicht böse, versteh das nicht falsch, aber ich kann unmöglich eine Frau mitbringen, die Schmuck wie eine Zigeunerin trägt.«

Das sitzt. Feodora zeigt sich von einer mir bisher unbekannten Seite; ich bin darüber enttäuscht, daß sie sich meiner schämen würde.

Deshalb frage ich heftiger als gewollt:

»Was sind das für Frauen, wo wir hingehen? Schickimickiweiber oder was?«

Sie druckst herum. »Na ja, so ähnlich, eben alles Reiche.«

»Ach, und da wollen sie heute den Ost-Exoten sehen! Können sie haben, aber ich bleibe, wie ich bin, basta.«

»Tu es mir zuliebe«, bettelt Feodora, »ich kenne sie doch auch noch nicht lange.«

Noch mehr Ärger verdient sie nicht, also gebe ich nach. Überglücklich zieht sie mich in ihre Kleiderkammer, wo in zwei Etagen die Klamotten übereinander hängen. Sie hat ihre wahre Freude daran, mich in eine silberfarbene Seidenbluse zu stecken, mir den dazugehörigen Schmuck anzulegen und mich als ihr Meisterwerk ausgiebig zu bewundern. Tatsächlich, ich bin aufgestylt wie eine typische Westtante und mir sehr fremd.

Frank und Fanni bestaunen mich.

»Mit deinem Aussehen schlägst du alle Weiber in die Flucht«, ermuntert mich mein Mann.

Das Haus, in dem die Party gegeben wird, ist dreistöckig. Das zuckerweiße Marmortreppenhaus erinnert an eine Eishöhle und läßt mich innerlich gefrieren. Noch ehe wir die goldene Klingel berühren, tritt die Hausherrin mit geschwollener Oberlippe aus der Tür, reicht uns freundlich-kühl die Hand und bittet:

»Die Mäntel im Schlafzimmer ablegen.«

Verdutzt folge ich Feodora.

»Sag mal, die ist ja mutig, hat von ihrem Mann eins auf die Lippe bekommen und empfängt trotzdem Gäste.«

»Einen Mann hat die nicht, sie ist geschieden. Ich weiß auch nicht, was sie am Mund hat. Nun komm, wir bringen erst mal die Mäntel weg.«

Feodoras Tatendrang ist nicht zu bremsen. Kaum betreten wir das Schlafzimmer, in dem eine hübsche Blonde steht, wundere ich mich aufs neue. Quer über den Betten türmen sich Pelze aller Art.

»Hach, toll«, sagte Feodora obenhin und wirft ihren Wildledermantel achtlos auf die edlen Felle und beginnt ein Gespräch mit der Fremden. Ich stehe ziemlich hilflos herum, bis ich mich meiner glatten, weißen, haarlosen Wetterjacke Marke »C&A« mit den Worten »Hat jemand was dagegen, daß ich meinen Eisbären dazulege« entledige. Die Fremde lacht schallend auf. »Keine Angst, die Pelze sind alle nicht bezahlt.«

»Aber meiner«, antworte ich stolz, und die Fremde ist mir sympathisch.

Zu dritt gehen wir ins Wohnzimmer. Eine lange Tafel steht in der Mitte. Über der blütenweißen Tischdecke funkelt ein wuchtiger Kronleuchter. Das festliche Licht des alten Lüsters bricht sich in den mehrfach geschliffenen Weinkelchen und läßt das dunkelrote, kühle Naß noch wertvoller erscheinen, als es ohnehin schon ist, wie sein Name »Baron Rothschild« erkennen läßt. Edles Porzellan, vergoldetes Besteck, passend zum Serviettenhalter, liegt griffbereit auf jedem Platz, vor dem ein Stuhl auf seinen Gast wartet. Allerdings sind die wenigsten Stühle noch frei, außer uns fehlen nur noch zwei Gäste. Feodora stellt mich den Damen aller Altersgruppen vor:

»Uschi aus Ost-Berlin.«

Leises Raunen macht die Runde, dann werde ich bewundert.

»Aus dem Osten? Sieht man Ihnen gar nicht an!«

Ich habe keine Lust, das Gesagte richtigzustellen. Feodora ist bereits dabei, die Frauen über mich aufzuklären. Es ist ihr gelungen, den außergewöhnlichsten Gast mitzubringen.

Das Essen entspricht nicht meinem Geschmack. Auf meinem Teller befinden sich undefinierbare Teile, so daß mich meine linke Tischnachbarin rügt:

»Wie können Sie das gute Essen verschmähen? Das kennen Sie wohl nicht?«

Ich schiebe ihr den Teller hin und sage:

»Bitte, tun Sie sich keinen Zwang an.«

Sie wird knallrot. Feodora zieht mich am Ärmel:

»Bist du verrückt? Da ist eine ›von und zu‹!«

»Mir doch egal. Wenn sie Hunger hat, soll sie es doch nehmen.«

»Lieber Gott«, stöhnt Feodora, »hier sitzen nur Frauen aus den gehobenen Schichten, reiß dich mir zuliebe zusammen!«

»Okay, aber lange halte ich das Gehabe und Getue nicht aus.«

»Wenigstens eine Stunde. Wer weiß, wann ich wieder das Haus verlassen kann, denn wenn das Kind kommt, ist es damit vorbei.«

Feodora zu Gefallen schweige ich »anständig«. Und plötzlich erfahre ich den Grund der dicken Oberlippe. Die Dame des Hauses ließ sich aus ihrem Hintern Fett absaugen und unter ihre Lippe spritzen; auf diese Weise sollen die häßlichen Mundfalten vorübergehend verschwinden.

Die Geschichten der Frauen gleichen sich inhaltlich weitgehend. Entweder drehen sie sich um Scheidung, Abfindung und »wer mit wem« oder um die Falten, ums Face- und Körperlifting.

Perplex höre ich zu. Die wenigsten haben einen Beruf erlernt, sondern rechtzeitig Ausschau nach Männern mit »Kohle« oder, wie sie zu sagen pflegen, mit »etlichen Mios« gehalten. Bei Heirat und späterer Scheidung bekommen sie entweder finanziellen Unterhalt in beträchtlicher Höhe oder eine Edelboutique in

Innenstadtlage. Ich finde, im Grunde sind es langweilige Hühner, die nicht zu beneiden sind. Und mir ist es völlig egal, ob ich einen »Baron Rothschild« Jahrgang X trinke oder nicht. Das wird mir schwer angelastet, als ich diesen köstlichen Wein ablehne. Nur Feodora kann mich dank der rettenden Erklärung »Sie ist aus dem Osten« rehabilitieren. Alles in allem ein stinklangweiliger Frauenverein, um den ich Feodora auch in Zukunft nicht beneiden werde.

In den ersten Morgenstunden bringt sie uns zum Bahnhof, der Zug fährt schon an, für ein tränenreiches Abschiednehmen bleibt keine Zeit. Der Schaffner hält uns die Tür auf, und ehe ich winken kann, ist sie meinen Augen entschwunden.

»Viel Glück!« schreie ich aus dem Fenster.

Ich ahne nicht, wieviel ich davon selbst brauchen werde. Am 29. 12. brachte sie einen gesunden Jungen zur Welt.

Die eigene Wohnung

Während unserer Abwesenheit hat sich die Post in der Kellerwohnung bei Mister Joe angesammelt. Auf uns warten nicht nur über fünfzehn Briefe, auch zehn Weihnachtspakete hat Mister Joe ordentlich gestapelt auf die Anrichte gelegt. Niemals in meinem Leben habe ich dermaßen viele Karten und Geschenke erhalten. Der größte Teil stammt von Freunden aus Ost-Berlin. Jedes einzelne öffne ich mit gleicher Neugier und Dankbarkeit. Es kommen Dinge zutage, die mir sehr vertraut sind. Kleinigkeiten, die den DDR-Alltag erleichtert oder erfreulicher gemacht haben. Ein Paket Haushaltskerzen, die nicht tropfen, Bücher, die es nur unterm Ladentisch gab (»Bückware«), eine Pyramide aus dem Erzgebirge, alles liebevoll ausgesuchte Dinge, die Erinnerungen wecken. Sogar das häßliche Weihnachtspapier, das seit Jahrzehnten das gleiche Muster trägt, lege ich ordentlich zusammen. Früher im Osten sammelte man das schöne, bunte Westpapier. Plötzlich erscheinen mir alle Gegenstände vertraut und auf immer verloren. Werde ich sentimental, weil Weihnachten naht, oder sind das die sogenannten Heimwehgefühle?

Das Wohnen im Keller macht uns das private Leben leichter, die äußeren Umstände verschlimmern sich jedoch massiv. Nächtelang betrinken sich die alleinstehenden polnischen Aussiedler, die oft bis zu vier Personen in einem Raum schlafen. Man braucht nicht lange zu warten, dann geraten sie in Streit. Ohne Rücksicht auf Hausbewohner oder Nachbarn krakeelen sie die halbe Nacht hindurch aus ihren Fenstern. Rufen Anwohner die Polizei, kehrt für wenige Minuten Ruhe ein, aber spätestens nach ihrem Verschwinden beginnt der Lärm erneut. Dann kotzen sie sogar aus dem Fenster, so daß das Erbrochene im Fensterschacht vor unserer Schlafnische landet und einen bestialischen Gestank verursacht. Mister Joe schmeißt zwar einige der Säufer hinaus, aber dafür erscheinen ständig neue Übeltäter aus Marienfelde.

In dieser Zeit habe ich die Polen bis zum Gehtnichtmehr verabscheut. Gefühle dieser Art waren mir bis dahin fremd. Nach jeder Sauftour, die (selten mit einer Pause von zwei Nächten) stattfindet, können wir tagelang nicht lüften. Die Kotze klebt nicht nur an den Schutzgittern der Fenster, auch die Scheiben zeigen deutliche Spuren des Nachtlebens. Mehr denn je bemühen wir uns um Wohnraum. Leider bringt der Postbote nur entmutigende Ergebnisse, in fast allen Briefen bedauert man, uns keinen positiven Bescheid geben zu können.

Dafür hat Frank nach zwei abgelehnten Bewerbungen um eine Stelle als Architekt plötzlich Glück.

Sein Arbeitgeber zeigt volles Verständnis, daß mein Mann erst die Arbeit beginnen kann, wenn wir sicher in einer eigenen Wohnung leben. Allerdings wird er nicht mit dem Gehalt eines Architekten mit zehnjähriger Berufserfahrung eingestellt, sondern mit dem eines Hochschulabsolventen. Zur Begründung heißt es: Wir brauchen eine Übersicht über Ihr Können und außerdem müssen Sie sich ja erst in die bundesdeutsche Bauordnung einarbeiten. Da er keine Richtlinien für Architektengehälter kennt und sehr bald merkt, daß man im Westen nicht übers Geld redet, freut er sich über seinen Job.

Zufällig machen wir am Neujahrstag 1988 einen Spaziergang über eine Baustelle, an der wir sofort Gefallen finden, was Baustil, Ort und Lage der Häuser betrifft. Begeistert gerate ich ins Schwärmen:

»Hier müßten wir eine Wohnung bekommen!«

Frank bremst meine Freude, er zeigt auf die Bautafel:

»Sieh mal, was da klebt.«

Ein roter Zettel verkündet, alle Wohnungen seien vermietet. Der Text hält mich jedoch nicht davon ab, einen Bewerbungsversuch zu wagen. Wer nicht wagt, der nicht gewinnt.

Wir erhalten eine Aufforderung, zur nächsten

Sprechstunde mit dem WBS (Wohnungsberechtigungsschein) zu erscheinen. Allerdings muß er eine Dringlichkeit ausweisen, die wir zum Glück haben.

Ein unfreundlicher, unsympathischer Mann empfängt uns in seinem Büro. Während des Gesprächs dreht er sich in seinem Bürosessel scheinbar gelangweilt hin und her, wobei aber hinter den Gläsern seiner Goldrandbrille zwei geschäftstüchtige Augen lauern, die weder Mitleid noch Verständnis heucheln. Kein Wunder also, daß er unser Einkommen erfragt und im gleichen Atemzug wissen will, ob wir bereit seien, 10 000,– DM Mietvorauszahlung zu leisten, die wir selbstverständlich abwohnen dürften.

Überrumpelt sagen wir erst einmal: »Ja.«

Wir wissen nicht, wie wir so viel Geld auftreiben sollen, doch in der Not sind wir zu allem bereit, selbst einen kaum abzahlbaren Kredit ziehen wir in Erwägung. Glücklicherweise bietet uns der Verwalter beim nächsten Treffen statt der Vierzimmerwohnung eine Dreieinhalbzimmerwohnung an und verzichtet auf die Vorauszahlung. Wir zahlen die übliche Kaution und danken dem glücklichen Anfang des Jahres 1988.

Am 21. 1. 1988 unterschreiben wir den Mietvertrag und ziehen sofort in die Neubauwohnung. Mister Joe verabschiedet uns überrascht:

»Donnerwetter, nach sechs Wochen ist noch keiner bei mir ausgezogen. Na, dann alles Gute.«

Jetzt, da wir unsere eigenen vier Wände haben, erhalten wir wieder Besuch. Westfreunde, die vorher keine Zeit hatten, geben sich die Klinke in die Hand. Prompt folgen auch Kommentare:

»Den Ostlern schieben sie alles in den Hintern.«

Wir sind es bald leid, jedem eine Rechtfertigung zu

geben, daß wir ja außer einem Einrichtungskredit, den wir zurückzahlen müssen, und die 100,– DM Begrüßungsgeld gar nichts geschenkt bekommen haben.

Frank geht seiner Arbeit nach, die ihn bis nach 18 Uhr festhält. Im Osten kam er immer gegen 17 Uhr nach Hause. Hier ist eben alles anders, auch was Freundschaften betrifft. Bevor keine telefonische Vereinbarung für einen Besuch getroffen ist, findet eben keiner statt. Unerwartet steht man nicht vor der Tür eines Bekannten, wie im Osten, denn man ginge das Risiko ein, vergeblich zu klingeln oder die bedauernswerte Antwort zu erhalten:

»Ach, ihr seid das! – Wie schade, konntet ihr nicht vorher anrufen? Ausgerechnet jetzt müssen wir zu einem Geschäftsessen.«

Für mich beginnt eine lange Eingewöhnungsphase des Alleinseins. Ich vertelefoniere Unmengen von Geld nach Ost-Berlin. Gerda wird zur Nabelschnur zwischen mir, Timo und den alten Freunden. Ihr teile ich meine neuen Erfahrungen mit und werfe ab und zu wieder einen Blick hinter die Mauer. Nicht eine Sekunde bereue ich den Entschluß, weggegangen zu sein, trotz aller Schwierigkeiten des Neubeginns. Ich weiß noch, was ich nach der ersten Nacht in den eigenen vier Wänden dachte: Hier bist du vollkommen unbekannt, wie neugeboren. Ein unbeschreibliches, schönes Gefühl. Doch nun, wo alles seinen, wie sagten wir früher, »sozialistischen« Gang geht, fehlt mir der Freundeskreis und auch eine Beschäftigung. Deshalb widme ich die gewonnene Zeit unserer Tochter. Wir gehen zum Spielplatz, spazieren, basteln oder malen. Auf dem Spielplatz mache ich eine weitere Entdeckung: In Ost-Berlin habe ich niemals dermaßen viele

Mütter gesehen, die ihre Sprößlinge betreuen. Dort gab man die Kinder in Kindergärten, und die Frauen gingen arbeiten. Hier sitzen sie mit im Sandkasten, buddeln wie die Kleinen, schaukeln sie, häkeln und unterhalten sich über die ersten Kinderkrankheiten. Nach einer Woche täglichen Sitzens neben strickenden Müttern, die nur über Kinder reden, hängt mir der Spielplatz zum Halse heraus, ich beschließe, etwas »Richtiges« zu machen, für mich ganz allein. Aber was? Und wo soll ich unsere Tochter lassen?

Ich suche einen Job

Eines Tages lese ich in der Zeitung: »Modebewußte junge Frauen gesucht. Arbeit von zu Hause möglich, Kind kein Hinderungsgrund.« Das ist es, denke ich und rufe sofort an. Eine nette Stimme läßt sich meine Adresse und Telefonnummer geben.

»Sie hören von uns.«

Am nächsten Morgen gegen neun Uhr klingelt es an der Wohnungstür.

Zwei fremde Frauen bitten freundlich um Einlaß. Ehe ich mich versehe, habe ich einen Kosmetikkoffer gekauft, einen Vertrag als Vertreterin dieser Produkte unterschrieben, und die Damen sind verschwunden.

Mir läuft der Schweiß die Arme hinunter, als ich merke, welchen Blödsinn ich da angestellt habe. Sämtliche Kosmetika sind mir völlig unbekannt. Kurz entschlossen verpacke ich die Duftwässerchen, kündige den Vertrag mit dem Vermerk: »Habe keine Ahnung, bin aus dem Osten«, und schicke alles umgehend an die Adresse der Schönheitsfarm. Ich hörte nie wieder von der Firma.

Der zweite Anlauf, einen Job zu finden, endet nicht minder lustig. In einer Zeitung entdecke ich eine Annonce: Fotomodelle jeden Alters gesucht. Neugier, was wohl dahinterstecken könnte, plagt mich. Warum jeden Alters? Ich schicke ein Foto an die angegebene Adresse. Als nette Mutti in Kittelschürze, die einen Staubsauger aus dem »Otto«-Katalog präsentiert.

»Wäre das nicht witzig?« frage ich am Abend Frank.

»Paß bloß auf, wer weiß, was das für Leute sind.«

»Keine Angst, ich nehme deine Schwester mit, da haben wir mal wieder was zum Lachen.«

Seine Schwester ist von der Idee begeistert.

Tatsächlich schickt mir die Firma eine Einladung in ein Hotel zwecks Probeaufnahmen. Zu zweit machen wir uns auf den Weg. Der Fotograf zeigt sich bei meinem Erscheinen empört.

»Weshalb kommst du in Hosen? Hast du dicke, häßliche Beine?«

»Weshalb laufen Sie denn in weißen Socken?« kontere ich. »Haben Sie vielleicht häßliche Schuhe? Außerdem, wer erlaubt Ihnen, mich zu duzen?«

Er lächelt breit. »In unserer Branche sind wir alle eine große Familie, deshalb duzen wir uns, das erleichtert die Arbeit.«

»Fragt sich nur, welche Arbeit.«

Er achtet nicht mehr auf meine Antwort und verlangt, daß ich auf dem von allen Seiten beleuchteten Stuhl Platz nehme und den Kopf drehe. Dann soll ich meine Haare hochheben, die Lippen befeuchten und seitlich wie ein Postermodell die Zähne blinken lassen.

Es wird eine große Gaudi für mich; die aufgerissenen Augen, das übertriebene Grinsen lassen selbst meine beherrschte Schwägerin in Lachen ausbrechen. Wütend schreit mich ein Jüngling an:

»Wir machen hier keine Witze! Immerhin haben wir Sie aus 8000 Bewerbungen ausgesucht. Was denken Sie, wie teuer diese Aufnahmen sind?«

»Interessiert mich nicht«, sage ich gleichgültig.

»Weshalb sind Sie dann eigentlich gekommen?«

»Ich wollte meinen Spaß haben.«

Bei dem Wort »Spaß« verdreht er die Augen. Gleich fällt er um, durchzuckt es mich. Plötzlich kreischt er los:

»Wir sind hier nicht zum Vergnügen! Das ist harte Arbeit! Können Sie sich eigentlich vorstellen, zwölf Wochen auf einer Südseeinsel zu arbeiten? Zum Beispiel Reklame für Valensina?«

Mir bleibt das Lachen im Hals stecken.

»Auf einer Südseeinsel kann ich mir eine Arbeit mit Ihnen nicht vorstellen, eher einen Familienurlaub«, ringe ich mir ab, danach pruste ich los:

»Und zu Ihrem Valensina kann ich Ihnen nur sagen: Mir ist es egal, wie der Saft heißt, wenn ich Durst habe. Im übrigen – tschüs.«

Im Gang sitzen etliche Bewerber aller Altersgruppen, die uns verwundert nachsehen.

Irgend etwas Sinnvolles muß ich, nein, will ich tun. Wieder geistert eine alte Idee durch meinen Kopf: Jetzt schreibe ich mein Buch. Ehe ich den Gedanken beiseite schieben kann, kauft Frank eine Schreibmaschine. Da sitze ich nun, den Kopf voller Erinnerungen, Erlebnisse, die mich prägten, Gedanken, glasklar wie reines Quellwasser. Doch wenn ich den weißen Bogen einspanne, passiert gar nichts. Frank ermuntert mich:

»Schreib, wie du denkst, versuch bloß nicht, auf Literatur zu machen. Schreib, wie du bist und redest.«

Plötzlich weiß ich es genau: Ich will aus der Sicht des Kindes schreiben. Ich habe vieles erlebt, wie hundert andere Kinder auch, Kinder aber, die darüber schweigen. Schweigen aus Angst, Scham, Hilflosigkeit, Verlegenheit, Verletzbarkeit, Mißtrauen und Schuldgefühlen. Heimkinder, denen der Makel »Heimkind« anhaftet, wenn sie noch nicht einmal sprechen können. Hier sehe ich plötzlich eine Chance, aufzuklären.

Aufzuklären über Heimkinder, die keine Schuldigen sind. Anhand meiner eigenen Kindheit im Heim fühle ich mich in der Lage, zwar keine wissenschaftliche Arbeit zu leisten, aber einen Erlebnisbericht zu schreiben, lesbar für jedes Alter zwischen zehn und hundert Jahren. Ein kleines Buch, das zukünftige Lehrer, Erzieher und Eltern zum Nachdenken anregen und zeigen könnte, wie schwer es ist, einen Beruf auszuüben, in dem an erster Stelle eigentlich die Liebe stehen müßte.

Vorher melde ich Fanni zur Schule an; sie besteht den Aufnahmetest trotz ihrer fünf Jahre ausgezeichnet. Anfang August geht die Schule los.

Das Schreiben fällt mir schwerer als ich glaubte, aber ich ringe mir täglich ein paar Zeilen ab. Um in Ruhe arbeiten zu können, wähle ich die günstigste Zeit des Tages, den Nachmittagsschlaf meiner Tochter.

Streifzüge durch West-Berlin

Frank benötigt für seine Arbeit unbedingt ein Auto. Wir kratzen jede Mark zusammen, besichtigen den Automarkt für Gebrauchtwagen, doch die verschiedenen Modelle sind alle zu teuer. Einen Tag lang mietet er einen Leihwagen. An einer Tankstelle lacht ihm das Glück, jemand bietet seinen Toyota günstig zum Verkauf an. Von nun an erkunden wir die Stadt per Fahrzeug. Bisher haben wir alle Wege im dunklen Untergrund erledigt. Ich verabscheue die Fahrerei in der U-Bahn, da ich nie weiß, wo wir uns gerade oben in der Stadt befinden würden. Um wenigstens eine kleine Vorstellung von der Richtung zu bekommen, in der wir uns bewegen, frage ich jedesmal Frank:

»Wo wären wir jetzt auf der Ostseite?«

Tauchen wir aus dem Tunnel ans Tageslicht, blinzle ich wie ein Maulwurf in der Sonne. Haben sich die Augen dann an die Helligkeit gewöhnt, laufe ich orientierungslos im Strom der Fußgänger Frank hinterher. Langsam bekomme ich ein Gefühl für die Größe der Stadt, sehe ich ihre ungewöhnliche Architektur, vermisse alte, historische Bauten, die größtenteils auf der Ostseite stehen, bewundere die wenigen Schlösser, berühre zum ersten Mal die Siegessäule, die wir damals vom Osten her zum Ziel unserer Träume erkoren.

Heute beabsichtigen wir, vom Auto ins Schiff umzusteigen, da Berlins Wasserstraßen genauso aufregend sein sollen wie die Stadtautobahn. Hinter der »Schwangeren Auster«, der Kongreßhalle, parken wir und steigen an Bord eines alten, klapprigen Dampfers, auf dem eine Ausflugsfahrt auf Berlins Wasserstraßen zum ermäßigten Tarif veranstaltet wird. Wäre die Mauer nicht, könnte man mit dem Boot quer durch die Stadt bis nach Potsdam schippern. Daß Berlin mehr Brücken aufzuweisen hat als Venedig, wird selbst mir als Berlinerin zur neuen Erkenntnis. Man lernt nie aus.

Der Frühling läßt die ersten grünen Spitzen an Büschen und Bäumen hervorkommen, überall auf den Rasenflächen, ob im Park oder auf den Mittelstreifen der Straßen, blühen leuchtend gelbe Krokusse. Wasser, Wald und Blumenpracht lassen mich oft ins Schwärmen geraten.

»Wie schön wäre Berlin, wenn die Stadt nicht geteilt wäre.«

Frank gibt mir jedesmal recht, doch das tröstet mich wenig.

Der Dampfer dreht eine Schleife, ich sehe die Mauer, die Wachtürme und erfahre, daß dahinter der Ostbezirk Treptow liegt, der an Kreuzberg grenzt, das wir soeben durchfahren. Der Kapitän gibt einen Witz zum besten, anscheinend seinen Lieblingswitz:

»An einem der schwärzesten Tage Deutschlands erschien die Rote Armee und versprach goldene Zeiten. Daran zirkeln, sicheln und hämmern sie noch heute.«

Das kann nur verstehen, wer ein DDR-Kenner ist. Gemeint ist die schwarz-rot-goldene Fahne der DDR mit ihrem Emblem: Eine Kornähre bildet einen Kreis, der einen Hammer als Symbol des Arbeiters, eine Sichel als Symbol des Bauern und einen Zirkel als Symbol der Ingenieure einschließt, ein sichtbares Zeichen des sogenannten Arbeiter-und-Bauern-Staates. Nach dem Lächeln folgt die Wut. Wut darüber, daß meine

Freunde drüben niemals, so wie ich jetzt, die Reise eines Robinson Crusoe auf eine abenteuerliche Insel, wie ich West-Berlin erlebe, nachempfinden dürfen.

Am Kreuzbergufer gehen wir an Land. Dieser Stadtteil übt auf mich einen geheimnisvollen Zauber aus. Allein die phantasievolle Gestaltung der Hauswände, die Straßencafés und die ausgeflippte Kleidung der vorwiegend jugendlichen Bewohner des Kietzes erinnern an eine riesige, bunte Welttheaterkulisse. Nicht bloß wir begeben uns auf Streifzug durch die Kreuzberger Straßen, auch einzelne gut betuchte Passanten schlendern über die Bürgersteige, sie suchen Abwechslung nach den Gruselnächten in einem der alten Fabrikgebäude, wo man Ausstellungen und Theateraufführungen besuchen kann und wo die Musikszene ihre Heimstatt hat. Kreuzberg saugt man sich ein wie den Rauch einer Opiumpfeife. Wie in dem Märchenfilm »Der Dieb von Bagdad« schreien türkische Markthändler um die Wette, unterbieten gegenseitig ihre Preise. Das basarähnliche Treiben gefällt uns, und ehe wir uns versehen, sind wir Besitzer mehrerer Kilo Obst.

Wir lassen es zur Gewohnheit werden, am Sonnabend morgen das frische Weißbrot beim Türken zu kaufen. Die ruhige, freundliche Verkaufsstrategie veranlaßt mich oft zum Probieren. Seine Spezialitäten sind die reinsten Gaumenfreuden. Am liebsten esse ich die Gemüseteigrollen. Bekannte verstehen unsere Vorliebe für Kreuzberg nicht, sie warnen uns: »Paßt bloß auf, da gibt es oft Krawalle.«

Mir bereitet der bunte Trubel in den Straßen keine Angst. Ausgiebig erkunden wir »Klein-Istanbul«, das ist Kreuzbergs zweiter Name. Dabei stoßen wir eines Tages auf das Wagendorf. Am Rande der großen Stadt, dicht an die Mauer gepreßt, stehen die Schlupflöcher der Obdachlosen und Aussteiger. Hierher verziehen sich die Ärmsten der Armen, die Fixer, Penner, Alkoholiker, die Alleingelassenen, die Verlierer, die Mutlosen, und sie sind alle Kinder ohne Hoffnung.

Die schäbigen Behausungen aus Holz oder Pappe, ausrangierte Busse und alte Autowracks geben keine Wärme, bieten aber Unterschlupf vor neugierigen Blikken. Nicht einmal die Polizei traut sich in das Elendsquartier am Ende der Welt. Für sie ist hier das Ende.

Das armselige Dorf hört genau neben dem Aussichtsturm auf. Von dort oben kann der Betrachter nicht nur seinen Blick über die Grenzanlagen zu den »armen Ostlern« gleiten lassen, sondern es bietet sich auch die Möglichkeit, einen Blick in die verkorkste, jämmerliche Einsamkeit, in diese Armut an Menschlichkeit zu werfen. Ich schaue nicht weg.

Unter mir sitzt an einer kleinen Feuerstelle im abgewetzten Omasessel ein bärtiger Mann. Ruhig stellt er einen zerbeulten Teekessel auf das offene Feuer, zündet sich eine Pfeife an und besieht sich das friedliche Treiben eines Ausländers, der seine Gemüsebeete an der Mauer pflegt. Der Mann nimmt die Pfeife aus dem Mund, blickt wie ein Suchender hinauf in den Himmel, steht auf und gießt sich in einer Blechtasse heißen Kaffee auf. Seine Bewegungen entsprechen der inneren Ruhe. Wie magisch angezogen steige ich die Treppe zu ihm hinunter, als unvermutet ein schmutzig gekleidetes junges Mädchen meinen Weg kreuzt.

»Haste mal 'ne Lunte?« fragt sie mich.

Das einstmals geflochtene Haar steht wild verfilzt vom Kopf ab, er gleicht einer Distel, und »Distel« nenne ich sie für mich, solange ich sie beobachte. Distels riesige blaue Augen haben den gebrochenen Blick einer Toten. Ihre spindeldürren Ärmchen schlingt sie sich als Windschutz um den Körper, sie braucht Wärme. Der häßliche Pullover aus billigen Wollresten, vor Jahren gestrickt, schlackert wie ein Leichentuch an ihr herum. Ich schätze sie auf höchstens vierzehn Jahre. Eine Distel ohne Wurzeln, zum Sterben verdammt, geht ein. Gerne würde ich ihr ein paar Zigaretten schenken, leider habe ich keine. Der Bärtige kennt sie und ruft:

»Komm, ich warte schon seit Tagen auf dich!«

Unbeeindruckt wendet sich »Distel« der Blechtasse zu, nimmt einen hastigen Schluck und jammert:

»Ick brauch 'ne Lunte, wat anderet krieg ick nich!«

Als »Distel« versorgt ist, zufrieden neben dem Feuer hockt und pafft, unterhalte ich mich mit dem Mann. Er gehört zu den letzten Idealisten der achtundsechziger Studentenbewegung, die sich nicht den Hintern auf dem Bürosessel wundreiben, dicke Beamtengehälter beziehen und ihren Kopf einfach zur Seite drehen würden, wenn man sie fragte: Wolltet ihr nicht die Welt verbessern? Nein, er ist Sozialarbeiter geworden, ein Ansprechpartner auf der Straße für all die Verlierer und für die, die einen Neubeginn suchen.

Kann jemand verstehen, wie heilfroh ich bin, einen Menschen in dieser Gesellschaft zu finden, der die Gabe des Zuhörens nicht verloren hat?

Obgleich ich erst seit einem halben Jahr im Westen lebe, habe ich ziemlich schnell erkannt, wie rasch der Abstieg ins soziale Elend vor sich gehen kann. Zum Glück habe ich mir aber meinen alten Blickwinkel erhalten, auch wenn ich 36 Jahre gezwungenermaßen damit leben mußte. Ich bin froh, beide Seiten betrachten zu können.

Drehpunkt zwischen Ost und West

Zum siebenten Mal komme ich ergebnislos vom Visabüro im Wedding zurück. Wieder haben wir keine Einreiseerlaubnis nach Ost-Berlin erhalten, nur dem Besuch meiner kleinen Tochter steht nichts entgegen. Ich will den Kontakt zu Timo über Gerda auf keinen Fall einschlafen lassen und beschließe, unsere Tochter allein über die Grenze zu schicken. Natürlich wollen wir uns sicher sein, daß Gerda sie in Empfang nimmt, deswegen scheint der Grenzübergang »Sonnenallee« am geeignetsten und nicht nur mein Schicksal zu sein. Wir lassen einen Kinderausweis mit Lichtbild anfertigen, packen einen Rucksack voller Geschenke, Dinge, von denen ich weiß, daß sie im Osten immer gebraucht werden, wie zum Beispiel Alufolie, Kaffee, Strumpfhosen, Seife und Deos, ich stopfe auch allerlei Schnickschnack hinein und vergesse nicht, den Inhalt des gefüllten Sacks ordnungsgemäß aufzulisten. Klopfenden Herzens betreten wir erstmals seit der Ausreise die Grenzanlage, und prompt ist sie da, die alte Angst: Bloß nicht auffallen, bloß nichts falsch machen, wir sind auf dem Gebiet der Deutschen Demokratischen Republik. Ich habe schreckliche Gewissensbisse: War es richtig? Was ist, wenn sie unsere Tochter behalten? Mach dich jetzt bloß nicht verrückt, sage ich mir und drücke fest ihre kleine Hand. Franks Gesicht ist blutleer, wir reden nicht. Denkt er wie ich?

Der Schlauchgang bis zur Abfertigungsbaracke scheint endlos. Rechts und links die wachen Augen, die Zäune. Was machen wir hier bloß? Zur Rückkehr ist es zu spät. Die Grenzer würden es verdächtig finden, womöglich halten sie uns dann für DDR-Bürger, die es sich auf einer Besuchsreise nach dem Westen im letzten Augenblick anders überlegen und, statt in die DDR zurückzukehren, an der Grenze kehrtmachen. Das käme einer Republikflucht gleich, sie würden schießen oder uns verhaften, bis sich der Irrtum aufklärt. Wir sind keiner Personenkontrolle unterzogen worden, also wissen sie nicht, wer wir sind. Unaufhaltsam nähern wir uns der Baracke. Glücklicherweise erkenne ich auf der anderen Seite Gerda neben ihrem Mann, nun kann nichts mehr schiefgehen.

Der Paßkontrolleur ist freundlich.

»Das Kind geht allein?«

»Ja.«

»Heben Sie es bitte zur Ansicht hoch.«

Frank hält ihm die Kleine entgegen, die er kurz mit dem Ausweisbild vergleicht.

»In Ordnung«, murmelt er. »Haben Sie etwas zu verzollen?«

»Nein«, sage ich und muß an die verbotene Zeitschrift denken, die ich in die Seitentasche geschmuggelt habe. Er kommt aus seiner Kabine heraus, nimmt Fanni den Rucksack ab und schaut hinein. Bevor er die Zeitschrift entdeckt, gestehe ich:

»In der Seite ist ein Frauenjournal.«

Er greift sich das Kind, behält den Rucksack und ruft zur Zollkontrolle hinüber:

»Alles in Ordnung, das Kind kann durch.«

Dann hängt er ihr zu unserer Überraschung den Sack über die Schulter und flüstert:

»Sie müssen nicht gleich alles sagen«, schiebt sie an der Zollschranke vorbei und geht, ganz Grenzsoldat, wieder auf seinen Platz. Fassungslos winken wir unserer Tochter nach, sehen, wie Gerda sie begrüßt, und streben mit der Gewißheit, einem Menschen in Uniform begegnet zu sein, dem Westen zu. Am Abend rufe ich Gerda an.

»Mach dir keine Gedanken, alles ist gut gegangen. Timo war hier, hat sich die Geschenke geholt, ist gleich wieder weg, zu seiner Freundin. Sonntagabend bringen wir deine Tochter zur Grenze.«

Beruhigt lege ich auf.

Wie vereinbart nehmen wir sie wohlbehalten wieder in Empfang, schwören uns, sie nie wieder allein in den Osten zu schicken, und erleben, wie mutig und selbstbewußt das Mädchen zur Grenzgängerin zwischen West und Ost wird. Das sind Erlebnisse, die sie bis heute nicht vergessen hat und die ein Teil ihrer Kindheitserinnerungen an die geteilte Stadt Berlin bleiben werden.

Seit wir in West-Berlin sind, vergeht kein Monat, in dem wir nicht einen Flüchtling aus Ost-Berlin aufnehmen oder Besuch haben. Ein normales Familienleben ist fast nicht mehr möglich. Erschwerend kommt hinzu, daß ich deswegen nur selten an der Schreibmaschine sitze. Wir beschäftigen uns vielmehr mit der Ausreise unserer Bekannten. Sämtliche Unterlagen, die ein Wegweiser für Übersiedler sind, haben wir kopiert und nach drüben geschickt.

Ira, die Zahnärztin, und ihr Mann erwarten jeden Tag den heißersehnten Anruf. Ich weiß, wie wichtig ihnen der Kontakt mit uns ist. Aus diesem Grunde riskieren wir eines Tages ein Treffen an der Autobahn, der Transitstrecke. Eine Reise, die wir zu einem Ausflug nach Westdeutschland nutzen wollen, wozu wir die DDR durchqueren müssen. Die Zahnärztin und ihr Mann, der am Theater technischer Leiter war und nach dem Ausreiseantrag fristlos gekündigt wurde, sind trotz der Gefahr, beobachtet zu werden, begeistert. Ungeachtet der Möglichkeit, daß unser Telefongespräch belauscht wird, teilen wir ihnen verschlüsselt die genaue Uhrzeit und den Namen der Raststätte, die der Treffpunkt sein soll, mit. Aufgeregt legen wir eine Fülle traumhaft schöner Dinge in einen Frühstückskorb. Für das gemeinsame Picknick haben wir uns die begehrten und sehr vermißten knackigen Ostschrippen gewünscht. Die »luftaufgeblasenen« Westbrötchen schmecken mir überhaupt nicht. Damals, als Feodora die ersten Brötchen bei uns kaufte und begeistert eine Tüte voll mit hinübertrug, konnten wir nicht glauben, daß der Osten etwas Besseres besaß als der Westen. Nun schmecken wir täglich den Unterschied zwischen Ost- und Westschrippen.

Die Einreise verläuft reibungslos. Frank hält sich an die Geschwindigkeitsbegrenzung von 100 km/h. Pünktlich um neun Uhr fahren wir auf dem Parkplatz in Michendorf ein. Für das Treffen haben wir eine Stunde eingeplant. Von Bekannten wissen wir, daß im Transitvisum die genaue Uhrzeit der Einreise versteckt enthalten ist und daß weder Abweichungen von der Transitstrecke noch Pausen erlaubt sind. Im Notfall wollten wir zur Begründung angeben, unsere Tochter hätte Durchfall.

Wir parken den Wagen vor dem Transit-Intershop, steigen aus und schlagen den Weg über die Brücke zur anderen Seite der Autobahn ein; dort sollen sie vor einem Konsum warten. Kaum steige ich die Stufen hinunter, sehe ich beide an einem Tisch sitzen. Am liebsten würde ich ihnen entgegenlaufen. Es gelingt mir nur schwer, meine Freude zu verbergen. Wie Bekannte, die sich rein zufällig begegnen, tauschen die Männer einen Gruß aus.

Das Ehepaar geht vor zur Brücke, zögernd folgen wir. Erst auf dem Brückenübergang trauen wir uns, einander herzlich zu begrüßen. Schnell stecke ich Ira Kleinigkeiten zu, die unauffällig in ihrer Handtasche verschwinden.

Sie steigen in ihr Auto. Iras Mann fährt gemächlich auf die Ausfahrt zu, wir haben Zeit, ihnen zu folgen. Auf einem versteckten Rastplatz halten sie. Wir warten, bis sie aussteigen und zu einem freien Holztisch gehen. Schwatzend setzen sie sich auf die linke Bank und befördern ihre Brötchen auf die Tischplatte. Wenig später gesellen wir uns dazu, fragen albern:

»Entschuldigen Sie, ist der Platz noch frei?«

Ira lacht fröhlich: »Aber ja, für Westler immer.«

Eine Tischdecke wird ausgebreitet, das Geschirr bereitgestellt, die Brötchen wandern in einen Brotkorb, und dann übersäen wir den Tisch mit herrlichen Dingen wie Wurst, Käse, Eiern, Konfitüre, Weintrauben, Birnen, Bananen und Melone. Davon hätte eine ganze Fußballmannschaft dicke Bäuche bekommen. Und dann reden wir über unsere Erlebnisse, wie und was sie besser machen könnten, und wünschen ihnen eine schnelle Ausreise. Dabei steckt mir Ira einen Brief an ihre in Westdeutschland lebende Tante zu.

Plötzlich hält auf der Gegenfahrbahn ein Volkspolizeiwagen, genau uns gegenüber. Sofort verstummt die Unterhaltung. Alles, was ich Ira noch sagen will, rede ich zu Frank, danach rufe ich unsere Tochter, die im Gras herumspringt, zeige in die Sonne und lache grundlos; es soll nach einer harmlosen Rast aussehen.

Doch die Polizei verschwindet nicht, uns bleibt nichts weiter übrig, als ohne Abschied ins Auto zu steigen. Wir lassen alles stehen und liegen. Heimlich hebe ich meine Hand zum Gruß, ich bin mir nicht sicher, ob Ira oder ihr Mann in unsere Richtung schauen.

An der Grenze haben wir genau die eine Stunde Verspätung, die wir eingeplant hatten. Kaum sieht der Grenzer unsere Transitscheine, geht die Klappe seines Fensters zu. Eine Stunde verweilten wir im verbotenen Gebiet, was kommt jetzt? Der Grenzer telefoniert, vor Spannung reden wir nicht. Was passiert mit uns?

Als er den Hörer auf die Gabel legt, die Klappe hochschiebt und wir unsere Papiere bekommen, kann ich unser Glück kaum fassen. Wir verbringen einen herrlichen Sonntag in der kleinen alten Stadt Wolfenbüttel und genießen unsere Freiheit.

Der Sommer naht. Da Frank keinen Urlaub bekommt und ich nicht allein verreisen möchte, verabreden Gerda und ich, die Ferien gemeinsam zu verbringen. Wir mieten ein Haus in Ungarn am Balaton (Plattensee). Ungarn war schon immer das Land zum »Deutschlandtreffen«.

Um für den Sommer gut gerüstet zu sein, überlege ich mir einen langen Einkaufsbummel im Stadtkern am Ku'damm. Die U-Bahn ist tagsüber nicht sehr voll, wir kaufen eine Fahrkarte, Fanni braucht keine, und warten auf den Zug. Frank hat am Telefon keine Wünsche geäußert, deshalb können wir in Ruhe die Zeit vertrödeln. Am Bahnsteigkiosk hole ich für Fanni ein Mickymaus-Heft. Sie kann kaum die Einfahrt der U-Bahn erwarten, um endlich ihre Nase in das Heft zu stecken. Wir haben Glück, keine zwei Minuten muß ich ihre Fragerei, wie lange noch, ertragen, da fährt die Bahn leer in die Station. Kaum schieben sich die Türen zum Einsteigen beiseite, läuft sie zur linken Sitzbankecke, macht es sich bequem und vertieft sich in die bunte Comicwelt. Sie bemerkt nicht, daß immer mehr Menschen zusteigen, ihr Interesse gilt nur den dünnen Seiten. Am Bahnhof Friedrichstraße, dem Knotenpunkt von Ost nach West und umgekehrt, steigt eine Gruppe jugendlicher Punker ein. Ich sehe, wie sich die Köpfe der Reisenden sofort senken. Die Jugendlichen lachen laut, haben Bierdosen in der Hand und tragen kunterbunte, zerrissene Jeans. Die gefärbten grünen, orangenen oder feuerroten Haare stehen hochgebürstet wie ein Hahnenkamm. Rings um den Mittelkopf ist alles abrasiert. Ohrringe zieren nicht nur die Mädchen, mehrere Ringe hintereinander stecken auch in den Ohren der männlichen Punker. Ab und zu schimmert ein Ring im Nasenflügel. Ihr unbekümmertes Auftreten verunsichert die Erwachsenen, sie ziehen die Köpfe ein, als hätten sie Angst, die Aufmerksamkeit der Jugendlichen auf sich zu lenken. Mich freut, daß es im Jahre 1988, zwanzig Jahre nach meiner eigenen Jugendzeit, möglich ist, als Jugendlicher ungestraft jeden Trend mitzumachen. Nicht hinter jeder Verkleidung steckt gleich ein Straftäter, Schläger oder Penner.

Einer von ihnen kommt zu uns in die Ecke, klappt sich den Notsitz in der Mitte herunter und flegelt sich lässig darauf. Die Füße der Reisenden ziehen sich zurück, man will keine Berührung, die eventuell in Anpöbelei ausarten könnte. In einem winzigen Moment taucht der fragende Blick meiner Tochter aus dem Reich der Phantasie in die Wirklichkeit. Ausreichend, um die Situation im U-Bahn-Abteil völlig zu verändern. Sie sieht gerade auf den vor ihr sitzenden Punker, eine Welle des Erkennens huscht über ihr Gesicht, und sie schenkt dem Paradiesvogel ihre Begeisterung:

»Wie siehst du denn aus?«

Spannende Stille im gesamten Abteil. Wie wird er reagieren? Die Neugier seiner Freunde ist unverkennbar, alles schaut ihn an. Komisch, ich rechne eigenartigerweise mit einer heftigen Abfuhr. Ich, die niemals voreingenommen Jugendlichen gegenüber sein wollte. Der Typ streckt die Beine gemächlich in ihrer vollen Länge in den Gang, hebt den Kopf, sieht meine Tochter an und gibt ihr grinsend zur Antwort:

»Ist modern.«

»Modern?« wiederholt sie. »Das soll modern sein?« Sie lacht, springt von ihrem Platz, zupft an den Löchern seiner Kleidung und kriegt sich vor Lachen nicht mehr ein. Ihre fröhliche Selbstverständlichkeit ist anstekkend, seine Freunde lachen lautstark mit. Den älteren Leuten auf der Sitzreihe gegenüber ergeht es ebenso, aber ihr Lächeln ist vorsichtig. Noch weiß niemand, ob die Stimmung bleibt.

Ungeachtet der Ängste, die ich hege, greife ich nicht ein. Derweil zeigt Fanni kichernd – sie gibt sich Mühe, sich das Lachen zu verkneifen – auf das Hemd.

»Warum machst du nicht da und dort noch ein Loch? Sieh mal, da ist auch eine freie Stelle. Wenn das modern ist, mußt du überall Löcher hineinmachen. Gefällt's dir, wie du aussiehst?«

Der Junge verliert die Beherrschung, er stimmt in das Gejohle seiner Freunde mit ein. Plötzlich lachen alle im Abteil. Als der Zug hält und Fahrgäste zusteigen, sehen sie sich verwundert um, das wiederum löst neue Lachanfälle bei den Jungen aus. Eine so lustige U-Bahn-Fahrt haben wir nie mehr erlebt.

Am Abend ruft mich Birgit an, ihre Stimme klingt mächtig aufgeregt.

»Sieh dir bitte die Abendschau an, ich bin im Fernsehen!«

»Ja, ja«, versuche ich sie zu beruhigen. »Um was geht es denn?«

»Das sollst du dir ja ansehen, ich glaube, ich habe Mist gebaut!«

Neugierig geworden verspreche ich, die Sendung zu verfolgen. Sie scheint dadurch nicht beruhigt und wünscht, daß ich am nächsten Tag im Rotkreuzheim vorbeikomme. Seit dem Aufenthalt im Lager Marienfelde wohnen sie zu fünft in einem Zimmer. Arthur ist der Meinung, so billig könnten sie in keiner Wohnung leben, und außerdem würden sie zum Sparen kommen. Arthur macht keine Versuche, Arbeit zu finden, er ist noch krankgeschrieben, genau wie Birgit. Sie jobbt – schwarz – zusätzlich als Haushälterin, und er arbeitet – schwarz – nachts in einer Tankstelle. Beide verdienen so zu ihrem Krankengeld dazu. Als wir sie im Aussiedlerheim besuchten, zankten sich die Kinder. Unverkennbar litten sie unter der Enge des Zimmers. Arthur störte das überhaupt nicht, im Gegenteil, er verlangte von Birgit, daß sie die Kinder tagsüber ruhig hielt, da er sich ausschlafen müsse. Da waren natürlich Konflikte im Zusammenleben vorprogrammiert.

Wie besprochen sitze ich zu den Abendthemen vor dem Kasten, da flimmert mir Birgit schon ins Wohnzimmer. Bevor das Bild scharf genug ist, höre ich sie sagen:

»Ich hatte Eheprobleme und wollte zum Arzt hinein, aber die Krankenschwester hat mir, ohne daß ich den Arzt gesehen habe, meine Krankschreibung verlängert.«

Mir läuft es eiskalt den Rücken hinunter. Was sagt Birgit da? Ist sie verrückt geworden? Das Interview geht weiter. Es handelt sich um die Krankschreibungspraktiken Dr. Bärs und anderer Ärzte. Mir wird schlecht, ich schalte den Fernseher aus. Warum hat sie das in der Öffentlichkeit erzählt, ausgerechnet sie, da doch beide alle Vorteile ausschöpfen und zusätzlich Kohle machen? Hunderte von Übersiedlern, die schwere seelische Störungen durch Ausreise oder Gefängnis davongetragen haben, werden zu Simulanten abgestempelt. Empört nehme ich mir vor, ihr die Meinung zu sagen.

Am nächsten Tag fahre ich gleich nach dem Frühstück zu ihr.

Hektische rote Flecken zeichnen sich auf ihrem Gesicht ab. Kaum stelle ich die Frage: »Warum?«, wehrt sie mich ab:

»Du nicht auch noch, ich mußte mir schon den ganzen Tag Vorwürfe anhören.«

»Gut«, sage ich. »Dann machen dir ja meine wohl nichts mehr aus. Ich bin mächtig enttäuscht von dir.«

Sie rechtfertigt sich: »Alles, was gezeigt wurde, habe ich gesagt, als die behaupteten, die Kamera sei aus. Sie müssen heimlich gedreht haben.«

»Das glaube ich nicht; von den Aussiedlern hast nur du geantwortet.«

»Nein, nein, so war das nicht, die haben auch gesprochen, aber nichts davon ist gesendet worden.«

»Woher dann deine Angst vor der Sendung, warum hast du mich angerufen?«

»Ich hatte den Verdacht, daß da irgendwas nicht stimmt.«

»Na gut, aber trotzdem hat dich niemand zu deiner

Aussage gezwungen. Das geht ja nun wirklich keinen was an. Wie dem auch sei, ich bin schrecklich sauer darüber.«

Damals ahnte ich nicht, daß ich mit der Presse noch meine eigenen Erfahrungen machen würde und wie die Journaille Tatsachen verfälschen kann.

Mich und viele andere Patienten zitierte man nach der Sendung zur Ärztekommission, wo alle gesundgeschrieben wurden. Ich mußte noch einige Untersuchungsergebnisse bringen, ließ mich aber dennoch gesundschreiben, da mich die viele Rennerei von Arzt zu Arzt nervte und ich deshalb nachts nicht besser schlief. Birgit schickte man keine Aufforderung zur Ärztekommission. Wochen später zog ihre Familie in eine Dachgeschoßwohnung in unsere Straße.

Nach langer Zeit meldet sich Walter, er beabsichtigt, eine Party zu geben. Erfreut nehmen wir die Einladung an. Seit wir im Westteil der Stadt leben, sind wir noch nie eingeladen worden. Im Ostteil feierten wir oft, wo die Westberliner ständige Gäste waren. Sie brachten Getränke mit, schwärmten von den Weltreisen, die sie gemacht hatten, und fuhren immer die neuesten Autos. Kunststück, jetzt, wo ich hinter die Kulissen sehen kann, weiß ich, daß ein Kredit kein Problem ist.

Trotzdem, ein Fest scheint uns eine willkommene Abwechslung im Alltagstrott zu sein. Tage vorher wählen wir unsere Kleidung sorgfältig aus und erwarten aufgeregt den Abend. Wir kaufen einen wunderschönen Blumenstrauß. Neuen Bekanntschaften stehen wir aufgeschlossen gegenüber, denn mir fehlt mein alter Freundeskreis. Bisher habe ich keine Frau kennengelernt, die mir eine Freundin ersetzt hätte. Frank sieht alles viel lockerer, er hat seine Arbeit und Kollegen, am

Feierabend freut er sich über seine Ruhe. Mir geht es anders, ich brauche Gesellschaft und fühle mich oft allein.

Pünktlich um 17 Uhr klingeln wir an Walters Wohnungstür, hinter der alles ruhig ist.

Doch er ist da, ruckartig reißt er die Tür auf und ruft:

»Die Burkowskis! Kommt rein, Kinder!«

Im Schlafzimmer legen wir die Mäntel auf eine große Messingliege, über der ein künstlicher Sonnenbräuner hängt. An der Tür klebt ein Poster, auf dem Walter im Kostüm eines Transvestiten abgebildet ist und sogar recht hübsch aussieht, viel besser als der Mann, der er ist.

Zuerst möchte ich meine Hände waschen, Walter zeigt mir die Tür. Ich schalte das Licht ein, und gleichzeitig erklingt im Klo Musik. Auch gut, denke ich, setze mich auf die Toilette, während ein Orchester einen Wiener Walzer spielt. Nachdem ich die Technik ausgemacht habe, gehe ich ins Wohnzimmer.

Außer einem Fremden sind Frank und ich die einzigen Gäste. Nach einer Stunde werfe ich Frank bedeutungsvolle Blicke zu, die ausdrücken: Komm, laß uns hier verschwinden.

Als Frank sich für die Einladung bedankt, nötigt ihn Walter, wenigstens zum Essen zu bleiben, auf der Terrasse sei der Grill vorbereitet. Wir geben nach, treten hinaus auf die mit bunten Glühbirnen bestrahlte Terrasse und finden auf dem Rost eine einzige Wurst. Verdattert stehen wir vor dem Ding, das sich unter der Hitze zu krümmen beginnt und fettspritzend zerplatzt. Wir sehen uns in die Augen, wortlos lachen wir. Eines ist sicher: Verlorene Freundschaften lassen sich schwer ersetzen.

Der Sommer naht. Unermüdlich bis tief in die Nacht hinein sprechen Gerda und ich die Reise ab. Sie erfährt die Adresse und ich versichere, daß das Haus am Wasser steht. Sie will fliegen, und da ich keinen Führerschein habe, erbietet sich Frank, mich zu fahren.

Am Reisetag scheint erbarmungslos die Sonne. Frank will uns samt Gepäck bis zum Balaton bringen, eine Nachtpause einlegen und am nächsten Tag zurückfahren. Mehr als einmal bedaure ich unterwegs, daß er keinen Urlaub bekommen konnte. Die Fahrt durch die DDR ist strapaziös. Unfälle, Baustellen und das Tempolimit sorgen für Staus. Die drückende Hitze entweicht nicht durch die geöffneten Fenster, und Fanni nörgelt herum, sie will nicht länger Auto fahren.

Da fällt mir ein Witz ein: In Amerika wird eine Wette abgeschlossen, welcher Staatsbürger, aus der Sowjetunion, aus der DDR und aus Amerika, es am längsten in der Wüste aushalten würde. Ein heftiger Streit entbrennt zwischen den zwei Supermächten, an den DDRler denken sie überhaupt nicht mehr. Nach einer Woche kommt der Amerikaner völlig erschöpft aus der Wüste zurück. Auf die Frage »Wie haben Sie es eine Woche ausgehalten?« antwortet er: »Jeden Tag eine Cola.« Nach zwei Wochen schleppt sich der Russe, auf allen vieren kriechend, ans Ziel. Auf die Frage, wie er überlebt habe, sagt er:

»Ich habe mir die Prawda mitgenommen, und immer wenn ich sie las, kam mir der kalte Kaffee hoch.« Nun fehlt noch der Ostler, der nach einem Monat ausgeruht und munter aus der Wüste kommt. Stolz läßt er sich als Sieger feiern, hört seine Nationalhymne und will schon abreisen, als einem Journalisten auffällt, daß noch gar niemand weiß, wie er überlebt hat. Schnell kauft er ihm die Exklusivrechte an der Story für 100 000 Dollar ab und fragt: »Wie haben Sie es nur so lange in der Hitze ausgehalten?«

»Da gibt es nicht viel zu erzählen«, lacht der DDRler, »ich habe mir eine Autotür von meinem Trabbi mitgenommen, und wenn es mir zu heiß wurde, habe ich das Fenster heruntergekurbelt.«

»Mami, der Witz ist uralt«, gähnt meine Tochter gelangweilt.

In Bayern sind wir von der Landschaft hellauf begeistert. Die Häuser, Wälder, Berge und Felder sind derartig schön, daß ich meine, das alles könne nicht echt sein. Nach einiger Zeit beginne ich nach Fehlern in der Natur zu suchen. Nichts. Keine zerfallene Scheune, kein kaputter Zaun, nicht einmal eine Korn- oder Mohnblume kann ich im Getreidefeld entdecken. So viel Schönheit tut weh.

Österreich, ein Land, das uns traumhaft weit erschien, sieht, je weiter wir nach Süden kommen, der alten DDR ähnlich. Wir legen am Feldrand eine Pause ein und haben keine Angst, die Grashalme zu knicken.

Endlich Ungarn. Das Haus am See erweist sich als stattliche Villa auf einem Weinberg, der mindestens eine halbe Stunde Aufstieg verlangt. Gerdas Begrüßung entschädigt mich.

»Ärgere dich nicht, es ist traumhaft.«

Sie führt mich durch das geräumige Haus, zeigt mir die zwei Bäder und drei Schlafzimmer, und ich spüre nirgendwo die Hitze, das Haus ist erstaunlich gut temperiert. Wie Sonnenmarkisen legen sich die Blätter der schattenspendenden, hochgewachsenen Aprikosenbäume vor die Fenster. Neben dem Haus bietet eine erhöhte, rosenumrankte Terrasse den Ausblick über das türkis schimmernde Wasser des Balaton. Von der Terrasse nehmen wir gleich Besitz. Bis in die sternenklare Nacht hinein sitzen wir schwatzend zusammen. Ein alter Mann kommt vom Weinberg heruntergestiegen. Über seine Schulter hängt ein Glaskolben, den er uns zum Weinverkosten reicht. Nachdem wir alle einen Schluck probiert haben, winkt er uns, ihm zu folgen. Er führt uns durch die Kellerräume, in denen seine Frau herumwirtschaftet. Nun erfahren wir, daß ihnen das Haus gehört; stolz präsentiert er uns seinen Weinkeller, die Pokale und Urkunden. Er war der beste Weinbauer 1988.

Vierzehn Tage werden wir von dem Ehepaar aufs trefflichste verwöhnt. Vom selbstgebackenen Kuchen bis zur Marmelade brauchen wir uns um nichts zu kümmern.

Anna, meine 18jährige Nichte, hat beschlossen, in den Ferien bis nach Bulgarien zu trampen. Da mein Bruder sich deswegen sorgte, zumal die Reiseroute durch das unsichere Rumänien führte, hatten wir in Berlin verabredet, Anna in Ungarn aufzuhalten.

Eines Nachmittags kehren wir vom Schwimmen und Sonnenbaden schlapp, müde und durstig auf den Weinberg heim. Die Weinbäuerin, die nicht deutsch spricht, zeigt erregt zur Terrasse. In der ersten Sekunde denke ich, Frank sei da, aber dann ertönt Annas freudiges Begrüßungsgeheul über die stillen Hänge in der Sommerhitze:

»Huhu! Da staunst du, Tantchen!«

Es gelingt mir, sie dazu zu bewegen, nicht weiter zu trampen. Sie verbringt den Sommer mit uns. Ihr gefällt das Haus, die Umgebung und der Luxus.

Frank besucht uns jedes Wochenende, und jedesmal, wenn er zurückfahren muß, verspricht er:

»Ich schicke euch nie mehr allein in Urlaub.«

Dank Gerda und Anna fühle ich mich nicht allein, trotzdem freuen wir uns auf die Heimreise. Anna verläßt uns einen Tag eher. Gerda weint fürchterlich.

Der Abschied macht mir klar, daß ich ein wirklich freier Mensch geworden bin.

Während ich einen schönen Urlaub hatte, erlebte Timo die schlimmsten Stunden seines Lebens.

Timo

Timo hat sich lange nicht gemeldet; aus Sorge rufe ich Maria an. Zu ihr zog es Timo hin, sie stellte keine unangenehmen Fragen, bemutterte ihn mit Essen und ließ ihn dann wieder davonziehen.

Er hatte im Februar seine Facharbeiterprüfung bestanden, aber seit er mit seiner Freundin zusammengezogen war, hatte er die Lust an der Arbeit verloren. Ich wußte von Anfang an, daß ihm der Job nicht gefiel, er interessierte sich mehr für technische Dinge wie Radio und Fernsehen. Aber alle seine und meine Bemühungen, in dieser Branche eine Arbeit zu finden, scheiterten an seinen gesundheitlichen Problemen.

Maria redet am Telefon konfuses Zeug, daß Timo einen Unfall erlitten habe, aber Genaueres wisse sie nicht. Unfähig, einen klaren Gedanken zu fassen, heule ich, bis Frank nach Hause kommt.

Er beruhigt mich und rät, doch erst mal Timos

Freunde anzurufen. Gerd! denke ich. Gerd ist die Rettung, er weiß bestimmt, was passiert ist. Gerd habe ich oft angerufen, wenn Timo sich nicht meldete, er sagte immer:

»Machen Sie sich keine Sorgen, wir kümmern uns um ihn.«

Wir, das hieß: er und seine Freundin Monika. Ich mochte beide.

Bei Gerd hebt niemand ab, also der nächste, es ist Paul. Paul ist mit Timo zur Schule gegangen. Paul hat von einem Unfall nichts gehört, er verspricht, Timo in seiner Wohnung aufzusuchen und ihn ans Telefon zu holen.

Bange Stunden vergehen, ich schlafe neben dem Apparat. Um 22 Uhr schreckt mich das Klingeln hoch, verschlafen nehme ich den Hörer ab, es ist Timos Stimme. Überglücklich schreie ich in die Muschel:

»Du lebst? Maria hat mir von einem Unfall erzählt – stimmt das?«

Zögernd kommt seine Antwort:

»Teils, teils.«

»Was heißt das nun wieder?«

Mein Herz rast.

»Gerd und Monika sind tot.«

»Tot?«

»Ja, ertrunken.«

Schaudern erfaßt mich, ich will den Inhalt seiner Worte nicht begreifen. »Aber wieso denn, ich habe eben bei Gerd angerufen.«

»Mutti, sie sind beide tot, ertrunken.«

Timo redet eindringlich auf mich ein, seine Stimme ist ernst, bis ich fassungslos herumstottere:

»Warum, wie konnte das passieren?«

Ich spüre die Verzweiflung, die Trauer über den Verlust seiner einzigen wirklichen Freunde und bin nicht in der Lage, ihn zu trösten. So sehr er jetzt meines Beistands bedarf, die DDR-Behörden würden auf familiäre Sorgen keine Rücksicht nehmen. Ich höre in Gedanken, was sie sagen würden: Hätten Sie Ihren Sohn nicht verlassen, könnten Sie ihm jetzt Trost spenden. Obwohl ich den Versuch, ein Einreisevisum zu bekommen, für sinnlos halte, verspreche ich ihm:

»Bleib tapfer, ich gehe morgen zum Visabüro, vielleicht habe ich Glück und darf kommen.«

»Das glaubst du doch selber nicht, Mutti, die lassen dich nie rüber!«

Seine Niedergeschlagenheit kann er nur schwer verbergen.

»Dann schicke ich eben deine Schwester, wenn es dir Freude macht, sie zu sehen«, versuche ich ihn aufzumuntern.

»Okay, ich hole sie dann bei Gerda ab, mach dir keine Sorgen um sie, ich passe gut auf sie auf.« Es klingt erleichtert.

»Und sonst? Gehst du zur Beerdigung?«

»Nein, Gerds Mutter will, daß das Begräbnis im engsten Familienkreis stattfindet. Später will sie mit mir allein zum Grab gehen. Ich fühle mich irgendwie am Tod mitschuldig, es ist besser, wenn ich niemanden sehe.«

Schuldig? Mein Sohn fühlt sich für den Tod seiner Freunde mitverantwortlich?

Ich horche auf:

»Aber weshalb denn, du kannst doch gar nichts dafür?«

»Mutti, du hast gut reden, du warst ja nicht dabei.«

Plötzlich redet er, seine Worte werden immer klarer,

schneller, als befürchte er, das Telefongespräch könne unterbrochen werden (was oft genug vorkommt). Stumm höre ich die tragische Geschichte, die meinem Sohn einen Teil seines Lebensinhaltes für immer rauben sollte.

Gerd machte Timo und seiner Freundin den Vorschlag, den Sommerurlaub gemeinsam an einem See zu verbringen. Im Bootshaus, das einem Freund seines Vaters gehöre, könnten sie billig übernachten, wären gleich am Wasser, und ein Boot zu mieten sei kein Problem. Timo und seine Freundin begeisterten sich für die Idee, zumal die Entfernung von Berlin nicht allzu groß war. Vergnügt fuhren sie zu viert in die Sommerferien, verbrachten die Tage faul am Strand, schwammen oder fuhren mit dem Boot hinaus. Gerd war ein ausgezeichneter Taucher und seit seiner Kindheit mit dem Wasser vertraut. Monika konnte schwimmen, hatte aber genau wie Timo Angst vor Wasser. Timo brachte sich das Schwimmen selbst bei, da er in der Schule nicht teilnehmen durfte. Sein endogenes Ekzem ließ kein Chlorwasser zu.

Am siebenten Tag wollten sie eine kleine Strandfete machen, an der sich die Besitzer des Bootshauses beteiligen wollten. Gerd kaufte Getränke, ein Grill wurde angemacht, und bis 22 Uhr lachten, erzählten sie und spannen sich Gedanken über die Zukunft zurecht. Wie bei vielen jungen Leuten kam auch der Westen ins Gespräch, sie spekulierten über Fluchtmöglichkeiten, Ausreiseanträge und Mauerfall, wie es wäre wenn.

Dann kam Gerd plötzlich auf den Einfall:

»Ich fahr' mit Moni im Boot spazieren.«

Der Bootshausbesitzer sagte: »Spinnst du, es wird dunkel, das Boot hat keine Positionslichter.«

»Macht doch nichts, jetzt ist auf dem Wasser nichts mehr los. Sieh mal, es fährt kein Schiff vorbei.«

Er deutete in die Dämmerung, die den See vor den Augen fast verschwinden ließ. Timo kam seinem Freund zu Hilfe, einlenkend sagte er zu dem Besitzer:

»Laß sie doch fahren, wenn sie unbedingt Romantik suchen; sind ja keine Kinder!«

Der Alkohol tat wohl ein übriges, jedenfalls brummte der Bootshausbesitzer etwas in seinen Bart, ging seiner Frau nach ins Haus, die den Sohn ins Bett brachte. Timo sah Gerd eine Flasche Schnaps einstecken, hörte, wie er nach Moni rief, und ging ebenfalls ins Haus schlafen.

Obwohl er eigentlich ein Langschläfer ist, erwachte er zu seinem Erstaunen recht frühzeitig. Sein Blick suchte die Betten der beiden, sie sahen unbenutzt aus. Ruckartig sprang er unter der warmen Decke hervor, ein komisches Gefühl trieb ihn zum Schrank, in denen die Sachen wie am Vortag am alten Fleck lagen. Jetzt wurde er unruhig. Schnell schlüpfte er in die Jeans, lief zum Bootshausbesitzer und trommelte ihn wach.

»Gerd und Moni sind nicht zurückgekommen, das Boot liegt auch nicht am Ufer, ich habe schon nachgesehen.«

Der Bootshausbesitzer blieb gelassen:

»Vielleicht schlafen sie selig, du weißt, das Boot schaukelt so schön. Spaß beiseite, warten wir den Nachmittag ab, sie trudeln bestimmt bis dahin ein.«

Timos Unruhe schwand nicht. Der Nachmittag löste den Vormittag ab – und vom Boot keine Spur. Gerd kam oft auf verrückte Ideen, dachte er sich, aber den ganzen Tag auf dem Wasser ohne Essen und Trinken, das wäre selbst Gerd zu wenig, da mußte was passiert sein. Seine Ahnung trieb ihn gegen sechs Uhr abends erneut zum Besitzer, der nun mehrmals vergeblich bei der Wasserschutzpolizei anrief; es ging niemand ans Telefon. Erst am nächsten Morgen, 24 Stunden nach dem Verschwinden der beiden, erreichten sie die Polizei, die daraufhin eine Suchaktion startete, jedoch ohne Ergebnis. Gerds Eltern, die wiederum einen Tag später verständigt wurden, machten sich daran, die nähere Umgebung des Sees abzusuchen. Von der Polizei hörten sie die Vermutung, es handle sich höchstwahrscheinlich um eine Republikflucht, eine Großfahndung sei ausgelöst. Gerds Mutter glaubte nicht daran. Bei der Sucherei im Wald und in Sumpfnähe stießen sie auf ein Zeltlager, wo unter den Campingfreunden große Aufregung wegen der vielen Polizeisirenen herrschte. Gerds Mutter stellte mehreren Campern die Frage, ob ihnen vor zwei Nächten am See etwas Ungewöhnliches aufgefallen sei. Ein Ehepaar meldete sich.

Ja, sie hätten Hilferufe gehört und geantwortet, sie sollten aushalten, Hilfe sei unterwegs. Ein Zeuge erinnerte sich noch deutlich, gehört zu haben, wie eine männliche Stimme verzweifelt rief:

»Halt aus, Moni, es kommt gleich Hilfe!«

Wahrscheinlich wollte er dem Mädchen Mut machen. Die Polizei kam mit Funkwagen, aber als sie nichts hörten, fuhren sie wieder davon. Gerds Mutter war entsetzt, das sei unterlassene Hilfeleistung. Das würde bedeuten, die Polizei wußte alles und deckte ihre Kollegen, indem sie eine Großfahndung wegen versuchter Republikflucht auslöste, um in Ruhe ihr eigenes Unvermögen zu vertuschen. Sie machte der Polizei gegenüber die Aussage, die sie von den Zeugen bekommen hatte. Doch es wurde abgewinkt, solche Wichtigtuer kenne man schon, sie solle lieber nach

Hause gehen, man werde sich bei ihr melden. Dann knöpften sie sich Timo vor. In endlosen Verhören sollte er die Gespräche an dem besagten Abend wiedergeben, wobei er ständig auf den Fluchtgedanken festgenagelt wurde. Timo mußte mehrere Protokolle unterschreiben und sich ständig für die Polizei zur Verfügung halten. Keiner nahm auf seine Verzweiflung Rücksicht. Solange Gerds und Monis Leichen nicht gefunden wurden, blieb ihm die Hoffnung, sie lebten. Er durfte das Bootsgelände nicht verlassen, erst als am vierten Tag der Bootshausbesitzer mit dem vermißten Boot am Ufer anlegte und kreidebleich zu Timo sagte: »Gerd ist gefunden worden«, packte er seine Sachen und verließ die Unglücksstelle. Wenig später trieb Monis Leiche an die Wasseroberfläche. Das Rätsel um den Tod der beiden wurde nie gelöst, oder wurde es vertuscht?

Das Schicksal hat mir zu meinem Glück meinen Sohn erhalten, dafür aber ihn unglücklich gemacht. Den viel zu frühen Tod zweier Freunde so jung zu erleben hinterließ eine schmerzliche Wunde, die, wenn er Kummer hat, immer wieder aufbricht. Dann quälen ihn Selbstvorwürfe: Warum habe ich sie fahren lassen, warum bin ich schlafen gegangen, und was für einen Sinn hat das Leben. Das beste ist, man ist tot.

Es würde ihm wenig helfen, wenn ich jetzt versuchte, am Telefon Frau Dr. Psycho zu spielen, es würde alles viel schlimmer für ihn machen. Ich habe Angst um ihn, eine Situation, die neu für mich ist.

Nach allem, was er in vielen Etappen erzählt hat, schweige ich erst einmal. Er darf auf keinen Fall merken, daß ich mit den Tränen ringe. Ich bitte ihn, morgen telefonisch erreichbar zu sein und daß er an uns denken soll. Er versteht mich und sagt:

»Bis morgen, Mutti.«

Die ganze Nacht hindurch weine ich, ich sehe mir Fotos von Gerd und Monika an, gehe zu seinem Abschiedsgeschenk, der Jugendstilvase, die er eigenhändig geblasen hatte und mit der er mich vor der Ausreise überraschte. Was ist der Sinn des Lebens, wenn zwei junge Menschen, fast noch Kinder, sterben?

Das Jahr 1988 verabschiedet sich mit Unruhen. Im Fernsehen sehe und höre ich von Bürgerrechtsbewegungen in der DDR. Intellektuelle, Künstler, Studenten und Schüler zieht es in die bis dahin verpönte Kirche. Die Regierung versucht den Zustrom der Kirchgänger zu unterdrücken. Stasischutz, gedacht zur Abwehr, und Polizeigewalt sollten den aufkommenden Widerstand gegen das sozialistische System im Keim erstikken. Ich verfolge gebannt alle Ereignisse, sehe die Ehefrau des Liedermachers K., der mir zu meiner Zeit unbekannt war, im Fernsehen. Sie bittet dringend um Hilfe bzw. Unterstützung zur Befreiung ihres inhaftierten Mannes. Wenige Tage danach werden beide in den Westen abgeschoben. Einem anderen Ehepaar gestattet die DDR einen London-Aufenthalt zu Studienzwekken. Angeblich dürfen sie nach sechs Monaten zurückkommen. Was ist in diesem Land los? Brodelt es unter der Oberfläche? Will etwa die Jugend den vierzig Jahre langen Gewöhnungsschlaf ihrer Eltern und Großeltern nicht mehr hinnehmen? Haben sie die Nase voll, Deutsche zweiter Klasse zu sein und wie die Kaninchen in der Falle auszuharren?

Mein Sohn hat im Dezember einen Ausreiseantrag gestellt, der ohne große Probleme im März bewilligt wurde. Er hat mir nichts davon erzählt, erst durch einen

Anruf seiner Freundin erfahre ich es. Ich versuche ihn davon zu überzeugen, daß ein Anfang im Westen wesentlich schwerer ist. Allein die Wohnungssuche bedarf einer enormen Anstrengung, noch viel mehr die harte Ellbogengesellschaft, die äußerste Willenskraft erfordert. Er bleibt zuversichtlich und vertraut wie viele auf seine eigene Kraft.

Am 27. 3. 1989 holen wir ihn am Bahnhof Friedrichstraße ab. Nach einem Jahr und drei Monaten sehen wir uns wieder. Äußerlich hat er sich nicht verändert, nur die Haare trägt er länger. Die Begrüßung verläuft, wie ich es seit seiner Kindheit nicht anders kenne, distanziert. Öffentliche Gefühlsäußerungen sind ihm peinlich.

Nachdem er alle behördlichen Instanzen durchlaufen hat, zieht er in ein Rotkreuzheim, sucht sich von da aus eine Wohnung und fährt, bevor er eine Arbeit annehmen will, mit uns für vierzehn Tage in die Ferien nach Heiligenhafen an der Ostsee. Wunderbare Tage beginnen. Er und Fanni bauen Sandburgen, gehen schwimmen oder suchen Fossilien am Strand. Abends sitzen wir auf der Terrasse, sprechen über alles mögliche und wünschen, es ginge immer so weiter. Mir ist, als seien wir nie getrennt gewesen.

Ich schreibe mein erstes Buch

Auch wenn ich weiß, hier ist nicht alles Gold, was glänzt, bereue ich nicht eine Sekunde, daß wir weggegangen sind. Mein Leben hat sich verändert. Jeden Morgen wache ich mit dem Gefühl auf, gehen und fahren zu können, wohin ich will. Ich genieße die Freiheit, zu entscheiden, welches Land ich erleben möchte. Die ganze Welt steht mir offen, es macht mir nichts aus, in einem Land nicht mehr erwünscht zu sein, zumal ich es so gut wie kein zweites kenne. Ich bin frei und kann schreiben, ohne Studium, ohne Angst vor Zensur, in der Hoffnung, einen Verlag zu finden, der sich für mein Buch interessiert. Meine Ängste vor dem Alltagskram sind verschwunden. Seit ich hier lebe, stelle ich mir nie mehr die Frage: Darf ich das? Darf ich das sagen? Darf ich das machen? Darf ich das schreiben? Freiheit läßt sich schwer beschreiben, jeder mag da wohl seine persönliche Einstellung haben; ich für meinen Teil habe die Freiheit gefunden.

Gerda nutzt zwei Verwandtenbesuche, um bei mir vorbeizuschauen. Ich erzähle von meinem entstehenden Buch, lese kurze Stellen daraus vor, und sie fragt erstaunt:

»Wieso kannst du dich an deine Kindheit so gut erinnern? Schließlich waren wir beide im Kinderheim, aber daran erinnere ich mich nicht.«

»Das kommt wohl daher«, antworte ich, »daß jeder seine Kindheit anders erlebt, ich schildere sie aus meiner Sicht. Viele werden sagen, so war das nicht, es war ganz anders. Aber ich schreibe nicht, wie es andere gerne sehen würden, denn ich berichte von mir. Ich denke, daß ich damit auf Reaktionen stoßen werde, da ich einige Leute in den Spiegel gucken lasse. Sieh mal, wir haben nie über unsere Gefühle gesprochen, auch nicht als Erwachsene, warum nicht? In frühester Kindheit haben wir Heimkinder gelernt, Gefühle gut zu verbergen, vor Angriffen zu schützen, denn uns fehlte das Vertrauen. Später wollten wir nicht über das reden, was uns traurig gemacht hat, deshalb hat sich die Kindheit verklärt. Saßen wir zusammen, dann unterhielten wir uns nur über lustige Streiche, die wir miteinander angestellt haben. Zu jeder Geburtstagsfeier bei dir, egal wie alt du wurdest, erzählten wir dieselben Geschichten, und die Geschichten alterten mit uns.

Oftmals konnte ich sie nicht mehr hören. Aber nicht ein einziges Mal haben wir über die vermißte Liebe, den Kummer, der uns bewegte, oder die Heimerziehung ein Wort verloren. Warum? Liegt es daran, daß uns der Makel ›Heimkind‹ bis ins Greisenalter anhaftet, gegen den wir nichts tun konnten? Oder wollten wir nach außen beweisen, daß Heimkind sein etwas Tolles war? Wir kannten nichts anderes, und das, was manches Kind bei Eltern oder Pflegeeltern erlebte, war schlimmer als das Heimleben. Wenn ich das Kinderheim auch als mein Zuhause empfand, so waren die Erzieher noch lange keine Eltern, nicht mal ein Ersatz. Warum ich so darüber denke? Die Antwort darauf wird man in meinem Buch finden. Vorausgesetzt, man versteht es. Ein Buch zu lesen heißt noch nicht, es zu verstehen. Ich zum Beispiel habe noch nie die Bücher über Marxismus und Leninismus verstanden.«

Gerda lacht: »Ich auch nicht. Aber daß du über das Heim schreibst, finde ich toll.«

»Nein, ich schreibe nicht über das Heim, sondern

über mich, wie ich das Heimleben als Kind empfunden habe, das ist ein Unterschied.«

Wir sind so ins Reden gekommen, daß wir nicht gemerkt haben, wie spät es geworden ist. Traurig sieht Gerda zur Uhr: »Ich muß los. Du weißt ja, um 24 Uhr muß ich an der Grenze sein.«

Ich nicke. »Ja. Du bist eben noch nicht volljährig.«

»Wenn ich keine Familie hätte, ich würde hierbleiben«, lacht sie auf. Ihr Lachen klingt bitter.

»Wie ich die Dinge sehe«, sage ich, »muß sich jetzt was ändern. Die können doch nicht alle, die die Schnauze vollhaben, ausreisen lassen«, und füge scherzhaft hinzu: »Die müßten die Mauer aufmachen.«

Während der Autofahrt zur Grenze spinnen wir uns in den Gedanken richtig ein. Die Utopie wird jäh von dem hellerleuchteten Todesstreifen unterbrochen.

Übersiedlerwelle

Plötzlich schwappt eine Flut Übersiedler nach West-Berlin herüber, so daß sich die Bundesregierung gezwungen sieht, ein Gesetz über die Aufenthaltsbegrenzung zu erlassen, in dem es heißt, daß Übersiedler aus der DDR nur in Berlin bleiben dürfen, wenn sie Verwandte ersten Grades in der Stadt haben. Alle anderen müssen zum Zentrallager nach Gießen weiterreisen, von wo sie auf die restlichen Bundesländer verteilt werden.

Demzufolge kommt der langersehnte Anruf von Angelika und Axel aus Gießen. Fünf lange Jahre Wartezeit liegen hinter ihnen. Überglücklich schreien wir unsere Willkommensgrüße von West-Berlin nach Hessen.

Die Telefonverbindung hält fehlerfrei dem Ansturm stand, dafür schluckt sie hohe Gebühren, und wir müssen uns auf ein Minimum an Gesprächszeit beschränken.

»Meldet euch, wir rufen dann zurück!« kann ich gerade noch anbringen, bevor der Piepton das Ende anzeigt.

Die Unruhen in Leipzig und Ost-Berlin verfolge ich im Fernsehen. Wohl dem, der rechtzeitig das Land verlassen durfte.

Eines Abends klingelt das Telefon wieder einmal. Ich hebe ab und sage: »Sie haben geläutet?«

Aufgeregt ruft Ira: »Wir kommen!«

Sofort besprechen wir den genauen Treffpunkt: erste S-Bahn-Station in West-Berlin, Lehrter Bahnhof, 16 Uhr. Zu dritt kaufen wir eine Flasche Sekt, eine Pakkung Plastikbecher, Blumen, klemmen uns den Fotoapparat unter den Arm und fahren zum Bahnhof des Glücks. An den hohen, hellen Klinkerwänden der Halle sind schon viele Abschieds- und Begrüßungsrufe verhallt. Jedesmal, wenn die S-Bahn, aus dem Osten kommend, hält, erkennen wir die Besucher an ihren unsicheren Blicken; sie suchen ihre Verwandten und lassen dann unendlich erleichtert den Tränen der Freude freien Lauf. Hier habe ich einmal Gerda abgeholt, die nach der überstandenen Pein (Darf ich fahren oder nicht?) eine Last von ihren Schultern fallen ließ und gegen ihren Willen erleichtert losheulte und sich das Make-up erneuern mußte. Für Freunde, die sich ein bis zwei Tage zu Besuch bei uns aufhielten, waren wir schon »Westler«, waren die, die den Mut gehabt, die sich getraut hatten, die gerade noch rechtzeitig die Kurve gekratzt hatten. Aber meine Vergangenheit läßt mich nicht vergessen, woher ich gekommen bin.

17 Uhr. Eben steigen vier Jugendliche aus; nur grüne Wanderrucksäcke verraten dem Kennerblick: Made in DDR. Sie werden jubelnd von weiteren acht Jugendlichen umringt. Wann kommt Ira samt Familie? Bis auf die Wiedersehen feiernde kleine Gruppe bleibt der Bahnsteig leer.

»Warten wir noch bis 18 Uhr«, sagt Frank, »dann fahren wir nach Hause. Womöglich haben sie genau wie wir Ärger. Du weißt ja, die Grenzer sind unberechenbar.«

»Einverstanden«, sage ich, da Fanni ungeduldig wird.

Kaum fährt der nächste Zug ein, erkenne ich trotz der Geschwindigkeit Ira, ihren Sohn und Mann. Sie stehen am Fenster zur anderen Seite. Suchend rennen wir den Bahnsteig entlang, und im Gewimmel der Aussteigenden fallen wir uns in die Arme. Bei allen kullern die Tränen. Auf dem Parkplatz knallt der Korken, in den Bechern schäumt der Sekt über, wie unsere Gefühle. Freudengeschrei übertönt den Straßenlärm. Tränenverschmiert, unendlich glücklich brechen wir auf nach Marienfelde. Unterwegs erklären wir das Aufnahmeverfahren. Interessiert hören sie zu.

»Sind wir wirklich da?« fragt Ira ungläubig.

»Ja«, sage ich und füge hinzu: »Ihr dürft für immer hierbleiben!«

»Kneif mich mal!« fordert sie mich auf. Ich drücke kräftig ihren Arm.

»Aua!«

Alle lachen.

Im Lager sind alle Warteräume überfüllt. Sie ziehen eine Nummer, der Wachmann gibt uns den Rat:

»Gehen Sie Kaffee trinken, vor drei Stunden sind Sie nicht dran.«

Nach einem Ku'damm-Bummel sitzen wir bis zwei Uhr morgens zusammen, erst dann bekommen sie ein Zimmer. Übermüdet und glücklich winkend lassen wir sie zurück.

Im ersten Halbjahr 1989 verlassen alle unsere Bekannten, die einen Ausreiseantrag laufen hatten, die DDR. Vor lauter Telefonanrufen, Ratsuchenden und Flüchtlingen, die einfach nicht zurückwollen, kommen wir nicht mehr zur Ruhe. Meine Nerven werden arg strapaziert. In unserer Wohnung geht es zu wie in einem Taubenschlag. Als unangemeldet ein ehemaliger Arbeitskollege meines Mannes um ein Nachtasyl bittet und ganz selbstverständlich zehn Tage lang bei uns wohnt, reißt uns der Geduldsfaden. Frank verfrachtet seine Koffer ins Auto und bringt ihn in das Heim, wo der Kollege ein Bett hat. Aber bei uns ist es natürlich bequemer.

Die politischen Unruhen nehmen stark zu, das Fernsehen bringt Bilder von Botschaftsbesetzungen der DDR-Urlauber. Die Ostberliner im Prenzlauer Wohngebiet erleben Aufmärsche der Polizei, die eine Kette um die Gethsemane-Kirche bildet und alles niederknüppelt, was sich ihnen in den Weg stellt. Grauenhafte Bilder, in denen sich Lastwagen auf die wehrlosen, friedlichen Kirchenbesucher zubewegen.

Aber ebenso grausam sind die Nachrichten über Kinder, die von ihren Eltern in verschlossenen Wohnungen als Ballast zurückgelassen wurden. Ich muß an meine Kindheit denken. Wiederholt sich mein Schicksal an vielen unschuldigen Kindern? Niemals hätte ich geglaubt, daß sich Kinderheime mit Flüchtlingskindern füllen würden, mit Kindern, die Eltern haben. Ich sehe die Berichte, ich lese die Zeitungen und fühle nicht nur Zorn, sondern auch die Verpflichtung, das Buch zu beenden. Es ist höchste Zeit, denn auch diesen Kindern wird eines Tages der Makel »Heimkind« anhängen. Die Menschen sollen wissen: Heimkinder sind keine Schuldigen, sondern die Umstände, die ein Kind ins Heim bringen, sind schuld.

Ungarn, ein geistiger Freund und zuverlässiger Partner der DDR, öffnet plötzlich die grüne Grenze nach Österreich. Und was uns dann über den Fernseher ins Wohnzimmer geflimmert kommt, läßt sich kaum beschreiben. Massenflucht. Menschen rennen schreiend übers Feld, die Angst steht in ihren Augen. Angst, daß die ungarischen Soldaten doch noch schießen. Ungarn hat zuvor jeden Republikflüchtigen an die DDR ausgeliefert. Sie stolpern über den schnell beiseite geschobenen Stacheldraht, kriechen im Schlamm, steigen über Zäune und laufen, als ginge es um ihr Leben. Junge Ehepaare, nur ihre Kleinkinder auf dem Arm, Jugendliche mit Rucksäcken, ältere Leute, die sich gegenseitig vorwärtsziehen, sie alle strömen Österreichs Grenze zu, als durchquerten sie Israels Wüste, um Jesus von Nazareth zu sehen. Hinter ihnen liegt der Schrecken, ein Land, dessen Krallen sie entfliehen. Alles lassen sie zurück, Häuser, Grundstücke und sogar den treuesten Gefährten, des Ostdeutschen liebstes Kind, den Trabbi, das Auto, auf das sie zehn bis fünfzehn Jahre warten mußten. Die verwaisten Autos bilden endlose Schlangen auf Ungarns Straßen.

Ein Witz, der seit Jahren die Runde macht, verspricht

Wirklichkeit zu werden: Erich Honecker befindet sich im »Bruderland Sowjetunion«. Als er zurückfliegt, kreist das Flugzeug über einer Hälfte Berlins, die strahlend hell gegen den Nachthimmel leuchtet. Auf seine Frage an den Piloten, ob es sich vielleicht um West-Berlin handele, antwortet dieser: »Nein, Genosse Honecker, es ist die Hauptstadt der DDR, sie strahlt seit Wochen so hell.« Aus Angst vor dem hohen Energieverbrauch läuft Honecker sofort nach der Landung ins Politbüro, wo er nach Egon schreit. Niemand hört sein Rufen. Auf dem Schreibtisch findet er eine Nachricht: Lieber Erich, Du bist der letzte, knipse bitte das Licht aus. Dein Egon.

Schnell entwickelt sich daraus der Spruch: Der letzte macht das Licht aus.

Die Bonzen in der Regierung verhindern, daß Erich der letzte wird, sie lassen keine Ungarnvisa mehr ausstellen.

Am selben Abend erhalte ich gleich zwei verschlüsselte Anrufe. Der eine kommt von Maria. Sie fragt allgemeine Dinge, bis ich nachhake:

»Sag mal, hast du nicht immer das grüne Loch gesucht?«

Da lacht sie merkwürdig erleichtert auf und verabschiedet sich:

»Halte mal eine Nacht ein Bett frei.«

Mir ist klar, daß sie zu fliehen beabsichtigt.

Der zweite Anruf folgt ziemlich dicht auf den ersten, es ist mein Bruder. Er spricht komisches Zeug durcheinander, ich kann mir kaum einen Reim darauf machen. Das Ergebnis: meine neunzehnjährige Nichte befindet sich auf dem Weg nach Österreich. Kein Wunder, daß er und meine Schwägerin in großer Sorge sind.

Ich verspreche ihm, beim Eintreffen seiner Tochter sofort Nachricht zu geben. Nachts kommt der Schlaf nicht, die Ereignisse überrollen uns förmlich. Ich mache mir nicht nur Gedanken über den Aufenthalt meiner Nichte, sondern auch um Maria.

Seit Beginn des Jahres haben über zwölf Menschen Rat oder Übernachtung bei uns gesucht.

Das Visaverbot spricht sich wie ein Lauffeuer herum. Die Fluchtwilligen tanken kopflos ihre Trabbis auf und fahren nach Prag. Eine Reise ins benachbarte Land bedarf keines Visums. Panikartig stürmen sie das Gebäude der Botschaft der Bundesrepublik. Keiner von unseren Freunden kommt mehr vom Bildschirm weg. Wie hypnotisiert verfolge ich das Geschehen, das den Bildern der Sommerflüchtlingsdramen verteufelt gleicht. Über Absperrgitter trampelt sich die Meute den Weg in die Botschaft frei. Männer klettern über die hohen, spitzen Staketenzäune der zwanziger Jahre. Frauen reichen ihnen die Säuglinge empor, die man eiligst über den Zaun zieht. Schreiende Jugendliche kämpfen sich mit einer Kletterpartie in das Grundstück.

Keine Toiletten, kein Wasser, um dem Andrang der »Besetzer« gerecht zu werden. Die wenigen Zelte, die im Gartengelände aufgestellt werden, reichen bei weitem nicht. Die Menschen schlafen etappenweise, zuerst die Kinder und Frauen, danach die Männer. Mit bleichen Gesichtern und übermüdeten Augen, die Frauen oft weinend, schreiende Kinder im Arm, antworten sie auf die Frage eines Reporters:

»Wollen Sie nicht lieber die politischen Entscheidungen in Ihrem Land abwarten?«

»Nein, wir bleiben hier, bis wir in den Westen ausreisen dürfen.«

Der Außenminister der Bundesregierung, Herr Genscher, strebt eiligst Verhandlungen mit der DDR-Regierung an, um die katastrophale Lage, in der sich Hunderte von Menschen befinden, zu beenden. Eine Fernsehübertragung aus Prag zeigt ihn, wie er zu den Flüchtlingen spricht. Alle dürfen die Botschaft in Richtung Westdeutschland verlassen. Keine Sendung hat mich mehr bewegt als diese, das erlösende Gebrüll »Hurra, hurra!« wird wie das Tosen einer Meeresbrandung über alle Kameras hinweg in die Welt hinausgetragen. Doch eine Frage bleibt mir: Was macht sie alle so glücklich? Mir kommt es vor, als stecke die Flucht wie ein Virus an. Will keiner das Licht ausknipsen?

Endlose Schlangen von Autos bewegen sich erneut in Ungarn auf Österreich zu. Die Grenze ist jetzt offiziell im Auto durchfahrbar. Die Bundesregierung richtet Notzeltlager ein, da Marienfelde und Gießen keine Flüchtlinge mehr aufnehmen können. Erste Unruhen in der Bevölkerung treten auf, als Turnhallen für Schüler geschlossen werden und als Notunterkünfte dienen. Dennoch, die Solidarität der Deutschen hält an. Zügen, die voller Flüchtlinge in Westdeutschland ankommen, strecken sich helfende Hände der Einwohner entgegen. Eine unglaubliche Zeit, die ihren Höhepunkt aber erst noch erreichen wird.

Ein befreundetes Ehepaar darf in diesen Tagen ausreisen und landet in einer Turnhalle, in der das reinste Chaos herrscht. Nach einem Besuch dort will ich um jeden Preis verhindern, daß meine Nichte in einer Turnhalle Aufnahme findet. Männer und Frauen schlafen in dem großen Saal zusammen. Nur Ehepaare mit Kindern liegen in einem kleineren Raum. Unzufriedene Männer trinken, nervöse Frauen zanken sich, und die Kinder ermahnt man, ruhig zu sein.

Aufmerksam studiere ich die Zeitung nach einem Job für meine Nichte. Zum Glück hat sie das Examen einer Krankenschwester in der Tasche. Eine Berliner Privatklinik sucht dringend eine ausgebildete Krankenschwester.

Ich rufe das zuständige Personalbüro an, erkläre der netten Dame am Telefon die Situation, daß meine Nichte zwar noch unterwegs sei, aber jeden Tag eintreffen könne. Sie bittet mich, eine Bewerbung zu schreiben, zu der meine Nichte die Unterlagen nachreichen darf, und ich fordere zusätzlich eine Unterbringung in einem der Apartments, wie es die Annonce verspricht.

Timo soll eine Wohnung in Charlottenburg beziehen, überlegt es sich aber im letzten Moment anders und zieht nach Neukölln. Maria ist die Glückliche, die statt seiner den Mietvertrag unterschreiben kann, so bleibt auch sie vom Lagerleben verschont.

Einen Tag nach Marias Ankunft klingelt um zwölf Uhr nachts meine Nichte an der Haustür. Sie freut sich wahnsinnig über den Job und das kleine Apartment. Drei Tage später beginnt sie als Krankenschwester zu arbeiten und zieht in derselben Woche in die kleine Einzimmerwohnung, von der sie einen wunderbaren Ausblick auf den Funkturm hat.

Maria plagen Ängste, keine Arbeit zu finden. Ausgerechnet Maria, die große Selbstbewußte. Sie knabbert unaufhörlich an ihren Fingernägeln und zweifelt an ihren Fähigkeiten.

»Blödsinn«, versuche ich ihr Mut zu machen, »hier wird auch nur mit Wasser gekocht. Laß dich bloß nicht von Äußerlichkeiten abschrecken. Du bist wer und kannst was. Wenn ich deine Ausbildung hätte, wäre ich schon längst in Paris auf einer Modemesse.«

Große, grüne Augen unter dem lockigen Wuschelkopf blicken mich unsicher an:

»Und du meinst, ich finde Arbeit?«

»Klar, stell dich an, aber nicht blöd.«

Maria, die eine Ausbildung als Schneiderin, Textilingenieurin und Erfahrungen im Außenhandel besitzt, bringt alle Voraussetzungen zu einem zweiten Start mit. Ende des Monats öffnet ein Laden im Europa-Center seine Türen, und Maria empfängt die ersten Kunden als Filialleiterin.

Drei Monate danach wird sie Angestellte einer Pariser Modekette, lernt Land und Leute kennen, findet ihr altes Selbstvertrauen wieder und lacht, wenn sie in ihrem Dienstwagen fährt oder Freunde zum Essen auf Spesen einlädt.

Mein neuer Bekanntenkreis entsprach lange Zeit nicht meinem Freundeskreis in Ost-Berlin, weder in der Größe noch in seiner Art. Die wenigsten kannten meine Vergangenheit und hatten auch keine Lust, sich mit dem Ostteil Berlins auseinanderzusetzen. Fast alle stöhnten nur über die langen Transitstrecken und die unmenschlichen Grenzkontrollen. Sie wären nie auf die Idee gekommen, den Ostteil zu erkunden. Frauentreffen ähnelten denen in Hamburg, das einzige Interesse galt meist den eigenen Pfunden: schlank sein um jeden Preis. Von hinten Lyzeum, von vorn Museum, dieser Spruch paßte auf jede zweite in der Runde. Gut, ich gebe zu, etwas dünner zu sein, würde auch mir besser gefallen, aber deswegen brauche ich nicht den ganzen Abend nur über die Figur zu reden. Sie wird davon nicht vorteilhafter. Dann gab es noch ein hervorstechendes Thema: Fremdgehen der Ehemänner. Die Frauen regten sich gründlich auf, an den »Ehekrüppeln« blieb kein guter Faden. Einander den Rücken stärkend, versprachen sie sich gegenseitig:

»Nun wird es Zeit, andere Wege zu gehen, sich einen Job zu suchen, und dann sollen sich die Männer mal wundern.«

Zum Ende des Festes lobten dann alle die Gastgeberin des guten Essens wegen, gaben sich letzte Ratschläge, wie man den Mann besser in den Griff bekommen könnte, versprachen, sich bald in einer Vernissage zu treffen, denn schließlich müsse man ja mitreden können, und stoben in ihren teuren Wagen auseinander. Es war die Kulturschickeria, die aufgeblasen und überheblich auf jeden herunterblickte, der nicht wenigstens einmal in der Woche eine Ausstellung oder ein Konzert besuchte. Wir nannten sie »Blähos« – aufgeblasene Hohlkörper.

Übrig blieb aus dieser Runde nur eine Frau: Ingeborg. Sie wurde mir von Fe als Freundin empfohlen. Ingeborg ist ein Verschnitt aus Liza Minelli und Liz Taylor. Wunderschönes Gesicht, musikalisch begabt, runde Figur, nicht zuviel und nicht zuwenig (doch leider ihr großer Kummer), sehr gastfreundlich und warmherzig. Ingeborg machte keine Kugelaugen, als sie hörte, daß wir aus Ost-Berlin kommen. Sie kreischte auf:

»Ostler, echte Ostler! Huh, ich lach mich kaputt!«

Von dem Tage an half sie, wo sie konnte. Sie schleppte Klamotten an, lud mich zu Partys ein, zog mich ins Theater, lachte und heulte bei mir, brachte mir Vertrauen entgegen und wurde mir zur Freundin. Eine Freundin, die sich trotz der reichlichen »Kohle«, die ihr Mann mit Konzerten verdiente, ihre Natürlichkeit erhalten hat. Sie ist herzerfrischend bis anstrengend sentimental.

Dann ist da noch Jutta, die Ernste, Schlanke, Verkrampfte. Jutta hat sich ihrem Freund angepaßt und lebt seit sieben Jahren mit ihm zusammen.

Locker und natürlich gibt sie sich nur, wenn er nicht anwesend ist. In seiner Nähe schaut sie wie ein kleines Mädchen vorsichtig zu ihm hinüber, bevor sie lacht. Beide zusammen strahlen irgendwie Spannungen aus, die sich auf andere übertragen. Ihr Freund ist der Typ von Mann, der sich erst in der Gesellschaft umsieht, ob ihm nicht eventuell geschäftliche Nachteile entstehen könnten, wenn er an unpassender Stelle lacht. Jutta ist gerade ihrer Ernsthaftigkeit wegen eine zuverlässige Freundin.

9. 11. 1989: Die Mauer fällt

Wie so oft klingelt im ungeeignetsten Augenblick das Telefon. Es ist Achim.

»Was ist, hast du in deiner Bank nichts zu tun?« frage ich ungeduldig, da ich an meiner Schreibmaschine sitze und einen wichtigen Satz unterbrechen mußte.

»Mensch, Burkolowski, was ist los, interessiert dich das Schicksal deiner Landsleute nicht?«

»Doch, schon, aber ich habe keine Zeit. Seit Tagen hänge ich nur vor der Röhre, ich komme zu nichts anderem mehr. Jeder ruft mich an und will meine Meinung wissen. Ich bin kein Auskunftsbüro oder Politbarometer. Kauf dir eine Zeitung.«

»Was ist los mit dir, so kenne ich dich gar nicht!«

Es tut mir leid, daß ich ihn so angekläfft habe, eine

Entschuldigung kommt für mich allerdings nicht in Frage. Achim ist ein richtiger westlicher Sprücheklopfer. Ich kenne ihn so lange wie Walter. Im Lauf der Jahre hat er sich in seiner Bank nach oben gearbeitet, bekleidet eine leitende Funktion, bewohnt eine Dienstwohnung im Grunewald, fährt einen Dienstwagen, läßt um Kredit bittende Geschäftsleute vor sich zittern, fischt im Urlaub auf Irland Mädchen, liebt das Segeln, hat sich einen dicken Bauch angefressen und fühlt sich als die »Bank unter der deutschen Eiche« persönlich. Nichts ist von dem fröhlichen, rothaarigen Partylöwen auf Ostberliner Feten vor mehr als dreizehn Jahren geblieben, nur ein dicker, arroganter Puffgänger in Kaufhaushemden, der uns nach der zweiten Woche im westlichen Dasein überheblich am Telefon fragte:

»Na, habt ihr schon Arbeit?«

Und als Frank antwortete »Nein«, erwiderte er:

»Wollt ihr etwa Asoziale werden?«

Diesen Ausspruch vergesse ich ihm nie. Er merkte wohl, daß es ein Fehler war, lachte über seinen dümmlichen Witz und versuchte ihn auszugleichen, was die Sache nur verschlimmerte, denn seine nächste Frage galt dem Geld:

»Habt ihr euch schon einen teuren Kredit aufschwatzen lassen?«

Ich sah Frank an, daß er am liebsten den Hörer aufgelegt hätte. Er riß sich zusammen und fragte zornig:

»Was soll das Gequatsche?«

»Was denn, noch keine Schulden? Meine Hochachtung. Falls ihr mal Geld braucht, kommt zu mir, ich gebe es euch zinsgünstig.«

Seit dem Gespräch haben wir den Kontakt mit ihm vermieden. Und nun dieser verwünschte Anruf.

»Nein, viele kennen mich nicht, erst recht nicht die, die glauben, mich zu kennen. Bist du nun zufrieden, oder was willst du?«

Er überlegt eine Weile, dann fragt er:

»Wollen wir nicht mal essen gehen?«

»Von mir aus, nur habe ich keine Zeit.«

»Gut, dann rufe ich noch mal an. Bis dann.«

Erleichtert lege ich auf. Und ausgerechnet mit ihm muß ich die Grenzöffnung erleben.

In den Abendnachrichten liest ein Politbüromitglied (Schabowski) sinngemäß vor: Ab sofort dürfen alle DDR-Bürger besuchsweise in den Westen reisen.

Gleich danach erreicht mich per Telefon Gerda, die sich gerade wieder in Westdeutschland bei einer Tante aufhält.

»Gerda, stell dir mal vor, du bist in Westdeutschland und die Mauer geht auf!«

»Das wäre echt ein Ding«, lacht sie.

»Nein, mal ehrlich, du und ich, wir würden durch das Brandenburger Tor schlendern, wäre das nicht irre schön?«

»Mach mir bloß keine Angst; wenn ich das verpasse, das würde ich mir nie verzeihen.«

»Du wirst es erleben, heute nacht geht die Mauer auf, und du bist nicht dabei.«

»Hör schon auf, du willst mich ja nur ärgern.«

»Nein, gar nicht, aber vorstellbar wäre es schon.«

»Wir telefonieren morgen, mal sehen, was dann ist.«

»Okay. Ich bleibe die ganze Nacht am Fernseher.«

»Also tschüs bis morgen.«

Um zehn Uhr geht Frank schlafen, ich lasse den Fernseher laufen und lese Korrektur. Nach elf bin ich müde, und da die Nachrichten nichts Aufregendes versprechen, gehe ich ins Bett.

Es läutet. Verschlafen drehe ich mich auf die andere Seite. Wieder klingt mir der gleiche schrille Ton ins Ohr. Was ist das? Ich lausche in die Finsternis. Jetzt dringt deutliches Klingeln in mein Bewußtsein. Das Telefon! Ich schrecke auf, schlaftrunken, sauer auf den nächtlichen Anrufer, tappe ich ins dunkle Wohnzimmer und hebe den Hörer ab. Eine laute, fröhliche Stimme brüllt mir ins Ohr:

»Die Mauer ist auf!«

Es ist der verfluchte Achim.

»Spinnst du, mich nachts wachzuklingeln? Vielleicht ist dir ein Licht aufgegangen, aber nicht die Mauer. Du hast sie wohl nicht alle.«

»Hör mir doch mal zu«, lallt er angetütert. »Es stimmt, mach mal den Fernseher an, du kannst es sehen, die Mauer ist auf.«

»Glaube ich nicht, und wenn, dann höchstens für die Ostberliner, aber nicht für uns.«

Einen Tag vorher ist mir das beantragte Einreisevisum zu Gerdas Geburtstag abgelehnt worden. Sollte sich über Nacht alles geändert haben? Um sicher zu sein, schalte ich den Fernseher ein. Bevor das Bild erkennbar ist, ruft Achim:

»Wir fahren rüber, ich bin in zwanzig Minuten bei dir!«

»Hallo, hallo!«

Er hat aufgelegt. Die Programmsucherei dauert mir zu lange, hellwach laufe ich ins Schlafzimmer, um Frank zu wecken. Er schläft tief. Zaghaft rüttle ich ihn an der Schulter, er reagiert nicht. Ich versuche es mit Rufen:

»He, aufwachen, die Grenze ist auf!«

Er bewegt sich, setzt sich halb auf und fragt schlaftrunken:

»Was ist auf?«

»Die Mauer!« lache ich. »Komm schon, zieh dich an, wir fahren hin, Achim kommt gleich.«

»Fahr allein, ich bin müde.«

»Müde! Du darfst nicht schlafen! Einen solchen historischen Moment dürfen wir nicht verpassen. Ich bin Berlinerin, ich habe erlebt, wie die Mauer gebaut wurde! Wenn ich jetzt ihren Fall versäume, würde ich mir das nie verzeihen. Bitte komm mit, Achim holt uns ab.«

»Fahr allein.«

Ich laufe zu Fanni ins Kinderzimmer:

»Schätzchen, die Mauer ist auf, willst du mitkommen?«

Sie wacht leichter auf als ihr Vater.

»Nein, Mami, laß mich schlafen.«

Leise verlasse ich das Kinderzimmer. Warum will mich bloß niemand begleiten? Was habe ich für eine Familie, die einfach weiterschläft an einem so wichtigen Tag in meinem Leben? Ein Tag, der sich nie wiederholen wird, ein historischer Tag in der deutschen Geschichte. Vor der Haustür pfeift der Novemberwind eiskalt über die Straße. Zitternd warte ich fünf Minuten, dann gehe ich in die warme Wohnung zurück. Im Flur steht Frank, der sich in seine Hose zwängt.

»Was machst du denn hier?« frage ich.

»Meinst du, ich lasse dich allein gehen? Ich komme mit.«

Erfreut küsse ich ihn. Plötzlich zerreißt lautes Hupen die Stille der Nacht.

»Das wird Achim sein«, sage ich.

Das Hupkonzert nimmt kein Ende, Achim drückt wie ein Verrückter auf das Warnsignal. Wir verlassen das

Haus. Achim parkt auf der Kreuzung! Die Wagentür steht weit offen, schräg hängt er im Sitz, die Beine baumeln auf der Straße, das Kassettendeck spielt aus hochgedrehten Lautsprecherboxen heiße Sambarhythmen.

»Juhu, Karneval in Ost-Berlin! Die Mauer ist auf!« brüllt er zur Begrüßung. Die Alkoholfahne weht ihm voraus, direkt in mein Gesicht. Er versucht, den Wagen zu starten, ich tippe Frank an:

»Fahr du.«

Bereitwillig wechselt Achim vom Fahrer- auf den Beifahrersitz. Seine gute Laune ist ansteckend wie früher.

»Mensch, Burkolowski, wer hätte das je gedacht, die Mauer ist auf, ich kann's einfach nicht glauben.«

Er gibt sich sentimental, in seinen Augen hinter der Brille glitzern Tränen. Hoffentlich fängt er nicht an zu heulen, denke ich. Achim, der Bankier, im Taumel der deutschen Rührung!

»Unsere Brüder und Schwestern sind frei, ist das nicht wunderbar?«

»Ich wußte gar nicht, daß du Brüder und Schwestern im Osten hast«, sage ich erstaunt.

»Natürlich nicht, das sagt man eben so, du weißt schon, was ich meine«, gibt er beleidigt zur Antwort.

Das stimmt, denke ich, das sagt man eben so. Das haben wir am eigenen Leib erfahren. Jeder aus West-Berlin oder Westdeutschland lud uns großzügig auf Besuch ein, und als wir dann hier waren, hatten sie keine Zeit. Nur Feodora hielt ihr Versprechen. Bruder und Schwester – das sind große Worte, die schnell bedeutungslos werden.

»Achim, hör mal, eine Testfrage an dich; im Osten haben wir sie häufig Westbesuchern gestellt: Waren die Russen für uns Brüder und Schwestern oder Freunde?«

»Klarer Fall, ihr ward ein Brudervolk, also waren sie eure Brüder und Schwestern.«

»Stimmt, denn Freunde kann man sich aussuchen.«

Er verdreht mehrmals die Augen, überlegt, dann grölt er lachend:

»Ach, laß mich jetzt mit diesem Mist in Ruhe. Sieh mal, die ersten Ostler kommen.«

Auf der Straße geht nichts mehr. Hunderte von Menschen drängen über die Fahrbahn. Wir parken in der Nähe der Bornholmer Brücke. Von dort fließt der Menschenstrom direkt auf uns zu. Eine schwarze Wand, dichter als jede Mauer, drängt sich unaufhaltsam dem Wedding zu. Wir laufen ihnen entgegen, Frank links, Achim rechts, ich in der Mitte. Es ist unbegreiflich, ich schüttle stumm den Kopf. Ich kann es nicht fassen, ich kann es einfach nicht fassen, die Menschen kommen scharenweise von drüben. Maskenlose, freie, offene Gesichter, erwachsene Männer, die vor Freude weinen, Frauen, die sich lachend die Mäntel über ihren Nachthemden zuhalten. Jugendliche, die fröhlich auf Hörnern blasen. Eilige, die den letzten Sprung wagen und den notwendigen Hausrat im Bettuch auf dem Rücken tragen. Ehepaare, die ängstlich zur Seite schielen, als wolle sie jemand der Flucht bezichtigen, und dennoch lächeln. Kleinkinder, aus dem Schlaf gerissen, die müde weinen und lachend von allen Seiten beruhigt werden. Zischende Geräusche der Sektflaschen, Korken, die nicht aufhören zu knallen. Papierschlangen und Konfetti schmücken den Straßenrand, und über allem weht die Fahne der DDR.

Wir sind klar und nüchtern, haben keine Visa bei uns und Angst. Was ist, wenn wir festgenommen werden? Unsere Tochter ist allein. Falls wir durchkommen und die Grenze wird wieder dichtgemacht, was dann?

Schrittweise, bedeutend langsamer als die anderen gehen wir im Menschengewimmel auf den ersten Grenzer zu.

»Dürfen wir hier durch?«

»Selbstverständlich«, sagt er freundlich, als wäre es das Normalste von der Welt.

»Lassen Sie uns auch zurück?«

Meine Frage irritiert ihn. »Wieso denn nicht?«

Besser, ich stelle keine Fragen mehr, vielleicht nimmt er an, daß wir Ostler sind, die sich vom Westtrip heimwärts begeben. Wir schlüpfen zwischen Kameras, Blitzlichtern und Journalisten hinüber. Mitten auf der Brücke kann ich mich plötzlich nicht mehr halten und schreie laut:

»Hurra! Hurra!«

Achim lacht, Frank schüttelt verwundert den Kopf, und ich schreie noch mal: »Hurra!«

Mir wird fast schwindlig.

»Um Gottes willen, gestern eine Ablehnung und heute hier, ich begreife das nicht! Kneif mich mal.«

Frank kneift mich heftig, daß ich vor Schmerz aufstöhne: »Aua.«

Tatsächlich, ich stehe inmitten der sekttrinkenden Sieger auf der Bornholmer Brücke. Kein Traum. Wirklichkeit. Ungehindert laufen wir um die Grenzkontrollpunkte herum und stehen völlig sprachlos im Prenzlauer Berg, Ost-Berlin. Zwei Jahre und elf Tage sind vergangen, seit wir zum letzten Mal hier waren. Ich finde meine Stimme als erste wieder. Aus Spaß sage ich zu Frank:

»Könntest eigentlich gleich um die Ecke arbeiten gehen.«

»Stimmt, dort war mein Büro.«

Seine Antwort ist genauso ernst wie er.

»Was ist mit dir?« frage ich.

»Ach, nichts, hier hat sich nichts verändert, alles liegt wie damals im Dunkeln.«

Ich drehe mich um meine Achse. Frank hat recht. Keine Menschen, die sich vor Freude in die Arme fallen, nichts zeigt das großartige Erlebnis, das sich ein paar Meter entfernt ereignet. Dunkel und ruhig liegt das schlafende Stadtgebiet vor uns.

»Und nun, wohin?« fragt Achim.

Wir kommen uns hier richtig überflüssig vor. Mit wem könnten wir das festliche Ereignis feiern? überlege ich. Alle, die mir einfallen, sind entweder ausgereist, wohnen zu weit weg oder sind bestimmt in Richtung Westen unterwegs.

»Wir könnten uns ein Taxi nehmen und wenigstens zum Brandenburger Tor fahren, wenn wir schon mal hier sind«, schlage ich vor. Aber weit und breit ist von einem Taxi keine Spur.

»Wie in alten Tagen«, bemerkt Frank.

»Dann laufen wir eben ein Stück vor, an der Schönhauser Allee ist doch ein Taxistand«, erinnere ich mich.

Sehnsüchtig starren wir den Autos Richtung Westen hinterher, wir frieren erbärmlich und wünschen jetzt, im Warmen zu sitzen. Erleichtert sehen wir Scheinwerfer aus der Finsternis auftauchen. Wir drei winken mit dem typischen Anhalterdaumen. Vor uns bremst ein hellblauer Trabant, der Fahrer fragt:

»Wohin?«

»Zum Brandenburger Tor.«

Er zögert: »Wollt ihr nich nach Hause? Ick komm jrade von drüben, bin mal kurz rübajefahren, war ein verdammt irret Jefühl, im Trabbi üban Ku'damm. Menschenskinda, da is echt wat los. Meine Frau wollt nich mit, hab se einfach nich übazeujen könn. Wollt ma det nich jloben, det se de Maua uffjemacht ham. Na, die wird morjen jroße Ojen machen, wenn se hört, det is wahr.«

Wir steigen in seinen Trabbi. Achim klärt ihn darüber auf, daß wir aus West-Berlin kommen. In bester Laune geht die Fahrt quer über den Alexanderplatz in Richtung Brandenburger Tor. Der Trabbifahrer klopft hingebungsvoll auf seine »Pappe«, wie das Auto scherzhaft genannt wird, und lacht:

»Echt irre, det de Maua uff is. Hätte nie jedacht, mit dem hier mal üban Ku'damm zu fahrn.«

Er tätschelt den Wagen wie einen treuen Hund. Am Brandenburger Tor halten wir. Kaum steige ich aus, höre ich jemanden meinen Namen rufen:

»Frau Burkowski, was machen Sie denn hier?«

Es ist ein alter Schulfreund meines Sohnes, der mich ausgelassen begrüßt. »Und du, was machst du hier?«

Wir lachen über die sinnvollen Fragen.

»Ich komme gerade von drüben, war totaler Wahnsinn. Was macht Timo?«

Ohne eine Antwort abzuwarten, ruft er: »Grüßen Sie ihn«, schwingt sich zu einem Freund aufs Motorrad und braust lachend davon.

Auf einmal kommt mir alles aberwitzig vor, die vergangenen 36 Jahre meines Lebens in der DDR erscheinen mir wie eine Posse. So, als hätte sich der Staat einen üblen Scherz erlaubt: Kommt, wir spielen mal ein bißchen sozialistische Erziehung! Wie waren doch Honeckers letzte geistreiche Worte? »Den Sozialismus in seinem Lauf hält weder Ochs noch Esel auf.« Wie wahr, wie wahr, er hätte Viehzüchter werden sollen. Ochsen und störrische Esel sperrt man besser ein.

Vor dem Tor stehen ausgerichtet im Abstand von einem halben Schritt Polizisten nebeneinander. Zielstrebig gehe ich auf einen Jüngeren zu:

»Warum stehst du jetzt noch hier?«

Ich bin auf die Antwort gespannt. Er zuckt die Achseln:

»Ich soll den Leuten sagen, wo sie langgehen müssen.«

Seine beiden Nebenmänner hören aufmerksam zu.

»Und wenn der Befehl kommt: Schießen! Was dann?«

»Lege ich meine Waffe nieder«, sagt er selbstbewußt.

»Keine Angst, daß uns jemand zuhört und eine Strafe folgt?«

»Habe ich nicht«, sagt er mit fester Stimme.

Es scheint wirklich mit der DDR zu Ende zu gehen.

Wir steigen wieder in den Trabbi und fahren zum Grenzübergang Invalidenstraße. Nun passiert etwas, was wir vor zwei Jahren an dieser Stelle für unmöglich gehalten hätten.

Im großen Andrang der westwärts fahrenden Trabbis, Skodas, Wartburgs und Ladas kontrollieren die Grenzer keine Personalausweise. Kaum haben wir die letzte Schleife im Autostau überwunden, bricht ein Trommelfeuer aus Fäusten auf den Trabbi hernieder. In welche Richtung ich meinen Kopf auch drehe, überall sehe ich klatschende Hände und offene, lachende Münder.

»Vor zwei Jahren haben uns die Westler nicht so stürmisch begrüßt«, stelle ich tiefsinnig fest.

Im Krach der dreinschlagenden Fäuste verstehen wir im Wageninneren kaum ein Wort. Ich muß lauter sprechen.

»Heute hauen sie auf das Dach, als kämen wir im neuesten Porsche-Modell aus der letzten DDR-Provinz. Wenigstens werden wir mal standesgemäß willkommen geheißen, wenn wir auch die Falschen sind.«

Gönnerhaft winke ich, wie die englische Queen aus ihrer Kutsche, der jubelnden Masse zu.

Auf dem Ku'damm ist der Teufel los. Trabbis über Trabbis schieben sich an Fanfarenbläsern, Feuerspukkern vorbei. Tänzer brechen Menschenketten, die sich taumelnd vor Glück an den Händen halten, auseinander. Erlösende Schreie, lachende Gesichter, spontane Umarmungen verschmelzen ineinander. Literweise schenken Gastronomen und Rotkreuzhelfer kostenlos Glühwein aus, das Freiheitsgetränk gegen Kälte. Neben uns fährt ein Trabbi, in dem zwei Mädchen im Schlafanzug sitzen. Achim kurbelt aufgeregt das Fenster herunter und brüllt:

»Hallo, wollt ihr mitkommen?«

Die Mädchen nicken und rufen lachend: »Ja!«

»Fahrt uns hinterher!«

Dem Fahrer gibt er Hinweise, wie er zu fahren hat. In seiner schicken Wohnung, die spärlich möbliert ist, köpft er eine Flasche Champagner, stellt sich den Mädchen vor, gibt sich betont lässig und redet mit geschwellter Brust über die Vorzüge des Westens, den Fall der Mauer, als habe er sie eigenhändig zum Einsturz gebracht. Sein Imponiergehabe stört in diesen Stunden wenig, euphorischer Taumel zwingt uns in seinen Bann.

Um sechs Uhr früh fährt Frank, ohne geschlafen zu haben, in die Firma. Ich krieche ins Bett und warte auf den Ruf meiner Tochter.

Ununterbrochen sendet das Fernsehen Bilder der

aus dem Ostteil hereinströmenden Berliner. Die Stadt feiert das Fest der Feste, und die Weltöffentlichkeit nimmt begeistert an der sensationellen Party teil.

Schneller als ich mich darauf einstellen kann, steht innerhalb kürzester Zeit nahezu meine gesamte ehemalige Bekanntenrunde vor der Tür.

Aber die Freude artet in Streß aus. Ich bin am Abend nicht mehr in der Lage, überraschte Glücksschreie auszustoßen. Im Geiste gehe ich die Namen derer durch, die noch kommen können, und hoffe inständig, sie mögen sich mit einem Besuch Zeit lassen. Viele glauben nicht an das ewige Loch in der Mauer. Viele wollen ihren Traum wahr werden lassen: Nur einmal über den Ku'damm gehen, bevor es wieder dunkel wird.

Das Telefon klingelt, die Haustürglocke schrillt und die Kaffeemaschine dampft. Nach vierundzwanzig Stunden bin ich es leid, Freude zu heucheln, ich beginne die Anrufer zu bitten, etwas später zu kommen, da ich im Moment zu keiner ungezwungenen Unterhaltung mehr fähig sei. Viele zeigen Verständnis, einige scheinen beleidigt und melden sich nicht mehr. Ich sehe mich plötzlich in der Situation, mich ständig rechtfertigen zu müssen. So in die Enge getrieben, verlassen wir fluchtartig die Wohnung, ab sofort bin ich für niemanden zu sprechen.

Unterwegs in Berlin sehe ich erstmals den gewaltigen Menschenauflauf. Ein Bummel über den Ku'damm ist nur im alten chinesischen Trippelschritt möglich. Ich habe das Gefühl, meine Füße seien auf die Größe einer Teetasse geschrumpft und behinderten meinen Gang. Eingezwängt im Menschengewimmel vernehme ich die verschiedenartigsten Dialekte der ostdeutschen Landstriche.

»Ei verbibbch, das gibt's doch gar nich!« begutachtet eine Sächsin die überlebensgroße Reklamewand des Sexkinos an der Ecke. »Gomm, mei Trudchen, das missen mer uns ansähn!« spricht der Gatte und zieht seine Trude aus dem Gedränge fort und hinein in die Schlange vor dem Kino.

Billiganbieter von Krimskrams, Kassetten, Ohrringen, Lippenstiften und Parfüm nötigen die Besucher zum Kauf ihrer Ware. Mühsam befreien wir uns aus dem Sog der Zuschauer, Käufer und Händler.

Die einzige Alternative, Ruhe zu finden, bieten die Restaurants. Schlapp und ausgelaugt lasse ich mich auf dem Stuhl nieder und schwöre, nie wieder aufzustehen. Doch die Neugier siegt. Drei Stunden später, kurz vor Mitternacht, stehen wir zusammen mit Hunderten von Menschen – Touristen, Journalisten, Kamerateams, Kindern, Jugendlichen und Rentnern – vor dem Brandenburger Tor und warten auf seine Öffnung.

Die Aussichtsplattform, von der einst die Politiker ihre Blicke in den Ostteil bis hin zum roten Rathaus schweifen ließen, ähnelt heute einer Ameisenburg. Wie schwarze Krabbeltierchen kleben die Körper der Schaulustigen an jedem Zentimeter des Gerüstes. Bis zum 22. 12. 1989 tut sich jedoch nichts.

Am nächsten Morgen beantrage ich erneut ein Visum und erhalte zu meinem Erstaunen die Erlaubnis zur Einreise in die DDR. Gleichzeitig teilt mir Gerda mit, daß sie Antwort auf ihren vor sechs Wochen geschriebenen Beschwerdebrief bezüglich meines Einreiseverbotes bekommen habe. Darin steht wörtlich folgendes:

»Die Maßnahmen gegen Frau Burkowski wurden aufgehoben. Hochachtungsvoll ...«

Noch in der gleichen Nacht vom 9. zum 10. 11. sind die Grenzen für Westberliner wieder dicht. Ostberliner dürfen herüber, aber wir brauchen Visum und Zählkarte. Ich weiß nicht, warum und in welchem Umfang die »Maßnahmen« gegen mich aufgehoben sind, jedenfalls freue ich mich auf einen Besuch in Ost-Berlin und darüber, daß es plötzlich die Wende in Deutschland gegeben hat.

An Gerdas Geburtstag am 25. 11. sitze ich im Kreis ihrer Bekannten. Der Abend endet mit fröhlichem Gesang alter Pionier-, FDJ- und Freiheitslieder. Amüsiert entdecken wir den neuen Sinn der alten Nationalhymne: Auferstanden aus Ruinen und der Zukunft zugewandt, laß uns dir zum Guten dienen, Deutschland, einig Vaterland. Wenn wir brüderlich uns einen …

Die Stadt ist mir nie so traurig und kaputt vorgekommen. Nach 26 Monaten Trennung erkenne ich den ruinengleichen Zustand der achtzig Jahre alten Mietskasernen. Ich erlebe ein zweites Mal das befreiende Gefühl, der Dunkelheit entronnen zu sein.

Das Leben in der Stadt verliert seine Ruhe und Gemütlichkeit. Berlin, im Herzen Deutschlands gelegen, wird von allen Seiten überrollt. Am Morgen, wenn ich meine Tochter zur Schule bringe, begegnen mir die ersten kleinen Kinder. Zitternd vor Kälte stehen die Mütter und Väter in Schlangen vor den Banken. Jeder macht von dem Recht, hundert Mark Begrüßungsgeld geschenkt zu bekommen, Gebrauch. Öffnen die Kaufhäuser und Supermärkte, wandern die D-Mark in ihre Kassen. Für alle Gewerbetreibende erhöhen sich die Umsätze um ein Vielfaches. Die Freude über den Einkaufstrubel trübt sich spätestens bei den eigenen Besorgungen. Wohl dem, der Geld zu Hause liegen hat, denn in die Banken kommt man nicht hinein. Einkaufen scheint ein Unding, die Regale sind wie leergefegt, und an den Kassen stehen Schlangen. Erinnerungen an das Leben in Ost-Berlin brechen auf ... Die nörgelnden Kinderschreie, weil die Eltern nicht alles kaufen können und sorgfältig abschätzen, wie weit sie mit dem Geld kommen, machen mir bewußt, wie ruhig ich die Kinder hier erlebt habe. Sie unterliegen nicht alle dem Arbeitsrhythmus der Mutter, es gibt zu wenig Krippen- und Kindergartenplätze. Zwangsläufig umsorgen die Frauen ihre Kinder zu Hause. In diesem Fall zeigt sich wieder: jede Medaille hat zwei Seiten.

An einem frostigen Novembermorgen fällt meine Aufmerksamkeit auf eine junge Mutter in der Menschenschlange vor der Bank. Sie schaukelt blaugefroren mit besorgtem Blick ihren Kinderwagen, in dem ein Baby erbärmlich schreit. Ich laufe auf sie zu und rate ihr:

»Gehen Sie doch mit dem Kind die Straße links hinein, da sind drei weitere Banken. Dort bekommen Sie das Begrüßungsgeld auch.«

Dankbar lächelt sie, zögert ein wenig und geht los. Als ich mich nach ihr umdrehe, folgt dem Mutter-Kind-Gespann die halbe Schlange. Diszipliniert und besorgt, den eroberten Schlangeplatz nicht zu verlieren, bleibt der Rest stehen.

Unser Stöhnen über die unerwarteten Ostverhältnisse in West-Berlin, denen wir glaubten entflohen zu sein, wehren die Westler ab:

»Das gibt sich wieder. Die armen Ostler, sie hatten doch nichts, jetzt stillen sie ihr Nachholbedürfnis.«

»Von wegen arm, ich kenne keinen armen Ostler, und geben wird sich das erst, wenn sie dasselbe bei sich kaufen können. Aber dazu brauchen sie die D-Mark. Um die zu bekommen, werden viele abhauen oder nebenbei Schwarzarbeit im Westen ausführen, für Niedriglohn.«

Uns, die wir weggegangen waren, hat man vorgeworfen, kein Herz für die »armen Brüder und Schwestern« im Osten zu haben. Nun ja, denke ich, Bruder und Schwester bleibt man nur so lange, wie man nichts will. Und welche Geschwister streiten sich nicht?

Bald darauf erklingen die Rufe aus dem Fernseher:

»Wir sind ein Volk! Kommt die D-Mark nicht zu uns, kommen wir zu ihr.«

Die Wiedervereinigung, eine jahrzehntelange Vision, erreicht ihren Höhepunkt. Politiker beider Länder wollen sich als die »Macher« in den Geschichtsbüchern wiederfinden und verewigt wissen. Sie verwenden ihre Energie auf Versprechungen: Niemandem wird es schlechter gehen als vorher, eine Steuererhöhung gibt es nicht und so weiter und so fort. Erich Honecker hat sich samt seiner Frau (der Ministerin für Volksbildung) in die schützenden Hände eines Geistlichen begeben. Das Politbüro löst sich in Wohlgefallen auf. Der größte Devisenschieber und Waffenhändler setzt sich in den Westen ab. Null Kommentar. Egon läßt sich nach seinem Fall als Mitarbeiter eines Bauunternehmens der Öffentlichkeit kredenzen. Alle übrigen SED-Politiker im Staatsapparat flüchten sich in Krankheit oder Gedächtnisschwund. Die Macht wird vom »Volk«, dem runden Tisch, übernommen. Einen Pastor ernennt man zum Verteidigungsminister, ein Hausmeister umfliegt als Außenminister die Erde, während das

Licht im eigenen Land auszugehen droht. Und wer mühsam in den Genuß eines Titels der Staatsmacht kommt, dem rollt der Stolperstein »Stasi« oder »IM« (informeller Mitarbeiter) vor die Füße.

Die Jahreswende von 1989 zu 1990 wird mir ewig in Erinnerung bleiben. Gemeinsam mit Maria, einer Flasche Sekt und Knallis (Feuerwerkskörpern) ziehen wir ins Stadtinnere zum Brandenburger Tor. Ahnungslos steigen wir am Lehrter Bahnhof aus der S-Bahn. Aus allen Himmelsrichtungen eilen Menschen herbei, die das neue Jahr am Brandenburger Tor begrüßen wollen.

Es ist die größte Silvesterfeier, die ich jemals erlebt habe. Männer im Frack, Leute in Jeans und Kostümen, mit Pappnase, Hütchen und dergleichen mehr gesellen sich fröhlich zueinander. Jugendliche drehen die Radios ihrer Autos auf volle Lautstärke und tanzen lustig-albern auf den Wagendächern herum. Alles singt und tanzt, bis hinauf zur Siegessäule bewegen sich die Silvestergäste.

Punkt 24 Uhr steigt ein Feuerwerk zum Himmel, das einen höllischen Krach erzeugt und Tausende bunte Lichter verglühend auf die Stadt herniederregnen läßt. Weder der Lärm noch die dicken Rauchschwaden halten die Menschen von ihrem Jubel ab. Fremde Menschen rufen sich die besten Wünsche für das Jahr 1990 zu.

Mein Buch ist im März 1990 fertig, ich schicke das Manuskript an eine Stiftung, die ein Stipendium ausgeschrieben hat, und an einen Berliner Verlag. Für die Antwort gebe ich mir sechs Wochen Wartezeit. In diesen Wochen lerne ich Anne kennen, Ingeborgs Freundin, sie ist Journalistin. Anne ist aufgrund der politischen Ereignisse von Hamburg nach Berlin gekommen. Begeistert über meine Stadtkenntnisse in Berlin fragt sie: »Hast du nicht Lust, mit mir nach Wandlitz (dem ehemaligen Wohnsitz der SED-Promis) hinauszufahren?«

»Und ob, ich würde gern mal sehen, wie Erich Honecker gewohnt hat.«

Die Mauer ist seit der Silvesternacht nun endgültig offen. Keine Passierscheine, keine Zählkarten mehr, nichts. Berlin kommt »unter den Hammer«. Rundum hämmern »Mauerspechte« Löcher in die kilometerlange Betonwand, um sich ein »Souvenir« herauszuschlagen.

Die Waldsiedlung Honeckers liegt abseits der Straße. Ein riesiges Wohnobjekt, bis vor wenigen Monaten gesichert durch Zäune und Überwachungskameras, die jetzt außer Betrieb gesetzt sind, bot den Funktionären Schutz vor eventuellen Überfällen und strengste Isolierung von der Außenwelt. Sie lebten in Saus und Braus, sagen nun viele. Haben sie etwas anderes erwartet?

Wir gehen auf das verschlossene Eisentor zu. Ich drücke auf den Klingelknopf. Nichts passiert. Kein Mensch läuft über die langen, verzweigten Asphaltstraßen, die hinter Bäumen und Büschen verschwinden. Der Baustil der Wohnhäuser, die Anordnung der Laternen gleichen auffallend dem Kinderheim, das ich 1966 verlassen habe.

Ein Mann tritt plötzlich vor die Tür, ärgerlich ruft er:

»Was wollen Sie hier?«

Ich warte vergeblich, daß Anne ihren Presseausweis zückt, im Gegenteil, sie fragt kleinlaut:

»Wir möchten uns das Gelände ansehen.«

Der Pförtner nähert sich kopfschüttelnd dem Tor:

»Was denken Sie, was hier los ist? Ganze Busladungen Neugieriger werden hier abgeladen. Alle wollen bloß mal gucken.«

Ich sehe dem Mann in die Augen und lache:

»Haben die Menschen denn etwas zu gucken? Der arme alte Mann sucht doch jetzt sein Seelenheil bei der Kirche! Eine späte Erkenntnis für einen Kommunisten, lieber beim lieben Gott die Hoffnung zu suchen als auf Marx und Lenin zu vertrauen. Hat er ein Wunder hinterlassen, das es zu bestaunen gibt?«

Schlagfertig antwortet der Pförtner:

»Den Glauben an Lenin, Marx und Engels hat er wohl verloren, deshalb bittet er die Kirche um Erleuchtung. Aber ein Wunder gibt es hier nicht, darüber wundern sich viele.« Heiter fügt er hinzu: »Na, dann gehen Sie mal schnell durch. Aber nicht in die Häuser, darin dürfen sich in Zukunft nur Kranke erholen.«

»Ausgenommen Honecker«, setze ich hinzu.

Anne eilt in einem Tempo vorwärts, als fürchte sie, vorzeitig zurückgerufen zu werden. Ich laufe an den eher trist aussehenden Häusern der Politprominenz entlang. Beim Anblick der verlassenen Waldidylle überkommt mich weder Rache noch Wut oder dergleichen. Gleichgültig betrachte ich die Wohnhäuser von Mielke, Stoph, Sindermann, Tisch und Honecker; eher beschleicht mich ein Gefühl der Enttäuschung. Ich habe schloßähnliche Villen erwartet, dabei nehmen sich die Häuser gegenüber denen, die ich von Handwerkern, Kellnern oder meinen Freunden kenne, recht bescheiden aus. In dieser Einsamkeit hätte ich für alles Geld niemals wohnen wollen.

Anne begeistert sich für die Größe des einstigen Reservats der DDR-Herrscher. Beim Pförtner bedankt sie sich mit einem Zwanzigmarkschein.

»Nichts für ungut«, bedankt sich der Mann und entschuldigt damit seine erste unfreundliche Reaktion, »wir haben eben unsere Bestimmungen.«

»Sie brauchen sich nicht zu entschuldigen«, winke ich ab, »die Ansicht hat sich auch so gelohnt.«

Ich bin sauer auf Anne.

»Der Mann hat uns ohne deine Piepen hineingelassen, weshalb spielst du die Gönnerhafte?«

Sie setzt sich die Sonnenbrille auf, zieht sich die Lippen nach, wirft einen prüfenden Blick in den Rückspiegel und lacht:

»Menschenskinder, die Mauer ist offen, die brauchen jetzt jeden Westgroschen, den sie kriegen können. Hast du nicht die Nachrichten im Fernsehen gesehen? Da stehen mehrere Devisenhändler am Bahnhof Zoo und tauschen im Kurs 1:10 den Ostlern die Kohle um.«

»Und wenn schon, peinlich ist es trotzdem«, beharre ich.

»Hätte ich ihm vielleicht mehr geben sollen? Was meinst du?«

Ich lache wieder. »Klar!«

»Ehrlich, fandest du das zu wenig?«

Sie sieht mich fragend an. Es hat keinen Zweck zu antworten, sie hätte es nicht verstanden.

»Nein, nein, es war schon okay. Er hat sich bestimmt gefreut.«

Unterwegs hören wir im Autoradio die Nachrichten, Honecker habe sich in das Militärlazarett Beelitz bei Potsdam geflüchtet. Anne packt das Jagdfieber.

»Los, da fahren wir jetzt hin. Weißt du, wo es ist?«

Ich zeige ihr den Vogel.

»Spinnst du? In die Russenkasernen lassen sie keinen hinein. Ich habe keine Lust, meinen Hintern freiwillig vor die Mündung einer Kalaschnikow zu halten.«

Zuversichtlich lacht sie: »Denen halte ich meinen Presseausweis unter die Nase, dann sollst du mal sehen.«

»Was sehe ich denn? Nichts, die werden dir was pusten ... Die pfeifen auf deinen Presseausweis, den können sie nämlich nicht lesen, und deutsch sprechen sie auch nicht.«

»Das werden wir ja sehen.« Sie hält an ihrem Entschluß fest und tritt wild aufs Gaspedal.

In Beelitz sind die Russen damit beschäftigt, Stacheldraht auf einer Mauer zu befestigen. Anne hält den Wagen gegenüber vom Haupteingang an. Ich fühle mich beobachtet und sage:

»Bist du verrückt? Fahr weiter.«

Sie kommt nicht mehr dazu. Ein in Zivil gekleideter Mann steht schon an der Wagentür und fragt:

»Was wollen Sie hier, warum halten Sie?«

Anne sieht ihn naiv an und sagt:

»Wir suchen Honecker. Er ist doch hier, oder?«

Der Mann erwidert kalt: »Hier ist Honecker nicht, fahren Sie weiter.«

»Mensch, fahr weiter!« Ich schubse sie an. »Siehst du nicht, wie die Russen herüberstarren?«

Die längst vergessene Angst kraucht mir über den Rücken. Immerhin befinden wir uns in der DDR, auch wenn die Mauer stückchenweise gegen Devisen als Souvenir ins Ausland verhökert wird. Anne fährt langsam los. Fünf Frauen stehen vor einem Konsum. Sie bremst.

»Hallo, wir haben mal eine Frage. Ist Honecker hier?«

Zornig sehen sich die Frauen um.

»Ja, den haben sie hergebracht. Sehen Sie mal dort drüben, den ganzen Tag sind die Russen damit beschäftigt, die Mauer zu erhöhen und Stacheldraht anzubringen.«

Eine andere Frau mischt sich ein:

»Halt den Mund, Erni, sag lieber nicht zuviel. Komm, wir gehen, wir wollen damit nichts zu tun haben.«

Die Frauen nicken und laufen weiter. Sie stecken genau wie ich noch voller Ängste.

Annes Sensationslust ist bei weitem nicht befriedigt, sie parkt am nächstkleineren Eingang, springt geschwind aus dem Wagen und ruft:

»Komm schon, wir gehen mal rüber fragen.«

Kaum habe ich den Fuß auf die Erde gesetzt, ist meine Angst verflogen. Mich interessiert, wie Anne sich jetzt verständigen wird. Meine Russischkenntnisse habe ich, wie die Schulunterlagen, verloren. Im Ernstfall könnte ich »druschba« rufen, was »Freundschaft« heißt, aber wenig von Nutzen wäre.

Der Soldat schaut uns aufmerksam an, ich beobachte Anne. Sie lacht verlegen:

»Ist Honecker hier?«

»Nichts verstehen, Ho'ecker?« Er zuckt die Achseln.

Na, Anne, denke ich, was ist jetzt mit deinem Presseausweis? Sie probiert es noch einmal:

»Honecker!«

Seine Miene verfinstert sich.

»Nichts Ho'ecker.«

Ein Offizier eilt ihm zu Hilfe. Der Soldat berichtet aufgeregt, dabei fällt der Name »Honecker« korrekt.

»Laß uns abhauen!« sage ich eindringlich. Annes Selbstsicherheit schwindet zusehends, sie wendet sich mir zu:

»Sag du mal was.«

»Tschüs«, sage ich, drehe mich um und gehe zum Auto.

Sie folgt mir auf dem Fuß. Ich lache in mich hinein. Typisch, erst an der Uhr drehen und dann nicht ticken.

Im Auto kramt sie plötzlich aus ihrer Handtasche einen Brief heraus. Was hat sie nun wieder vor?

»Was machst du?«

»Ich habe Margot Honecker einen Brief geschrieben, den gebe ich hier ab.«

Ich denke, ich habe mich verhört. Weshalb schreibt sie der Honecker einen Brief?

»Zeig mal her«, fordere ich.

Sie reicht ihn mir stolz. Politisches Geschwafel, untermalt von höflichen Sympathiefloskeln. Ohne Kommentar gebe ich ihn zurück.

»Du erwartest doch nicht ernsthaft eine Antwort?«

»Natürlich, sonst hätte ich ihn ja nicht geschrieben.«

»Die Arbeit hättest du dir sparen können.«

Sie klebt den Brief zu, geht zu dem Soldaten, überreicht ihn und sagt: »Auf Wiedersehen.«

Westlicher Journalismus live, denke ich. Das muß man alles mal erlebt haben. Unterdessen wartet meine Familie vergeblich auf das Geburtstagskind. Beinahe wäre ich zu meinem eigenen Fest nicht erschienen.

Birgits Anruf

Jedesmal, wenn Birgit bisher anrief, lag irgend etwas in der Berliner Luft, und diesmal stinkt es gewaltig.

»Uschi, komm schnell vorbei, es ist dringend.«

»Läßt es sich nicht verschieben?«

»Nein, es ist äußerst wichtig, und am Telefon kann ich nicht darüber sprechen.«

»Gut, aber wehe, ich verplempere meine Zeit.«

»Um Gottes willen, nein, es ist nötig«, versichert sie mir.

Ich überlege, was sie angestellt haben könnte, und mache mich auf den Weg. Hektische Flecken im Gesicht, hastiges Rauchen, alles ein sichtbares Zeichen größter Unruhe, in diesem Zustand öffnet sie mir die Wohnungstür.

Ungeduldig zieht sie mich in die Küche, sieht nach, ob sich keines ihrer Kinder in der Nähe befindet, stellt mir einen Topf dampfenden Kaffee auf den Tisch und beginnt sofort zu erzählen.

»Uschi, ich habe heute morgen einen Anruf vom Regional Security Officer vom Bureau of Diplomatic Security bekommen.«

»Du hast was? Kannst du mir das auf deutsch übersetzen? Ich verstehe nicht ein Wort.«

Sie sieht mich entgeistert an und flüstert:

»US-Mission Berlin, Clay-Allee, sagt dir das was?«

»Ich verstehe nur Bahnhof. Was will die US-Mission von dir? Willst du etwa auswandern?«

»Hör doch mal mit den Faxen auf, es ist bitterer Ernst. Die haben mich freundlich zu einem Gespräch gebeten.«

»Wenn die was von dir wollen, müssen sie ja freundlich sein. Also worum geht es eigentlich? Die rufen doch nicht ohne Grund an.«

»Uschi, ich bin schrecklich nervös, ich kann mir den Grund nämlich denken, aber ich möchte nicht darüber sprechen.«

Ich falle aus allen Wolken.

»Du läßt mich herkommen für nichts?«

»Bitte versteh mich, ich wollte …«

»Was?« frage ich.

Sie druckst herum. »Ich melde mich bei dir, wenn ich dort war. Du solltest nur wissen, wo ich bin.«

»Hängt es mit deiner Stasi-Vergangenheit zusammen?«

Meine Frage verschreckt sie nicht, sie nickt:

»Das vermute ich.«

»Mein Gott«, lache ich, »nun zieh nicht so ein ängstliches Gesicht, die reißen dir den Kopf nicht ab. So schlimm wird es nicht sein, vielleicht winkt dir nur eine Amerikareise.«

Ihr Gesicht bleibt ängstlich, wie versteinert. Sie seufzt:

»Wenn du wüßtest.«

»Okay, dann gehe ich wieder. Du schaust nachher vorbei, ja?«

Am Nachmittag steht sie spannungsgeladen vor der Tür. Ich bitte sie gleich ins Schlafzimmer, wo wir ungestört reden können. Kaum sitzen wir nebeneinander, quillt es aus ihr heraus:

»Ich habe dir doch im Lager gestanden, IM gewesen zu sein.«

»Hast du«, sage ich und schweige dann.

Die Angst klopft leise an. Angst, die sich nicht verdrängen läßt.

Zu gut erinnere ich mich an die zwei Anwerbungsversuche und an die fürchterliche Drohung: Ein Wort von Ihnen, und ein Unfall ist schnell passiert. Ihr Kind sehen Sie nie wieder, das kommt in ein Heim. Sie haben gedroht, mich zu töten. Sie drohten mir das Kind zu nehmen, trotzdem habe ich nicht mitgemacht. Instinktiv habe ich mich geschützt, indem ich meinen Freunden davon erzählte und damit für die Stasi unbrauchbar wurde. Höchstwahrscheinlich habe ich damit richtig gehandelt.

Aus Birgits Leben weiß ich nichts, weder wann sich ihr Weg mit dem der Stasi kreuzte, noch warum sie sich zur IM-Arbeit entschloß.

Sie spricht leise und verhaspelt sich häufig. Der Schreck zeichnet sich deutlich auf ihrem Gesicht.

»Mist, daß ich hier nicht rauchen kann, ich bin mächtig aufgeregt, mir ist zum Losheulen.«

»Vor Angst oder Freude?«

Sie sieht mich an: »Weder noch. Die wollen, daß ich nach Washington zu einer Zeugenaussage fliege.«

»Also doch eine Reise nach Amerika.« Sie nickt. »Mach's nicht so spannend, erzähl schon.«

»Da gibt es nicht viel zu erzählen. Sie haben mir das Foto eines Mannes vorgelegt, den ich kenne. Ich weiß nicht, in welchem Zusammenhag sie auf mich gekommen sind. Jedenfalls ist er in Amerika als Agent des KGB (der sowjetische Geheimdienst) verhaftet worden.«

»Und du, woher kennst du ihn?«

»Frag nicht soviel. Reicht es dir, wenn ich sage: Ich mußte ihn kennenlernen?«

Zu gern hätte ich mehr darüber erfahren, aber eine innere Stimme mahnt mich zur Vorsicht.

»Wirst du über den berühmten großen Teich fliegen? Ich würde mich das nicht trauen. Schließlich hast du deiner Vergangenheit ade gesagt, kein Mensch kann dich zu einer Zeugenaussage zwingen.«

»Aber eine Reise nach Amerika ist auch nicht schlecht«, sagt sie, und ich höre einen leisen Triumph heraus. Neben mir sitzt die Mutter dreier Kinder, und ihre Augen glänzen vor Abenteuerlust. In diesem Moment bin ich sicher: Sie wird aussagen.

»Es bleibt dir überlassen, welche Entscheidung du triffst. Wenn es dir einzig und allein um die Zeugenaussage geht, die könntest du bestimmt auch vor einem deutschen Gericht machen. Also ehrlich gesagt, mir kommt die Geschichte nicht geheuer vor, ich hätte unwahrscheinlichen Bammel.«

Sie lacht: »Nein, mir wurde persönlicher Schutz durch das FBI zugesichert.«

»Tu, was du nicht lassen kannst.«

Ich erzähle Frank davon. Er warnt mich:

»Uschi, meide den Umgang mit dieser Frau. Du weißt nichts über sie. Wer sagt dir denn, daß sie nicht für irgendeine Sache weiterarbeitet?«

»Wie denn, die Stasi gibt es ja gar nicht mehr«, verteidige ich sie.

»Schon möglich, aber bist du sicher, daß sie ihre Tätigkeit nicht im Untergrund weiter betreibt?«

»Ach, du malst den Teufel an die Wand«, lache ich, aber auf einmal bin ich mir gar nicht mehr so sicher.

Drei Tage später steigt sie im Flughafen Tegel an Bord einer Maschine. Sie fliegt aus privater Neugier, ohne zu bedenken, ob sie einem andern Menschen damit Unglück bringt.

Nach ihrer Rückkehr zeigt sie mir stolz ihre Trophäen: Fotos vom Weißen Haus, von sich und ihrer FBI-Begleitung, und schwärmt von dem Land der unbegrenzten Möglichkeiten. Die Reise hat ihr Selbstwertgefühl gehoben, denn sie hat sich einen Traum erfüllt, den sie als Mutter und Hausfrau neben einem arbeitslosen Mann sonst niemals erlebt hätte. Lichte Momente wachen Verstandes verdrängt sie. Offenherzig erzählt sie mir, wie erstaunt sie gewesen sei, daß das FBI über viele Details aus ihrer Bekanntschaft mit dem Agenten Bescheid wußte, Fotos hatte und darüber informiert war, daß er durch sie vom Staatssicherheitsdienst angeworben worden war. Ein Spion erster Klasse.

»Sag mal, hast du überhaupt keine Angst?« frage ich. »Die haben schon ganz andere Leute ins Jenseits befördert. Oder glaubst du, in Deutschland bist du sicher vor einem fingierten Unfall?«

Sie ist eine Meisterin in Worten und Gebärden. Mit Tränen in den Augen bedauert sie:

»O Gott, darüber habe ich nie nachgedacht.«

Aber der Ton, in dem sie es ausspricht, das mühsam verhaltene Feuer, das aus ihren Augen hervorbricht, beunruhigen mich.

Wiedervereinigung

Der Verlag schickt mir mein Manuskript zurück und fügt einen höflichen Brief bei.

»Sehr geehrte Frau Burkowski,

haben Sie vielen Dank für die Zusendung Ihres Manuskriptes mit dem Titel ›Weinen in der Dunkelheit‹. Wir haben Ihr Manuskript mit großem Interesse gelesen, können Ihnen aber bezüglich einer Veröffentlichung keinen positiven Bescheid geben, da sich Ihr Manuskript augenblicklich nicht in unsere Programmstruktur integrieren läßt. Dies beinhaltet keinerlei Werturteil und soll Sie nicht davon abhalten, sich an einen anderen Verlag zu wenden.

Wir senden Ihnen Ihre Unterlagen zurück und wünschen Ihnen für eine Veröffentlichung alles Gute.

Mit freundlichen Grüßen

M ...

Lektorat

Die Unwissenheit über den Ablauf in einem Verlag erweist sich für mich als riesiger Vorteil. Im Augenblick der Entmutigung bin ich dennoch nicht bereit, nach Monaten des Bemühens den Brief einfach hinzunehmen. Anstatt mich tieftraurig aus meinem Parterrefenster auf die Steinterrasse zu stürzen, was mir höchstens ein paar Schrammen an meinem leicht alternden Gesicht einbringen und mich zu längerem morgendlichem Schminken verdammen würde, greife ich zum Telefon.

»Lektorat, M ...«

Mein Herz beginnt zu rasen, aber ich weiß mich ja zum Glück unsichtbar. »Guten Tag, mein Name ist Burkowski. Sie haben mein Manuskript zurückgeschickt, und ich wüßte gern, ob Sie es wirklich gelesen haben.«

»Ja, wieso fragen Sie?«

Ich muß sie unbedingt testen.

»Erinnern Sie sich an den Inhalt von ›Weinen in der Dunkelheit‹?«

»Aber ja, die Heimgeschichte.«

Erleichtert atme ich auf, ich bin mir sicher, sie wird nicht lügen, und sage mutig:

»Ist es schlecht? Ich meine, wenn es nicht gut ist, gebe ich es auf. Ich habe keine Lust, mein restliches Leben nur Ablehnungen zu sammeln. Mit der Wahrheit lebt es sich leichter. Wenn Sie mir sagen: Lassen Sie die Finger davon, dann kann ich sehr gut damit leben. Für mich lohnt sich ein Sprung aus dem Fenster nicht, ich wohne im Erdgeschoß.«

Am anderen Ende der Leitung lacht eine unbekannte Stimme, frei von Eitelkeit.

»Nein, schlecht ist das Manuskript nicht. Ich würde Ihnen dringend einen Lektor empfehlen oder eine Agentur. Aber die sind sehr teuer. Versuchen Sie es mal bei anderen Verlagen.«

Neuen Mut schöpfend, bedanke ich mich.

Die Freude endet in der hoffnungslosen finanziellen Lage, in der wir uns befinden. Also sparen.

Am Nachmittag dämpft die Ablehnung der Stiftung für ein Stipendium meinen Kampfgeist. In dem Brief heißt es, ich solle mich nächstes Jahr noch einmal bewerben. Schade, der winzige Hoffnungsschimmer schwindet wie eine Schönwetterwolke am Gewitterhimmel.

Die Bewerbungsbedingungen schienen optimal: 1. der Bewerber sollte in Berlin ansässig sein; 2. es sollte eine Kinder- oder Jugendgeschichte sein; 3. die Geschichte sollte in oder um Berlin spielen. Da alle drei Punkte in meinem Manuskript erfüllt sind, gelange ich zu der Feststellung: es ist zu schlecht. Alles überschlafen, denke ich und schiebe die 260 Seiten außer Sichtweite in eine Ecke.

Berlin bietet genügend Möglichkeiten zum Ablenken. Unser Freundeskreis aus dem Ostteil schrumpft auf ein Minimum. Wohin wir zu Einladungen gehen, macht sich unangenehme Stimmung breit. Es tönen Sätze an unsere Ohren wie: »Ihr Westler habt es gut, ihr habt ja die Westmark. Wir müssen uns die Nase an den Schaufenstern plattdrücken.«

Plötzlich sind wir Westler.

Toro, ein Farbiger, den ich seit meiner Kindheit aus dem Heim kenne, lebt mit seiner Frau und fünf Kindern in einem großen Haus in einer Diplomatensiedlung im Ostteil. Sein Vater, erster Student aus Afrika an der Humboldt-Universität, nahm Toro und seine Geschwister nach dem Studium in seine Heimat mit. Toro beherrschte weder die Landessprache, noch fühlte er sich im Geburtsland seines Vaters wohl. Deshalb plante er die Flucht zurück in die DDR. Ich habe ihn als zwölfjährigen Jungen zum letzten Mal gesehen. Sieben Jahre später traf ich ihn zufällig auf dem Alexanderplatz wieder. Er erzählte mir seine abenteuerlichen Erlebnisse. Jedesmal, wenn im Hafen ein Schiff aus der DDR anlegte, schlich er um die Matrosen herum, suchte Kontakt in der Hoffnung, auf den Frachter steigen zu können. Beeindruckt von dem fließenden Deutsch, das er sprach, fanden die Seeleute Gefallen an ihm.

Keiner von ihnen ahnte seine Absichten. Bald besaß er das Vertrauen der Mannschaft, sie ließen ihn an Bord, gaben ihm Essen und freuten sich Jahr für Jahr, wenn sie ihn wiedersahen. Endlich wagte er, sich einem Matrosen anzuvertrauen. Er erzählte ihm, daß er in einem Kinderheim in der DDR aufgewachsen sei und gerne wieder in die DDR zurück wollte. Nach vielem Hin und Her versteckte ihn der Matrose im Laderaum. Nachdem sie die Hoheitsgewässer verlassen hatten, machte der Matrose Meldung über den blinden Passagier. Der Kapitän funkte Rostock an und erhielt die Erlaubnis, den Jungen, der einmal DDR-Bürger gewesen war, mitzubringen. Wahrscheinlich aus Kostengründen. Seine frühere Erzieherin, Frau Nöte, nahm

Links: Schnappschuß.

Unten: Bei der Oma in Grünwalde erhole ich mich immer gern.

Meine Tochter Fanni ist jetzt 10 Monate alt.

Ein Spaziergang mit Mann und Töchterchen tut gut.

Unsere letzte Wohnung in Ost-Berlin 1987 in einer wunderschönen alten Villa an der Spree.

Die letzten unbeschwerten Tage für Fanni und Timo vor der Ausreise 1987.

Rechts: Noch ein Spaziergang mit den Kindern, bevor es endgültig in den Westen geht.

Unten: Mit meinem Sohn Timo verbinden mich ganz besondere Erinnerungen.

Eine Bootsfahrt in den Spreewald gehört zu unseren schönsten Erlebnissen vor der Ausreise 1987. Wir sitzen ganz vorn.

Rechts: Ein Blick zurück.

Unten: Unsere gesamte
Habe ist gepackt und
im Käfer verstaut.
Nun steht endgültig fest:
Es gibt kein Zurück.

Oben: Endlich im Westen!

Links: Das Land unserer Träume: Italien. Mit Mann und Tochter in Venedig.

Toro auf und kümmerte sich wie eine Mutter um ihn, bis er eines Tages seine eigenen Wege ging.

Vom Straßenfeger über Müllkutscher brachte er es schließlich zu einem gut dotierten Posten in der Botschaft des Fluchtlandes. Da er das Gehalt in Westmark bekam, lebte er in Ost-Berlin nobel. Er fuhr große Autos, erreichte mit dem Schmuggel von Westgütern erheblichen Wohlstand, tat den Freunden wie den Feinden einen Gefallen und nutzte die Vorteile seines Diplomatenausweises reichlich aus. Stolz verwies er auf die Größe seines Grundstückes, seines Hauses und seiner Familie. Mit dem Fall der Mauer gab es ein bitteres Ende. Seine Geschäftspartner blieben aus, sie erfüllten sich nun ihre Wünsche selbst.

Toro lädt zu einem Essen ein. Ein letztes Mal schart er seine angeblichen Freunde um sich. Auch wir sind eingeladen. Im Kreis derer, die uns fremd sind und die ihre Augen feindselig auf uns heften, fühlen wir uns nicht wohl. Aber der kameradschaftliche Ton, in dem ich mit Toro seit unserer Kindheit verkehre, ändert sich nicht. So bleibt es kein Geheimnis, daß wir in West-Berlin wohnen. Ein guter Anlaß, den Frust auf uns abzuladen; so glaubt jedenfalls ein Mann, dem sich die anderen Besucher zaghaft anschließen. Hochmütig teilt er uns mit:

»Von mir aus können sie die Mauer wieder aufbauen. Ich brauche zum Frühstück nicht zehn verschiedene Käsesorten. Vorher ging es mir viel besser, da hatte ich zweitausend Mark (DDR-Mark) auf die Hand, jetzt sind es nicht mal fünfzehnhundert.«

Auf solch wütenden Ausfall gegen sich selbst, gegen seine ganze Umgebung reagiere ich gelassen:

»Fahren Sie doch nach China, die Reisefreiheit

macht es möglich. Da finden Sie Ihre heißgeliebte Mauer. Aber ob Sie genauso freundlich grinsen können wie die Chinesen, bezweifle ich.«

Meine Auffassung stellt ihn nicht vor die Notwendigkeit, Charakter zu zeigen; er schweigt erbost. Keiner aus der Runde will sich mit Toro überwerfen, noch wissen sie nicht, ob sie auf seine Hilfe uneingeschränkt verzichten können.

Toro überspielt das peinliche Schweigen, indem er von dem Rechtsstreit um das Grundstück spricht, das auf den Namen seiner ersten geschiedenen Frau eingetragen ist. Jetzt ist es Zeit für uns, den Heimweg anzutreten; wir begründen es damit, daß unsere Tochter allein in der Wohnung ist.

Vor der Währungsreform bestimmte die provisorische »Volksregierung«, daß jeder Eigentümer das Grundstück, auf dem er gebaut hatte, kaufen könne. Zu den glücklichen Immobilienbesitzern gehörte auch mein Bruder. Viele zahlten auf einen Schlag ihre Kredite ab, um nicht die späteren hohen Zinsen der Westbanken finanzieren zu müssen.

Der Ruf nach der D-Mark wurde immer stärker, und in jener Nacht der Umstellung von Ost- auf Westmark sangen die Menschen auf dem Alexanderplatz:

»So ein Tag, so wunderschön wie heute, so ein Tag, der dürfte nie vergehn. So ein Tag, auf den ich mich so freute ...«

Leider verging der Tag. Ein Tag, der reichte, um die Zahl der Wählerstimmen für die regierende Partei in die Höhe zu treiben, und der es ihr ermöglichte, den Weg zur deutschen Einheit mit geringem Widerstand hürdenlos zu nehmen.

Am 3. 10. 1990 erkor sich die Regierung den Reichstag als Krönungsstuhl der deutschen Wiedervereinigung. Ein schneller Sieg über den Sieger. Der in aller Welt mißtrauisch beäugte »Deutsche« sproß aus der Wurzel zur Eiche. Vorsicht war geboten. Ein gefällter Baum stand plötzlich wieder aufrecht. Die Stimmung in den Straßen erreichte nicht den Höhepunkt der Maueröffnung. Zu sehr drang die private Unzufriedenheit über die Nachteile im Zusammenhang mit der Grenzöffnung nach außen.

Die Wörter »Ostler« und »Westler« verwandelten sich in »Ossi« und »Wessi«. Sie klangen im Streit niedlicher, und der Hahnenkampf begann. Das Turnier dauert bis heute. Frei nach dem Kinderspruch »Gib mir meine Puppenlappen wieder, in meinem Hof scheint auch die Sonne« zankt sich die Nation um Eigentumsrechte, Häuser, Grundstücke, Seen, Flüsse, Geld, Steuern, Solidaritätsabgaben, Subventionen und so weiter. Den Schiedsrichter mimt die Treuhandgesellschaft, wobei im Ausverkauf der ehemaligen DDR »Treue« und »Hand« eine große Rolle unter den alten Seilschaften spielen.

Einmal erhielt ich Gelegenheit, an einer Verhandlung im Handelszentrum teilzunehmen. Die Westkäufer stritten emsig um die Höhe der Preise, scheiterten mangels Geld oder an der Treuhand, und oft verbargen sich unter ihrem unauffälligen Äußeren Hochstapler, Spekulanten oder andere »nette« Zeitgenossen.

Mehr als einmal stellte ich mir die Frage, warum kein Mensch aus den neuen Bundesländern auf die Idee kam, sein Erbe aus dem Arbeiter-und-Bauern-Staat in der Höhe seiner Arbeitsjahre aus dem Treuhandfonds einzufordern, denn schließlich gehörte ja alles einmal dem »Volk«. Wäre lustig, vor der Treuhand bildeten sich Schlangen der Arbeitslosen, die aus dem Erlös der verkauften Firma ihren Anteil verlangten.

Das Glück scheint mir hold; über einen Bekannten erfahre ich die Adresse einer Lektorin in München. Ich rufe sie an, und sie ermuntert mich, ihr das Manuskript zu schicken. Ich verpacke das Bündel Blätter stoß- und knicksicher, ohne die Hoffnung zu verlieren, sie möge ihre Zeit beim Lesen nicht als Verschwendung ansehen.

Schon am übernächsten Abend, ich habe eben den Elternabend hinter mich gebracht, berichtet meine Tochter aufgeregt:

»Mami, eine Frau hat angerufen, du möchtest sie unbedingt zurückrufen.«

Sie weiß, wieviel mir dieser Anruf bedeutet, und redet mir zu: »Sie hat gesagt, bis zehn Uhr kannst du sie anrufen, jetzt ist es halb elf. Du erreichst sie bestimmt noch.«

In weniger als fünf Minuten überdenke ich alle Höflichkeitsformeln, gebe mir einen Stoß und rufe trotz der überschrittenen Uhrzeit an.

»Hermann.« Eine nette Stimme, nicht abweisend.

»Burkowski.« Ich schweige gespannt.

»Ah, Frau Burkowski, schön, daß Sie anrufen. Ich habe vorhin mit Ihrer Tochter gesprochen, übrigens ein freundliches Kind. Zu Ihrem Manuskript kann ich nur sagen, ich finde es gut. Ich finde es teilweise sogar sehr gut. Sachlich, nicht polemisch, unsentimental, aber doch sehr anrührend und spannend.«

Ich frage nach: »Wirklich? Ich kann's nicht glauben.«

»Doch, es ist fesselnd. Ich habe es bis in die Nacht

gelesen, so hat es mich gefangengehalten. Wenn Sie einverstanden sind, redigiere ich es Ihnen.«

»Selbstverständlich bin ich einverstanden, herzlichen Dank! Dann hören wir voneinander.«

»Ja. Und wenn ich Fragen habe, rufe ich Sie an. An Ihrem Schreibstil werde ich nichts ändern.«

»Noch mal herzlichen Dank! Auf Wiedersehen.«

»Hurra!« schreie ich, wirble meine Tochter, die aus ihrem Bett gelaufen kommt, im Zimmer durch die Luft. Ich drücke ihr einen Gutenachtkuß auf die Wange, gebe ihr einen leichten Klaps auf den Po und sage überglücklich:

»Hopp, jetzt schnell ins Bett und schlafen, morgen ist Schule.«

Sie drückt mich und springt lachend davon. Mein Mann betrachtet mich lächelnd:

»Na, mein Schatz, wer sagt's denn, du schaffst es.«

Ich fliege ihm um den Hals, kuschle mich eng an ihn.

Sobald ich mich ihm nähere, bedarf es keiner Anstrengung, Zärtlichkeiten in einer wundervollen Liebesstunde enden zu lassen.

Gerda kommt mich besuchen. Niedergeschlagen erzählt sie, daß sie sich selbständig machen will und von ihrer vergeblichen Wanderung durch alle Kreditbanken. Nirgends hielt man sie für kreditwürdig, da sie keine Sicherheiten bieten konnte. Viele »Ossis« hatten geglaubt, die schnelle Mark mit Imbißständen machen zu können, sie sprossen wie Pilze aus dem Boden.

Egal, wohin man in oder um Berlin einen Ausflug machte, überall wehte einem der Wind den Duft verbrannten Fettes der Pommesbuden um die Nase. Höchst selten, daß ein gut geführtes staatliches Restaurant auch gute Speisen verabreichte. Die Preise entsprachen zwar westlichem Standard, aber die Gerichte sahen aus wie eh und je. Wir gewöhnten uns das Essengehen unterwegs sehr bald ab. Zu sehr hatten wir uns an das westliche Niveau gewöhnt. Aber es dauerte nicht lange, da privatisierten sich einige der Restaurants, und siehe da, es schmeckte plötzlich.

Gerda hegt die Absicht, einen Zeitungskiosk zu eröffnen, in dem sie gleichzeitig kleine Geschenkartikel anbieten will. Also nehme ich meine langjährige Heimfreundin unter den Arm, gehe zu meiner Bank, rede mit dem Bankdirektor, und Gerda erhält den gewünschten Kredit, ohne daß ich bürgen muß. Innerhalb weniger Minuten wird aus einer Arbeitslosen eine Selbständige. Der Westen macht's möglich.

Wie ihr erging es meinem Bruder und vielen meiner ehemaligen Freunde. Sie stürzten sich in die freie Marktwirtschaft mit dem Ziel vor Augen, ein Stück von dem großen Kuchen zu erhaschen.

Geld, Geld, Geld …

Freundschaften schwinden wie die Sahne auf der Torte. Jeder denkt nur an sich, gebraucht die Ellenbogen wie Mistforken, und das Komische bei all den Unternehmungen ist, daß die Leute häufig absolut nichts von dem verstehen, wovon sie sprechen oder was sie tun.

Es wundert mich, wie schnell sich Freundschaften in Feindschaften verkehren und daß die freie Marktwirtschaft die Menschen im Ostteil härter werden läßt, als wir Wessis es uns vorstellen können. Diese Klagen höre ich oft. Die plötzliche Erkenntnis, daß alte Freundeskreise nur Zweckgemeinschaften waren und dem vorteilhaften Überleben in DDR-Jahren dienten, enttäuscht mich. Jetzt ist das verhaßte herrschende System untergegangen und mit ihm alle Vorzüge der »Notgemeinschaft«.

Ruhe kehrt in unser Leben ein, die Besuche nehmen ab, bis sie ganz ausbleiben. Trotzdem entgehen unseren Ohren nicht solche Sätze wie »Die Mauer fehlt« oder »Die Mauer müßte her und drei Meter höher«. Worte, die täglich auf beiden Seiten zu hören sind. Wenigstens hat die Wiedervereinigung in Jammer und Klagen stattgefunden, eine Eigenschaft der Deutschen, denen es vermutlich gutgeht. Nicht ohne Grund zieht ein neuer Witz durch die Lokale:

Ein Kumpel aus der ehemaligen DDR trifft im vollen Bahnhofsrestaurant in Leipzig einen Freund. Erfreut über das Wiedersehen ruft er laut: »Mensch, Kalle, wie geht's dir denn?«

Kalle legt erbleichend einen Finger an die Lippen und zischt: »Pst, nicht so laut!«

»Aber wieso denn, Kalle, die Zeiten von ›Horch und Guck‹ sind doch vorbei!«

»Ja, aber es muß ja nicht jeder gleich hören, daß es mir gutgeht.«

Im Zusammenhang mit der Wiedervereinigung brechen die veralteten Industrieanlagen auseinander. Die ehemaligen Vertragspartner der einstigen Ostblockländer können die D-Mark nicht zahlen, und die Waren finden auf dem Weltmarkt keinen Absatz. Zigtausend Arbeiter, darunter viele Frauen, verlieren ihre Arbeitsplätze.

Wir fahren Timos Oma und Uroma besuchen, die im Braunkohleabbaugebiet bei Lauchhammer leben. Das Wiedersehen ist überaus herzlich. Nichts hat sich in ihrem kleinen Häuschen verändert. Der grüne Kachelofen strahlt wohlige Wärme aus, ich setze mich wie in alten Zeiten auf die Holzbank, lehne meinen Rücken gegen den Ofen und blicke in den Garten hinaus. Wo sind die Jahre geblieben? Timo wird dreiundzwanzig, er ist immer noch auf der Suche, sein Leben ist wie eine Eisfläche, auf der er spielerisch leichtsinnig tanzt. Ohne Angst vor Stürzen läuft er darüber hinweg, denkt nicht an die Gefahr des Einbruchs, sondern glaubt jedesmal, die Kurve zu kriegen. Ich stehe am Ufer, sehe zu und werfe im gefährlichen Augenblick das rettende Seil. Doch was ist, wenn das Seil einmal zu kurz ist? Eine Frage, die ich am liebsten verdränge. Ich hoffe, er schafft eines Tages den großen Sprung stehend.

Die Uroma kommt herein, sie schlägt freudig die Hände überm Kopf zusammen. Ihr Gesicht zeigt nicht die geringste Spur ihrer 91 Jahre, nur der zahnlose Mund deutet auf das Greisenalter hin.

»Guter Gott, die Uschi!«

Sie schaukelt ergriffen ihr Haupt, auf dem der seit Jahrzehnten gleich geflochtene Dutt wackelt.

Oma stellt die Kaffeekanne auf den Tisch, holt den selbstgebackenen Streuselkuchen herein und beginnt zu erzählen.

»Die Zeiten haben sich sehr geändert. Hier im Dorf gibt es keine Arbeit, und in der Kohlefabrik werden viele entlassen. Über die Hälfte der Bevölkerung ist arbeitslos. Wer jung ist, macht rüber in den Westen. Die Leute hier sind sauer, vor allem auf die neue Regierung. Was haben die nicht alles versprochen. Von wegen: nach der Wiedervereinigung geht es niemandem schlechter als vorher. Was denkt ihr, wie viele sich gleich nach der Wende ein neues Auto gekauft haben;

jetzt sitzen sie auf einem Berg Schulden ohne Arbeit, das kann man doch nicht mit jungen Leuten machen. Nicht nur, daß der Konsum dichtgemacht hat und die Busfahrt in die Stadt viel zu teuer geworden ist, nein, das reichte nicht, sogar das Kulturhaus haben sie den Jugendlichen weggenommen. Nun wohnen da Ausländer, ganze Familien hocken da herum. Die armen Menschen können einem zwar leid tun, aber hier kriegen sie doch auch keine Wohnung und Arbeit. Mich würden keine zehn Pferde aus meiner Heimat bringen. Und die Jugendlichen, was machen die? Die lungern tagsüber herum. Wo soll das hinführen?

Mitten im Dorf hat irgendein Westler einen Puff aufgemacht, da sollst du mal sehen, wer alles hierherkommt.« Sie schlägt sich ärgerlich auf den Mund.

»Puff sagt man nicht, oder?«

Ich lache: »Heute spielt das keine Rolle, wir sind unter uns.«

»Was es alles so gibt, eine Schande ist das. Früher, da brachten sie im Fernsehen gute Unterhaltungssendungen, jetzt können wir den Westen sehen und müssen uns die Schweinereien oder Werbungen gefallen lassen. Wo sind eigentlich unsere Künstler geblieben? Wohl auch in den Westen gegangen. Da gehe ich lieber frühzeitig zu Bett, als mir diesen Quatsch anzusehen. Ich will mich ja nicht beklagen, ich komme zurecht. Uroma hat zwei Weltkriege mitgemacht, da werde ich die paar Jahre, die mir noch bleiben, auch durchstehen.«

Sie räumt das Geschirr zusammen, und ich helfe ihr, es in die kleine Küche zu tragen. Die Eisenringe des Herdes glühen unter der Hitze der Kohlen, im ausgebeulten Kessel brodelt das Wasser, sie schiebt kleingehacktes Holz nach. Trotz ihrer 71 Jahre und der Krebsoperation am Kehlkopf ist sie noch recht agil. Sie versorgt ihre Mutter, macht die Wirtschaft und nimmt regen Anteil an ihrer Umwelt. Wir einigen uns, daß wir die Welt nicht verändern können, und sie vertritt die Meinung einer Bäuerin: »Die Arbeit eines Politikers ist wie eine Zwiebel. Betrachtet man sie von nahem, kommen einem die Tränen.«

Meine Lektorin erweist sich als Glückstreffer. Sie versteht mein Anliegen ausgezeichnet. Bald fasse ich Vertrauen zu ihr und kann ihr einige nur angedeutete private Tatsachen besser erklären. Auf diese Weise ist sie mir eine Art Freundin geworden, der ich ohne Scheu gegenübertreten kann.

Ein paarmal ruft sie mich an. Gemeinsam besprechen wir einzelne Korrekturen, dann schickt sie mir das fertige Manuskript. Ich habe ihr von meiner Absicht erzählt, das Buch im Selbstverlag herauszubringen. Sie bemüht sich, mich in allen Fragen zu unterstützen, dankbar nehme ich jeden Hinweis an.

Voller Tatendrang, niemals an meinem Erfolg zweifelnd, klappere ich verschiedene Druckhäuser ab. Die Angebote scheinen mir allesamt sehr hoch. Deshalb vertraue ich einem Bekannten, der mir versichert, daß einer seiner Freunde (aus den Seilschaften), der in Ost-Berlin ein großes Druckhaus eröffnet hat, mir bestimmt ein kostengünstiges Angebot machen könne.

Herr B. ist bereit, mich zu begleiten. Ich fahre zum Alexanderplatz, um ihn in seiner alten Dienststelle, die nun einem ausländischen Investor gehört, abzuholen. Er genießt noch den Vorteil seiner ehemaligen hohen Stellung, ein Dienstwagen steht uns zur Verfügung.

Die Fahrtrichtung läßt unschwer erkennen, daß wir uns auf dem Weg zu meiner ehemaligen Wohngegend befinden. Herr B. klärt mich unterwegs darüber auf, daß der Besitzer des Druckhauses zu DDR-Zeiten eine hohe Funktion bekleidet habe.

Das Druckhaus befindet sich in einem roten Ziegelbau, der bis 1989 von Soldaten bewacht wurde. Eine militärische Einrichtung, die mir seit meiner Kindheit bekannt ist. Nach der Anmeldung beim Pförtner überqueren wir ein fabrikhofähnliches Areal, steigen die hohe, eiserne Treppe zur dritten Etage hinauf und befinden uns in einem der modernsten Büros, die ich bisher in Druckhäusern vorgefunden habe.

Eine freundliche Sekretärin (Weststandard) bittet uns in das Chefzimmer. Kaum sind wir allein, frage ich Herrn B., woher dieser Luxus stammt. Er lacht:

»Meine liebe Frau Burkowski ...«

Die Tür öffnet sich, und ein Mann im typischen Manageroutfit gibt uns grinsend die Hand. Der Chef.

Ein unsympathischer Mensch, im Alter schwer zu schätzen, zwischen vierzig und fünfzig. Eigentlich weiß ich sofort, daß ich hier nicht an der richtigen Stelle bin, aber ich höre dennoch zu. Herr B. schildert in knappen Worten meine Wünsche. Ein überhebliches Lächeln schleicht sich in das Gesicht des Mannes. Er nimmt eine Seite meines Manuskripts und verläßt damit den Raum. Als er das Zimmer wieder betritt, sagt er:

»Mein Kostenvoranschlag: zirka dreißigtausend Mark, oder ich kaufe das Manuskript für diesen Preis, und Sie sind alle Sorgen los.«

Verdattert sehe ich Herrn B. an, der merklich den Kopf schüttelt.

»Das verstehe ich nicht. Sie wollen mir mein Manuskript abkaufen, und dann?«

»Sagte ich bereits, Sie wären aller Sorgen enthoben, ich würde es drucken und vertreiben lassen.«

»Und das große Geld damit verdienen«, höre ich Herrn B. einwerfen. »Lassen Sie die Finger davon, Frau Burkowski.«

Der andere sieht seinen ehemaligen Freund feindselig an und faucht:

»Danke, kann ich da nur sagen. Du hast mir prima geholfen.«

Herr B. lacht:

»Immer zu Ihren Diensten, Herr Kollege! Kommen Sie, Frau Burkowski, wir gehen.«

Wir verlassen das Gelände.

»So eine Gemeinheit, der hat sie wohl nicht alle«, sage ich. »Was bildet er sich ein, einfach mein Manuskript kaufen zu wollen!«

Vor Ärger bleiben mir die Worte im Halse stecken.

»Tja«, lacht Herr B., »jeder denkt nur noch an die schnelle Mark. Die einmal erreichte Lebensgewohnheit gibt man nicht einfach auf. Er war ja schließlich mal wer.«

»Kein Wunder, aber nicht auf meine Kosten.«

Mir bleibt nichts weiter übrig, als die Sucherei fortzusetzen. Ende April finde ich im Süden Berlins eine Druckerei, die mir einen anständigen Preis macht. Tagtäglich hoffe ich, es möge nichts mehr schiefgehen.

Das Cover (Umschlag) mit einem Foto entwerfe ich selbst. In Gedanken sehe ich das fix und fertige Taschenbuch vor mir. Kurze Zeit vor Antritt unserer Urlaubsreise nach Hinterwies in Bayern halte ich die ganz frischen Druckfahnen in den Händen. Meine

Lektorin sitzt zum Korrigieren bereit, und innerhalb einer Woche liegen die Fahnen dem Druckhaus vor.

Meine Energie läßt nicht nach, obgleich ich um die hinter der Hand gesprochenen negativen Bemerkungen einzelner Bekannter weiß. Nichts kann mich von meinem Vorhaben, das Buch auf den Markt zu bringen, abhalten. Dank dem Ratschlag einer Freundin, das Buch an einen Rundfunksender in Berlin zu schicken, verfolge ich zunächst einmal jeden Sonnabend die in Frage kommende Sendung. Sie gefällt mir ausgesprochen gut. Das Frauenmagazin bringt interessante Beiträge, ohne den Eindruck zu erwecken, oberflächlich zu sein. Die Themen klingen nicht abgedroschen.

Ich muß lange mit mir ringen, aber dann überwinde ich meine Scheu, nehme meinen Mut zusammen, schicke die Fahnen ein und freue mich auf die Reise, die zwei Tage danach losgehen soll. Einen Tag vorher erreicht mich der Anruf einer Frau K. aus dem Sender Freies Berlin (SFB).

Sie bittet mich zu einem Interview ins Studio. Ein heißer, freudiger Schreck durchfährt mich und Angst vor dem, was ernst zu werden verspricht. Ich entschuldige mich mit der Reise, die wir morgen antreten werden. Wir vereinbaren einen telefonischen Termin für den ersten Tag nach unserer Rückkehr. So recht mag ich nicht daran glauben.

Am Nachmittag desselben Tages kommt die Lieferung aller Bücher. Fein säuberlich verpackt, einzeln eingeschweißt stehen die Stapel da, wie ich sie mir gewünscht habe. Stolz zu empfinden, bleibt nicht die Zeit, heftige Kopfschmerzen plagen mich, und es gilt, die Bücher vor dem Urlaub ordentlich unterzubringen. Mein Werk verschwindet im Keller. Allerdings bestehen meine Nachbarinnen Gabi und Sabine auf der Herausgabe jeweils eines Buches.

Unser Wohnhaus hat seinen eigenen Charakter. Wir sind sechs Mietparteien; es gibt keine Probleme oder Streitereien untereinander, dafür hatte die Verwaltung mit ihren zu hohen Abrechnungen gesorgt. Regelmäßig einmal im Jahr sitzen wir fröhlich zusammen. Jeder bringt Kuchen, Salate und Getränke mit. Oftmals stehe ich mit dem Mann meiner Nachbarin plaudernd im Treppenhaus, während die Kinder am Geländer um uns herumturnen. Wir haben ein sehr gutes Wohnklima, ein Grund dafür, daß kleine Sorgen keine großen Geheimnisse bleiben und das Borgen von Salz, Eiern und Mehl durchaus selbstverständlich ist. Kinder von abwesenden Nachbarn werden kommentarlos in die Wohnung geholt, und der Postbote klingelt einmal bei jedem, wenn er den Empfänger nicht antrifft.

Urlaub

Wir packen einen Zehnerstapel Bücher an die Heckscheibe und fahren ohne Sorgen in die Ferien.

Unsere Tochter liebt Bayern.

Stundenlang tummelt sie sich in den klaren Bergseen, genießt die Wanderungen unter hohen Fichten und bewundert die Standfestigkeit der Kühe am Hang. Wir liegen faul in der Sonne, beobachten die Bläßhühner, flechten Blumenkränze, kutschieren bis Salzburg, wo wir im Pferdegespann die Fußgängerzone unsicher machen, sehen uns das Geburtshaus Mozarts an und wünschen, es gäbe kein Berlin.

Marille, unsere Wirtin, besticht durch ihren unwiderstehlichen Humor. Wenn wir am Morgen unter den dikken Federbetten erwachen und die Sonne den Fensterschmuck der Bayern, die Geranien, sacht streift, erklingt Marilles fröhliches Lachen wie ein Wecker. Auf der blumengeschmückten Veranda wartet jeden Morgen ein liebevoll gedeckter Tisch. Wir blicken über die weiten Wiesen, sehen Heißluftballons über uns hinwegfliegen und lauschen dem tosenden Plätschern des reißenden Flusses, der Traun. Jedes Jahr, wenn die Urlaubszeit naht, sprechen wir von fernen Ländern und landen doch immer bei Marille. Und jedesmal haben wir fast das Gefühl, nach langer Abwesenheit wieder nach Hause zu kommen.

Als wir an einem Nachmittag vom Großglockner aus Österreich kommen, schenke ich ihr mein Buch. Sie staunt:

»Jesus Maria, welch hohe Gäste habe ich bei mir! Jetzt wohnen unter meinem Dach schon Schriftsteller!«

»Von wegen«, lache ich verlegen.

Sie spaßt ständig. »Früher haben wir die Kühe gemolken«, sagt sie einmal, »heute melken wir die Preußen.«

Womit sie alle Menschen hinter Bayerns nördlicher Grenze meint. Urlaub bei Marille ist eine heilsame Wohltat nach dem Gejammer und Gestöhne in Berlin. Mag sein, daß die Bayern ihre Wut ins Korn dreschen, schlagfertig wie wir Berliner sind sie allemal. Wie beneiden wir Axel und Angelika, die in dieser friedlichen Landschaft die letzte Station ihrer Reise gefunden haben. Würde uns eine Fee über den Weg laufen und wir hätten einen Wunsch frei, wir würden nach Bayern auswandern.

In Bayern erleben wir die witzigsten Abenteuer. Mitten im Sommer hagelt und schneit es plötzlich. Unsere Tochter springt erfreut aus dem Auto und schiebt, in Sommersachen gekleidet, den Schnee zusammen, es ist überhaupt nicht kalt. Einmal entdecken wir an einer Hausecke Sperrmüll, unter dem sich ein sehr schönes altes Hahn-Fahrrad befindet. Ich schätze, es ist zu Beginn der fünfziger Jahre gebaut worden; kein Teil fehlt. Selbst der abdrehbare Hahn auf dem Schutzblech, die Klingel, das Netz als Kettenschutz und der ursprüngliche Sattel sowie der Gepäckträger sind noch im Originalzustand.

»Komm, Mami, das nehmen wir mit!« ruft Fanni begeistert.

Zwei dicke Herren in Shorts schleichen um uns herum. Ihre Sonnenbrillen verbergen nicht das Interesse an dem Gefährt. Ehe ich Einwände vorbringen kann, schwingt sich meine Tochter auf den Sattel und klingelt, um ihrer Eroberung Nachdruck zu verleihen, stürmisch. Die Männer umkreisen sie wie Geier, bereit, im richtigen Augenblick die Beute zu packen. Dabei unterschätzen sie die Ausdauer eines spielenden Kindes. Unverdrossen tritt sie in die Pedale, ohne den Finger von der schrillen, nervtötenden Klingel zu lassen. Den Herren dauert das ausgelassene Verhalten der pippilangstrumpfähnlichen Göre zu lange. Sie beginnen abfällig über das Rad zu sprechen.

»Herbert, sieh mal die Roststellen, das Rad ist sehr schrottreif.«

»Hast recht, Uli, die Tretlager sind auch kaputt.«

Obwohl ich keine Ahnung habe, was Tretlager sind, fühle ich mich verpflichtet, meiner Tochter und dem Rad Beistand zu leisten. In überzeugtem Ton sage ich:

»Es fehlt nur Luft, dann fährt es wieder.«

Kaum habe ich den Satz beendet, schreit Fanni begeistert auf:

»Au fein, Mami, wir nehmen es mit!«

Ich sehe die gierigen Blicke der Antiquitätenhaie und stimme laut zu:

»Ja.«

Sie hüpft sofort von dem Gefährt und schiebt es stolz über die Straße zum Parkplatz davon. Als Frank uns mit dem uralten Vehikel kommen sieht, entrüstet er sich:

»Wie wollt ihr das Ding nach Berlin bringen?«

Fanni und ich tauschen verschwörerische Blicke aus, keiner von uns beiden denkt ans Nachgeben. Ein Gedankenblitz zuckt mir durch den Kopf:

»Auf dem Dachgepäckträger!« rufe ich, erleichtert über den Einfall.

»Ja, Papi, da stört es niemanden!« unterstützt mich meine kleine Komplizin.

Frank sucht nach Stricken, bindet das Fahrrad auf das Dach und frohlockt:

»Wenn wir eine Panne haben, kannst du mit dem Rad weiterfahren!«

Das ist jedoch nicht die einzige Errungenschaft.

Am nächsten Morgen weckt uns nicht Marilles Lachen, sondern das Rauschen heftigen Regens, der unablässig aus den grauen Wolken strömt. An so einem Tag bleibt man am besten im Bett oder geht ins Museum. Wir entscheiden uns für die Besichtigung des Bauerndorfmuseums.

Bewaffnet mit Gummistiefeln und Regenschirm sind wir bereit, dem Regen zu trotzen. Statt die Preisliste für die Eintrittskarten zu lesen, studiert unsere aufgeweckte Tochter einen kleinen Zettel neben der Kasse:

Zwölf Wochen altes schwarzes Kätzchen oder grauer Kater zu verschenken!

Während Frank die Baukunst der verstorbenen bayrischen Vorfahren vom Land begutachtet, schwelgen wir selig in der Vorstellung, ein Kätzchen zu besitzen. Uns stören nicht der Regen, die aufgeweichten Wege und auch nicht die vielen Pfützen, die es zu durchwaten oder zu überspringen gilt. Wir sind von dem Gedanken besessen, schnell ins Auto zu kommen und zu der Katzenfamilie nach Amerang zu fahren. Frank erklärt sich einverstanden.

»Aber nur mal gucken!« mahnt er.

Unterwegs machen wir einen kurzen Abstecher nach Seeon. Jedes Jahr im Urlaub besuchen wir einmal den kleinen Friedhof im Kloster Seeon, wo die letzte, umstrittene russische Zarentochter Anastasia begraben liegt. Ich liebe diese romantische Ruhestätte. Diese Frau, geheimnisvoll wie die schönsten russischen Ikonen, ist mir mit ihrer tragischen Lebensgeschichte hier viel näher, als ich es in Filmen jemals gespürt habe. Vor ihrem Grab zu stehen, empfinde ich als wunderbares Erlebnis.

Meine Tochter will jedesmal die traurige Geschichte der Anastasia hören. Sie liebt es, die Namen an den verwitterten Kreuzen auf den Blumenhügeln zu entziffern, und fühlt die Spannung des Lebens an der Schwelle zu Gott viel deutlicher. Im Gegensatz zu mir ist meine Tochter gläubig. Sie nimmt seit der ersten Klasse interessiert am Religionsunterricht teil, hat auf dem Zeugnis eine Eins und glaubt an das Leben nach dem Tod.

Ich erinnere mich noch des Schreckens, in den sie uns unerwartet eines Tages versetzte. Wir aßen damals in einer kleinen Weinpinte zu Mittag, als sie plötzlich ausrief:

»Mami, wenn du mal stirbst, dann stoße ich mir ein Messer ins Herz, dann sind wir beide im Himmel als Engel zusammen.«

Den Tränen nahe, erkannte ich die Gefahr des kirchlichen Einflusses und wußte keine Antwort. Ihr Bruder hatte die rettende Erwiderung parat:

»Selbstmörder kommen nicht in den Himmel.«

In uns allen wirkte der Einfall der damals erst Sechsjährigen lange nach. Ihr brennender Wunsch, ein Engel zu sein, trieb mich fast dazu, ihr den Religionsunterricht zu verbieten. Da sie weder getauft noch zur Kommunion gegangen war, drängte sie mich eine Zeitlang dazu, es nachholen zu dürfen. Ich erklärte ihr, daß es auf der Welt verschiedene Auffassungen von Glauben gebe und daß sie als Erwachsene eventuell auf Schwierigkeiten bei der Heirat stoßen würde. Ich bat sie, zu warten, bis sie alt genug sei, sich für eine kirchliche Konfession selbst entscheiden zu können. Seitdem sind vier Jahre vergangen, ohne daß sie jemals wieder den Wunsch äußerte, getauft zu werden.

Die Fahrt nach Amerang endet auf einem Berg vor einem großen Bauernhaus. Wilde Blumen sprießen aus jedem Winkel hervor, als stünde es auf einer Wiese. Das Haus trägt ein Stützkorsett aus kräftigen Weinranken, die sich bis unters Dach ausbreiten. Blumengeschmückte Tongefäße stehen an der hölzernen Eingangstür, und ein wachsamer, großer Hund kündigt bellend das Kommen Fremder an. Ängstlich verharren wir im Auto. Eine schlanke, blonde Frau tritt aus der Tür, ruft den Hund zur Ruhe und bittet uns in Haus. Im Flur springen mehrere Kätzchen drollig herum, am liebsten hätten wir alle mitgenommen. Frank, der Tierfreund, kann den bittenden Augen seiner Tochter nicht widerstehen. Dankend entscheiden wir uns für den grauen Kater, den wir Charly nennen. Zum Abschied schenke ich der netten Frau ein Buch von mir. Mit dem Rad und Charly bringen wir zwei Erinnerungen aus Bayern nach Berlin, die uns lieb geworden sind.

Bücherverkauf und Radio-Interview

Am Sonnabend ruft tatsächlich Frau K. vom SFB an und bestellt mich zu einer zehn Minuten langen Livesendung. Eine Woche voller Ängste liegt vor mir. Ich weiß nicht, wie ich es fertigbringen soll, einfach so im Radio zu sprechen.

Sascha, ein Schauspieler, kommt mich besuchen. Gemeinsam machen wir uns auf den Weg zu verschiedenen Buchhandlungen. Ich bin der Meinung, ein Buch zu verkaufen sei das leichteste von der Welt. Mutig betreten wir die erste Buchhandlung.

»Guten Tag.«

»Guten Tag, Sie wünschen bitte?«

»Ich wünsche mir, daß Sie sich für mein Buch interessieren.«

Der Verkäufer sieht mich verdutzt an. Ich lege das Buch vor ihn auf den Tisch.

Er nimmt es ohne Regung, blättert die Seiten durch, als handle es sich um ein Bilderbuch, und sagt:

»Nein danke.«

Wir verlassen den Laden. Draußen frage ich Sascha:

»Sag mal, kann ein Mensch so schnell lesen?«

Wir lachen und steuern den nächsten Laden an, eine Frauenbuchhandlung. Kaum haben wir die Tür einen Spaltbreit geöffnet, ruft uns eine Frauenstimme empört entgegen:

»Eintritt nur für Frauen!«

Verdattert sehen wir uns an. Sascha ist alles andere als ein Mann, denn er liebt ausschließlich Männer.

»Zwischen ihm und mir besteht überhaupt kein Unterschied«, gebe ich bekannt.

»Egal, Männer dürfen hier nicht rein«, bestimmt die Verkäuferin.

Beleidigt dreht sich Sascha um und verläßt den Laden. Gerade will ich ihm folgen, da sehe ich eine junge Frau, die rasch das Geschäft verläßt und sich draußen mit Sascha unterhält. Neugierig frage ich die Frau hinter der Kasse, welche Absicht dahinterstecke, Männern den Zutritt zu verwehren.

Sie zuckt hilflos die Achseln und sagt:

»Finde ich auch blöde, ist nicht von mir. Wurde in den sechziger Jahren eingeführt und ist seitdem nicht geändert worden.«

Große Lust verspüre ich nicht, mein Buch anzupreisen, wage es dennoch, und siehe da, ein Wunder, sie behält fünf Bücher in Kommission. Nun frage mich einer, was Kommission bedeutet, ich weiß es nicht. Egal, erst einmal Interesse wecken, denke ich.

Saschas Empörung über den »Emanzenladen« verstehe ich. Wie wollen Frauen Toleranz für sich erreichen, wenn sie sie selbst nicht besitzen? Ich schäme mich.

»Komm«, fordert er mich auf, »wir gehen jetzt in die Prinz-Eisenherz-Buchhandlung, mal sehen, wie es dort zugeht.«

»Du betonst das so komisch, was ist das für ein Laden?«

Sascha sieht mich aus blauen Augen wie eine Dame von Welt an:

»Meine Teuerste, ›Prinz Eisenherz‹ ist eine Schwulenbuchhandlung«, gibt er zu verstehen.

»Willst du mich etwa in diesen Laden mitnehmen? Was ist, wenn sie mich da genauso anmotzen wie in dem Weiberladen? Ich würde im Erdboden versinken.«

»Kann ich mir nicht vorstellen. Mach dir mal keine Gedanken, ich bin ja auch noch da«, und er schwingt sich seinen Mantel leger über die Schulter.

»Weißt du, das Leben ist wie auf einer Bühne. Jeder versucht, eine Rolle zu spielen, und jetzt bist du eben dran. Mach es so gut du kannst. Du darfst dir niemals deine Unsicherheit anmerken lassen.«

Folgsam lausche ich seinen Worten und trete mutig hinter ihm in den Buchladen. Das Schrillen der Türglocke zieht die Blicke der anwesenden Männer auf uns. Lieber Gott, laß mich nicht rot werden, denke ich und fühle die Hitze meiner Wangen.

In keiner Bücherstube habe ich so viele Kunden gesehen und nirgends so viele dermaßen gutaussehende Männer auf einem Fleck getroffen wie hier. Ich flüstere Sascha ins Ohr:

»Schade, die schönsten Männer lieben sich selbst. Wenn man bedenkt, was der Frauenwelt verlorengeht – ein Jammer.«

Sascha lacht spitz auf. Die Burschen wenden sich ihm zu. Ohne Zweifel, er ist eine attraktive Erscheinung, hochgewachsen, schlank, sportlich in Jeans gekleidet, die ihn trotz seines Alters, er ist Ende dreißig, jugendlich wirken lassen. Das graue Haar trägt er kurz geschnitten, und in den blauen Augen flackert ständig der Ausdruck verträumter Melancholie.

Sascha versteht sich ohne große Worte ins Bild zu setzen. Ein ebenfalls grauhaariger, jugendlich wirkender Mann, dem der Dreitagebart etwas Verwegenes verleiht, spricht uns an.

»Was kann ich für euch tun?«

Freundlich sage ich mein Sprüchlein auf, lege mein Buch auf den Tisch und sehe, wie er den Klappentext liest. Als er fertig ist, legt er es beiseite.

»Lassen Sie es hier, ich nehme es in Kommission. Mal sehen, was daraus wird.«

Glücklich verlasse ich den Laden, wieder ein Buch weniger.

»Hurra«, schreie ich und umarme Sascha. Allerdings muß ich einsehen: Die wenigsten Buchläden trauen sich ein Buch zu nehmen. Werke aus Selbstverlagen ohne ISBN-Nummer sind nicht gelistet und bekannt. Bei Hunderten von Neuerscheinungen im Jahr will niemand mit einer unbekannten Autorin ein Risiko eingehen. Sätze, die ich alle zu hören bekomme und deren Inhalt ich selten begreife. Vom Buchgeschäft verstehe ich nichts.

Sascha hilft mir, so gut er kann.

Einmal kommt er zurück und lacht schon von weitem:

»Die haben das Buch nur wegen des Titelfotos genommen.«

»Wie bitte, die haben sich gar nicht für den Inhalt interessiert?« frage ich entgeistert.

»Nein«, gesteht er. »Die haben nur gesagt: ›Toll, das Schwarzweißbild, sehr ausdrucksstark, das Gesicht des Kindes‹ und es gleich ins Schaufenster gelegt.«

Ich schwanke zwischen Stolz und Enttäuschung.

»Na, wenigstens kann ich Bücher gestalten«, tröste ich mich laut.

Dann kommt Sascha eine lustige Idee. Er geht in eine kleine Buchhandlung und fragt nach dem Buch. Die Verkäuferinnen haben noch nie davon gehört. Sascha erzählt von einer hervorragenden Sendung im Radio, in der über dieses Buch gesprochen worden sei. Peinliches Schweigen und das Versprechen, es schnellstens zu bestellen.

Ein wahrlich schwerer Weg, den ich mir da ausgesucht habe. Insgesamt werden wir zehn Bücher los.

Am nächsten Tag ist die Rundfunksendung. Sascha verspricht Begleitschutz. In der Nacht mache ich kein Auge zu, aufgeregt überlege ich, wie ich wohl auf welche Frage antworten würde, und verwünsche meine Angewohnheit, rot zu werden. Franks tröstende Worte »Keiner sieht dich dabei« helfen wenig.

Beim morgendlichen Schminken rede ich mir Mut zu: Wer nicht wagt, der nicht gewinnt. Wer wagt, kann verlieren, wer nichts wagt, hat schon verloren usw.

Meine Entschlossenheit, den Kampf um die Verbreitung des Buches fortzusetzen, geht auch auf die Veröffentlichung der Akten über die tragischen Zwangsadoptionen zurück, die wenige Tage zuvor ans Tageslicht gefördert worden sind. Zu DDR-Zeiten wurden gegen den Willen der Mütter, die wegen versuchter Republikflucht inhaftiert waren, die Kinder vom Staat zur Adoption freigegeben. Ich weiß, ich muß über meine Heimerfahrungen sprechen, wenn ich Verständnis für die immer noch in Heimen lebenden Kinder wecken will.

Die Knie weich, der Puls rasend, so steige ich in Begleitung Saschas die Stufen zum Sender Freies Berlin empor. Freundlich nennt uns der Pförtner die Etage, und ich habe Mühe, nicht in die nächste Toilette zu rennen. Die Frauen im Zimmer erwarten mich schon. Als sie Sascha sehen, sage ich schnell:

»Mein Beschützer.«

Eine der Frauen lacht:

»Der wird Ihnen wenig nützen, da müssen Sie allein durch!«

Eine junge Frau wird mir als Moderatorin vorgestellt. Sie sieht mich aus runden braunen Kinderaugen an:

»Keine Angst, wir schaffen das schon«, muntert sie mich auf.

Die Fahrt im Aufzug zu den Senderäumen erscheint mir ewig. Dann sehe ich Türen, über denen rot leuchtet: Achtung Ruhe. O mein Gott, jetzt wird es ernst, und wieder keine Toilette. Unheimliche Stille liegt in den Fluren. Die Türen öffnen sich nur auf Druck eines Summers, und dann stehe ich im Studio. Hinter einer Glasscheibe sitzt eine Frau, sie spricht Nachrichten. Vor ihrem Gesicht baumeln Mikrofone herunter. Sie trägt Kopfhörer und blickt in den Musikpausen zu uns herüber. Ich sehe mich um. Ein Tontechniker sitzt am Mischpult, gekonnt hantiert er auf der Platte mit den vielen Knöpfen und bunten Leuchtpunkten herum. Fünf Menschen beobachten den Ablauf der Sendung. Mir wird mulmig.

Was ist, wenn ich kein Wort herausbringe? Ich komme gar nicht dazu, weiter darüber nachzudenken, plötzlich reicht mir eine große, schlanke Frau das Gästebuch. Ich schiebe es von mir. Sascha beugt sich über mich:

»Du mußt eine Widmung hineinschreiben.«

»Wieso ich, wer bin ich denn?«

»Frag nicht, mach schon«, drängt er.

Ich weiß wirklich nicht, wie ausgerechnet ich zu dieser Auszeichnung komme. Vorsichtig blättere ich die Seiten um und lese, was vor mir geschrieben worden ist. Zügig kritzle ich einen kurzen Satz hinein und klappe das Buch zu, da werde ich aufgefordert, der jungen Moderatorin zu folgen. Sie beruhigt mich:

»Wenn Sie ein Blackout haben, nicht so schlimm, wir schieben dann eine Frage nach oder spielen Musik ein.«

Blackout, denke ich, was ist das denn, ich bin doch nicht betrunken. Ich setze mich auf den mir zugewiesenen Stuhl. Bloß nicht zu den andern sehen, ich gebe mir Mühe, mich auf das Gesagte zu konzentrieren. Zehn Minuten soll das Gespräch dauern, mir scheint, es endet nie. Eine ihrer Fragen verstehe ich nicht. Ich muß nachfragen, sie formuliert um, und ich kann beruhigt antworten. Plötzlich ist mitten im Satz mein Kopf leer. Ich erinnere mich nicht an die Frage, schweigend ziehe ich meine Schultern hoch und drehe mich hilflos zur Sichtscheibe. Meine Hände deuten an: Was nun? Ich kann nichts machen, es ist eine Livesendung. Die Moderatorin lächelt und geht mühelos zur nächsten Frage über. Erleichtert atme ich auf, als die Musik einsetzt. Jetzt weiß ich, was ein Blackout ist.

Hinterher loben mich alle:

»Prima, sehr gut.«

Sascha schlägt mir begeistert auf die Schulter:

»Hast dich wacker gehalten.«

Die Premiere feiern wir stehend bei einer Cola auf dem U-Bahnhof.

»Weißt du, die Chefin fand es toll, daß du zu einer Frage gesagt hast: Verstehe ich nicht. Sie war der Meinung, daß die meisten Interviewpartner nicht verstandene Fragen krampfhaft zu beantworten versuchen, als würden sie sich in einer Prüfung befinden, die es um jeden Preis zu bestehen gilt. Nur keine Schwächen zeigen.«

Ich sehe Sascha an und muß lachen.

»Wenn ich es nicht verstehe, wie soll es der Zuhörer verstehen? Ich meine, die Antwort ist ausschlaggebend für das, was zu einem guten oder besser gesagt: interessanten Gespräch führen kann. Wenn ich Leute im Radio höre, die vor jedem Wort ›äh‹ machen, wenn sie antworten, und zu lange Pausen einlegen, sich ein paarmal wiederholen, schalte ich um. Da geht ja der Sinn der Unterhaltung verloren. Ich bin, wie ich bin, ich habe keine Lust, mich zu verstellen, nur weil es bestimmte Leute von mir erwarten.«

Sascha lächelt: »Bleib bloß so.«

»Man kann ja nie wissen, aber ich werde es versuchen. Als einzige Bestsellerautorin meines Verlages sollte es mir nicht schwerfallen, mir fehlt die Konkurrenz«, scherze ich.

Unsere U-Bahnen kommen, wir fahren in verschiedene Richtungen auseinander. Auch zu Hause loben mich alle, mein Sohn, meine Tochter sind begeistert, sie haben die Sendung auf eine Kassette aufgenommen.

Jetzt klingelt plötzlich ununterbrochen das Telefon, fremde Leute rufen an, fragen, wo sie das Buch kaufen können, sie seien von der Sendung sehr beeindruckt gewesen. Eifrig notieren mein Sohn oder Frank die Adressen, und dann geht es los. Kreuz und quer fahren wir durch Berlin, um das Buch persönlich vorbeizubringen. Manchmal bleibe ich im Auto sitzen, bis Frank zurückkommt.

Gespannt höre ich zu, was er über die interessierten

Leser erzählt. In Lichtenrade nimmt eine Buchhandlung gleich zehn Bücher, ein voller Erfolg. Überall, wo wir erscheinen, werden wir freundlich begrüßt. Ich laufe in Turnschuhen über gepflegte Rasenflächen, wir bekommen Getränke angeboten, hören Anerkennung und gute Wünsche. Bald bin ich total ausgepumpt, und Frank macht die Touren allein.

Streß plagt die Familie. Wir haben keinen Vertrieb, und oft kommt es vor, daß wir gerade aus dem Süden zurück im Norden sind, da müssen wir erneut in die südliche Himmelsrichtung starten. All das geht nur nach Feierabend, wenn Frank fahren kann, da ich keinen Führerschein habe.

So kommt mir die Idee, in einer Bibliothek eine Lesung zu veranstalten. Ausgerechnet ich, die Schüchterne. Aber mir bleibt keine andere Wahl, um gleichzeitig mehr Leser zu erreichen. So denke ich ahnungslos. Daß eine Lesung in einer solchen Einrichtung eher einer Ehrung dem Autor gegenüber gleichkommt, ist mir nicht klar. Ungeniert schlendere ich mit meinem Buch in der Hand in die neuerrichtete Bibliothek des nördlichen Bezirkes. In den heiligen Hallen der alten und neuen Bücher herrscht achtungsvolles Schweigen. Ich wage mich flüsternd an den Informationsschalter:

»Guten Tag, ich möchte hier gern eine Lesung geben.«

»Haben Sie einen Termin mit Frau Wiese? Sie ist für die Öffentlichkeitsarbeit zuständig.«

»Nein, habe ich nicht. Wo finde ich sie denn?«

»Am besten, Sie gehen zu dem Tisch dort gegenüber, Frau Roth wird Ihnen sicherlich mehr sagen können.«

Ich schleiche über den vornehmen Spannteppich zu Frau Roths Tisch. Ohne abzuwarten, was ich sagen möchte, deutet sie mit einem Bleistift richtungweisend in eine Ecke, in der zwei Frauen leise miteinander reden. Fast auf Zehenspitzen tänzle ich in die Flüsterecke, die beiden nehmen keine Notiz von mir. Ich glaube, ich bin mehr als zehnmal um die Informationswand geschlichen, ehe sich die beiden von ihren Stühlen erhoben. Wie von der Tarantel gestochen schieße ich auf die ältere der beiden zu:

»Frau Wiese?«

Sie ist reserviert freundlich. »Ja?«

Ich stelle mich und mein Buch kurz vor und bitte um eine Lesung.

»Gut, ich habe jetzt zwei Wochen Urlaub, da habe ich genügend Zeit, Ihr Buch zu lesen. Sie hören wieder von mir.«

Wie sie das sagt, ist mir sofort klar, daß ich nie mehr etwas von ihr hören werde, und ich sage schnell:

»Oder Sie von mir.«

Wir verabschieden uns höflich.

Am 3. 8. 1991 werde ich zu einer einstündigen Sendung im SFB eingeladen. Die Reaktion auf diese Sendung ist sensationell. Außer interessierten Privatlesern melden sich Fachschulen, Lehrer, Erzieher, Studenten, Buchläden und Journalisten. Ein Gespräch möchte ich hier erwähnen. Es zeigt, welche Arroganz in hochgebildeten Köpfen stecken kann, die nichts mit Intellekt gemein hat. Der Anruf kam nach der ersten Sendung. Eine Frauenstimme fragt:

»Guten Tag, spreche ich mit Frau Burkowski?«

»Ja.«

»Ich habe Ihre Sendung im Radio gehört und möchte eine Rezension über Ihr Buch schreiben.«

»Sie möchten bitte was?« Ich habe das Wort noch nie gehört.

»Eine Rezension schreiben.«

»Bitte, was heißt das?«

»Eine Kritik.«

»Warten Sie einen Moment, ich muß mir das Wort aufschreiben.«

Unterkühlt sagt sie: »Ja, das würde ich Ihnen raten, danach werden Sie noch öfter gefragt.«

»Bisher hat mich noch keiner danach gefragt«, gebe ich zurück.

»Das glaube ich nicht. Wie oft waren Sie denn schon im Radio?«

»Das erste Mal.«

»Das können Sie mir nicht erzählen, das klang ziemlich routiniert. Das war doch nicht live, ich habe genau den Schnitt herausgehört.«

Ich werde sauer: »Der Schnitt, den Sie gehört haben wollen, war ein Blackout.«

Sie wird ärgerlich: »Ist ja auch egal, schicken Sie mir ein Besprechungsexemplar zu?«

Jetzt hätte ich wieder fragen können, was ein Besprechungsexemplar ist, aber das verkneife ich mir und sage: »Ja.«

Später gewöhne ich mich an die Urteile derer, die meinen, alles besser zu wissen oder zu können.

Ein Leser, der auch im Kinderheim aufgewachsen ist, tröstet mich mit dem Satz:

»Wer sein Haus an der Straße baut, muß damit rechnen, daß zehn Meister vorbeigehen.«

Auf diese Art lerne ich durch mein Buch.

Einmal ruft mich eine Lehrerin an, sie habe mein Buch gelesen und könne nichts Besonderes darin entdecken.

»Es liest sich wie viele andere.«

Ich sage ihr darauf: »Betrachten Sie es doch als Aufsatz.«

Eine andere Leserin macht die grandiose Entdeckung, daß mein Buch keine Fremdwörter enthalte. Ich rate ihr, ein Lexikon zu kaufen.

Erst als ich die Kritik einer Leserin zu hören bekomme, das Buch sei zu einfach geschrieben, das könne jedes Kind, freue ich mich, denn nun weiß ich, daß es mir gelungen ist, aus der Sicht eines Kindes zu schreiben.

Oberflächlichkeit, Neid, Mißgunst, was auch immer Leute zu ihren Meinungen treibt, die meinen, den Anspruch gepachtet zu haben, zu wissen, was Literatur ist, berühren mich bald nicht mehr. Ich will keine Literatur machen.

Im (DDR-)Duden steht unter »Literatur« die Erklärung: »gesamte, bes. schriftl. Überlieferung eines Volkes od. der Menschheit; Gesamtheit der Werke über eine bestimmte Frage, Schriftennachweis.« Ich habe bald gemerkt, daß den wenigsten, die darauf Wert legen, der Begriff »Literatur« geläufig ist. Sie können auf mein Buch verzichten, meine ich. In allen Bibliotheken stehen ihnen Meisterwerke der Klassiker zur Verfügung.

Das Literaturcafé

Sabine, meine Nachbarin, ruft mich begeistert an:

»Hör mal, was in der Zeitung steht: Literaturcafé! Jeder kann lesen oder lesen lassen! Wollen wir dorthin fahren? Ich denke, es wäre gut für dich, mal unter deinesgleichen zu kommen.«

»Was heißt unter meinesgleichen? Obwohl – neugierig bin ich schon. Und du meinst, jeder darf dort lesen?« Aber dann wende ich ein: »Ach, es hat ja doch keinen Zweck, ich würde mich das nie trauen.«

»Laß uns wenigstens mal gucken.«

»Also gut, wir treffen uns um drei Uhr vor deiner Haustür.«

Pünktlich erscheint Sabine, ordentlich zurechtgemacht. Passend zu den roten Pumps trägt sie eine rote Haarspange in ihrem pechschwarzem Pferdeschwanz. Es ist ein warmer Hochsommertag, ich habe Jeans und meine weißen Turnschuhe angezogen. Aus einem einzigen Grund: Die Lesung findet im tiefsten Kreuzberg statt, und da muß man gut zu Fuß sein, man kann nie wissen.

Vergeblich halten wir in der angegebenen Straße Ausschau nach einer hellen, büchereiähnlichen Einrichtung. Unter der Hausnummer befindet sich eine Ladenwohnung, deren Fenstertüren weit geöffnet sind. An weißen Tischen sitzen vereinzelt Männer auf weißen, klappbaren Ikea-Stühlen, vor sich eine Flasche Rotwein, ein Glas und eine brennende Kerze.

»Ob wir hier richtig sind?« zweifelt Sabine.

»Wir sehen einfach nach«, sage ich und gehe voran.

Kaum wagen wir die ersten Schritte in das dunkle Verlies, folgen uns die Männeraugen wie hypnotisiert. Sabine steuert zielstrebig einem freien Tisch zu. Bevor ich mich setze, lasse ich meine Blicke umherschweifen. Die schwarzen Wände und Dielen gleichen einer Sargverkleidung Draculas. Richtig unheimlich wird mir beim Anblick eines rostigen Messingbettes, das schräg vor der rechten Fensterecke aufgestellt ist. Außer den Kerzen auf den Tischen gibt es keine Lampen im

Raum. Es sei denn, man folgt dem Lichtpunkt vom Fußboden hinauf zur Decke. Der von einem Scheinwerfer ausgehende Strahl dient zur Beleuchtung des Mittelraumes. Nach und nach verschwinden die Männer in die hinteren Räume und erscheinen bald darauf mit Getränken wieder auf der Bildfläche.

»Warte hier, ich gehe nachsehen, ob wir hier richtig sind«, sage ich und folge einem von ihnen.

Der nächste Raum ist bis auf einen großen Vogelkäfig, in dem eine häßliche, bunt schillernde Taube hockt, und einer kleinen Bar ohne Möbeleinrichtung. Hinterm Tresen steht ein junger Mann, dem die Haare in einer Art Einsteinfrisur wie eine gemalte Kindersonne in allen Richtungen vom Kopf abstehen. Er fragt nach meinen Wünschen. Ich habe keinen Durst, bestelle für Sabine einen Kaffee und ein Selters, nur um herauszufinden, wo wir sind. Neben mir erscheinen zwei junge Männer von etwa Mitte bis Ende zwanzig. Beide sehen mich neugierig an, ich grinse.

»Bist wohl nicht von hier?« fragt einer.

»Wieso?«

»Das hört man«, sagt der andere, dessen Augen hinter einem Intelligenzverstärker hervorlugen. »Bist aus dem Osten?«

Ich nicke: »Haste was dagegen?«

»Nein«, gibt er schnell zu verstehen. »Ich höre es am Dialekt.«

»Bist ein kluges Kerlchen«, spotte ich.

Sein Freund kommt ihm zu Hilfe: »Liest du auch hier?«

Jetzt weiß ich, daß wir im richtigen Laden sind. Erleichtert sage ich:

»Nein, ich kann nicht lesen.«

Der Brillenjüngling sieht mich ernsthaft an:

»Du mußt dich deswegen nicht schämen, im Westen gibt es phantastische Analphabetenschulen.«

»Und was soll ich da, wenn die auch nicht lesen können?«

Er verbessert sich: »Nein, ich meine, wir haben hier Schulen, wo du lesen lernen kannst.«

Ich lache: »Ehrlich gesagt, Buchstaben aneinanderreihen habe ich schon gelernt, nur ich kann nicht vorlesen. Das heißt, mir fehlt der Mut.«

Sie werden verlegen und fragen: »Willst du dich zu uns setzen? Dann wird es wenigstens lustig.«

Sabine kommt gerade herein, ich erzähle ihr von der komischen Bekanntschaft, und gemeinsam nehmen wir an einem Tisch Platz. Gespannt sitzen wir im Halbdunkel, die Kerzen werfen unwirkliche Schatten auf die Gesichter und lassen die Anwesenden wie ulkige Geisterbeschwörer aussehen. Einsam wie ein Angeklagter wartet der leere Stuhl unter dem Lichtkegel auf den Beginn der Lesung. Ich sehe mich vorsichtig um, mittlerweile sind alle Tische besetzt, Männer, deren Gesichter unter langen Bärten und wallenden Haaren kaum zu erkennen sind, rauchen Pfeife oder filterlose Zigaretten. Sie geben sich locker, nur die zusammengekniffenen Augen verraten, daß sie mit ihrem intellektuellen Gehabe irgend etwas überspielen. Hinter uns, auf einem Podest, zwei Stufen höher, sitzen wie die Hühner auf der Stange fünf alternative, selbstgestrickt aussehende junge Frauen mit den eingefärbten Windeln ihrer Kinder um den Hals. Stumm häkeln sie undefinierbare Gegenstände aus bunter, grober Naturwolle und demonstrieren in geschlossener Reihe den Zusammenhalt gegen die Männer im Raum. Als hätte ich meinen Weg hierher nicht mit der U-Bahn gefunden, sondern in einer Zeitmaschine, die mich in die Anfänge der siebziger Jahre zurückversetzte, sehe ich mich im ehemaligen Twistkeller von Treptow wieder; die Zeit scheint stehengeblieben zu sein.

»Wir sind von einem anderen Stern«, flüstere ich Sabine zu, »wir passen überhaupt nicht hierher.«

Sie lacht: »Das stimmt.«

Der Brillenträger fragt: »Hast du ein Manuskript mit?«

»Was heißt Manuskript, ich habe mein Buch mit.«

»Zeig mal her«, bittet er.

Kaum habe ich es aus meiner Manteltasche gezogen, entreißt er es mir und fragt begeistert:

»Soll ich draus vorlesen?«

Er versteckt es hinter seinem Rücken.

»Untersteh dich«, drohe ich. »Gib es sofort her.«

Friedfertig legt er es auf den Tisch, ein weiteres Gespräch ist nicht mehr möglich, da ein Bärtiger die Willkommensrede hält und fragt, wer heute lesen möchte. Es melden sich fast alle, auch die zwei an unserem Tisch. Ich traue mir keinen Versuch zu. Der Freund des Brillenträgers, Hugo, darf als erster sein Werk vortragen. Statt sich auf den Stuhl zu setzen, fragt er einen kahlköpfigen Herrn im dunkelblauen Sakko:

»Würden Sie für mich diesen Text lesen?«

Der blasse Anzugträger nickt ergeben, greift die vier Seiten, die Hugo ihm überläßt, und setzt sich ins Rampenlicht. Ein Opfer zum Schlachten ist gefunden. Schon nach den ersten Silben verstehe ich kein Wort. Hugo und sein Freund grinsen. Ich flüstere:

»Was soll denn das werden?«

»Pst, abwarten«, sagt Hugo.

Alle lauschen dem »Text«, der dem Leser offensichtlich große Schwierigkeiten bereitet.

Die Zuhörer lassen sich nichts anmerken. Er geht ungefähr so: Schrumski pumski, schaffski haffski. Ollek bollek, krischa hischna. Uru uru uru hasa basa unte tunte, wunte bunte usw. An dieser Stelle könnte ich mich völlig in dichterischer Freiheit auslassen, aber niemand würde es verstehen. Ich bin kaum mehr in der Lage, das Lachen zu unterdrücken. Doch ein Wunder geschieht: Die Zuhörer brechen in Beifall aus. Ich kann mich nicht mehr halten und pruste los. Sabine, der Brillenträger und Hugo stimmen ein. Nachdem wieder Ruhe eingekehrt ist, geht Hugo selbstbewußt nach vorn.

»Entschuldigen Sie. Sicherlich hatten Sie Probleme beim Zuhören, deshalb gestatten Sie mir, daß ich das gleiche noch mal vorlese, allerdings als Fußballreportage.«

Hugo liest den Text mit der Betonung eines begeisterten Sportreporters vor:

»Schrumski, schrumski, pumski schaffski, oohh ...«

Enttäuscht wie bei einem echten Spiel flacht seine Stimme ab. Vor Lachen steigen mir Tränen in die Augen, ich merke, daß die beiden sich einen Spaß erlaubt haben und Hugo höchstwahrscheinlich ein guter Schauspieler ist. Die Zuhörer lachen nicht, das Klatschen nach dem zweiten Vortrag ist mäßiger. Und dann entpuppen sich einige unter ihnen als kleine »Reich-Ranickis«. Heftige »gute« bis »boshafte« Kritik bricht über Hugos Haupt herein, die er geduldig erträgt. Sabine und ich können nicht glauben, was wir erleben: »Kritik« an unverständlichen, wahllos aneinandergereihten Buchstaben. Die »Literaten« schlagen sich verbal in lächerlichem Drum und Dran.

Nun liest Hugo einen verständlichen Text vor, der verschlüsselt Auskunft über seine Ängste vor dem Leben gibt.

Er muß das Zusammentreffen der Leute hier schon eher studiert haben, denn seine Worte sind genau auf die Situation zugeschnitten, in der wir uns befinden. So heißt es an einer Stelle:

»Ich weiß genau, daß ihr auf Fehler von mir wartet. Ich kenne eure Gier, den schwachen Mutigen fertigzumachen, auch ihr strickenden Pflaumen dort hinten ...«

In diesem Moment hört Hugo zu lesen auf, und eine Welle von Beschimpfungen bricht über ihn herein. Eine Frau verwahrt sich gegen die Obstbezeichnung, sie empfindet »Pflaume« als massiven Angriff auf ihre Weiblichkeit. Es gelingt mir nicht, der Sache den nötigen Ernst abzugewinnen. Ich fühle mich nicht als Pflaume angesprochen, amüsiere mich mit Sabine prächtig und weiß, daß mein Thema »Heimkinder« hier fehl am Platze wäre.

Lachend gehen wir in der Pause zu »Einsteins« Theke, um den trockenen Hals mit Selters zu befeuchten.

Der nächste Kandidat, der Herr im Anzug, trägt vier langweilige Seiten über die Ohrenkrankheit eines Jungen vor. Ein sprachbehinderter, angetrunkener Mann versucht, während der Lesung seine Meinung zu artikulieren, womit er den Zorn des Veranstalters auf sich zieht. Dieser unterbricht den Mann mehrmals mit der Warnung »Halten Sie den Mund, sonst fliegen sie raus«, was wiederum »Einstein« ärgert, der empört den Veranstalter zurechtweist:

»Hier fliegt überhaupt niemand raus, schließlich ist

das unser Laden, den wir Ihnen einmal im Monat zur Verfügung stellen.«

»Richtig«, lallt der Mann, und die Ohrenkrankheit des Kindes wird fortgesetzt.

Dem Beifall folgt die gnadenlose Kritik aller. Sabine versteht nicht, wie man über Ohrenschmerzen einen endlosen Text schreiben kann. Kurz entschlossen erhebt sie sich, geht auf den Schreiber zu und stellt ihm Fragen.

Nachdem sie an unseren Tisch zurückgekehrt ist, schüttelt sie immer wieder ungläubig den Kopf.

»Nicht zu fassen – er hat an den paar Seiten anderthalb Jahre gearbeitet. Auf meine Frage, wann er mit dem Buch fertig sei, antwortet er: In vier Jahren. Uschi, ich bin fassungslos. Wie kann man vier Jahre damit verschwenden, über Ohren zu schreiben?«

Wir lachen.

Eine junge Frau aus der Antikkaschmirreihe hält auf dem Schoß ihre Seiten zum Lesen bereit. Sie wartet auf absolute Ruhe, dann gönnt sie uns ihre Worte. Während wir der Sommernachmittagsbeschreibung einer Familie Kusmarowski angestrengt lauschen, vernehme ich plötzlich an meiner linken Seite eine flüsternde Stimme:

»Küß mich!«

Irritiert schiele ich zu Sabine, sie verdreht gerade ihre Augen als sichtbares Zeichen der Langeweile. Bevor ich meinen Kopf nach links wende, flüstert die Stimme sehnsüchtig:

»Küß mich.«

Ich spüre den heißen Atem an meinem Ohr und blicke direkt in Hugos glutvolle Augen, die mich zum Lachen bringen.

»Warum soll ich dich küssen?«

»Weil mir so ist«, schmeichelt er.

»Weißt du, wie mir oftmals ist?«

»Pst«, zischt einer ungehalten aus dem Publikum. Worauf der Betrunkene wiederum ungefragt seine Meinung bekanntgibt und die Autorin des Lesestücks ihre Reime beleidigt unterbricht. Kaum kehrt Ruhe ein, geht der Vortrag weiter:

»Ich hasse den Ochsen und das Schwein, ich hasse das Kamel und den Bär, die Schlange in der Wüste noch mehr, ich hasse den Affen auf dem Baum, dazu jede Nacht von dir den Traum, das drohende, dröhnende Wolkenpaar war mir in meinem Haß noch nie so nah ...«

Ungeniert fragt mich der Brillenträger:

»Wenn du die Wahl zwischen uns beiden hättest, welchen würdest du nehmen?«

»Damit ich meinen Spaß hätte, euch beide«, gebe ich belustigt zur Antwort.

»Siehst du«, sagt er triumphierend zu Hugo, »nicht nur dich.«

Die Pst-Rufe werden lauter, die Worte des Krakeelers und der Leserin auch. Sie findet Gnade bei den erschöpften Zuhörern und erhält großzügig Beifall und Lob. Allerdings kann sie sich an den Lobpreisungen nicht satt hören und bleibt eine Sekunde zu lange auf dem Stuhl der hohen »Künste« sitzen. Nachdem alle Worte des Lobes verklungen sind und sie wie Marie im Märchen »Frau Holle« unter dem Goldregenbogen ausharrt, kippt der Eimer »Pech« nach, und von ihrem gar nicht mal so schlechten Text bleibt nichts weiter als die Blätter in ihrer Hand.

Die Abschlußlesung übernimmt der Brillenträger. Es

bereitet mir trotz der fortgeschrittenen Stunde keine Mühe, dem Text zu folgen. Er beschreibt ziemlich zweideutig einen Mann, der sich krampfhaft bemüht, dem Füller in seiner Hand die Tinte für einen geistreichen Text zu entlocken, und vor dem kläglichen Etwas erschrickt, das sich schließlich blau über das weiße Blatt Papier ergießt. Ein sehr zutreffender Sarkasmus, der den heutigen Abend nicht besser hätte kennzeichnen können. Aber er hat an diesem Abend arg gefrevelt und erntet aus allen vier Zimmerecken heftige Beschimpfungen.

Alles in allem haben wir bei einem lustigen Spektakel im Sinne der »Literatur« einen kostenlosen Abend verbracht.

Mein erstes Autogramm

Ein anerkannter Schriftsteller aus Berlin (Ost), der in der Uniform eines Amerikaners Deutschland von Hitler zu befreien half und in der DDR lebte und publizieren durfte, seine Werke aber vorrangig im Westen erscheinen ließ, tat sich auch während der Wende keinen Zwang an, seine Meinung auf dem Alexanderplatz zu verkünden. Hochverehrt empfing er viele Einladungen zu Lesungen im gesamten Deutschland. Kein Wunder, daß Sabine die Vorankündigung entdeckt und mich mahnt, meine »Schulaufgaben« nicht zu vernachlässigen. Ich verspüre nicht die geringste Lust, in eine Lesung zu gehen. Es interessiert mich nicht. Sie läßt jedoch nicht locker, kocht zunächst einen herrlichen

Kaffee und sucht mich von der Notwendigkeit zu überzeugen, einer Lesung des berühmten Mannes beizuwohnen und ihm bei der Gelegenheit mein Buch zu schenken. Gerade das will ich aber auf gar keinen Fall.

»Ich dränge niemandem etwas auf«, wehre ich ab.

»Es muß aber sein. Ein Mann wie er muß erfahren, wie andere Menschen und vor allem Kinder in der damaligen DDR wirklich gelebt haben.«

Widerwillig entschließe ich mich, ein Buch einzustecken.

Da die Lesung in der Bibliothek gehalten wird, in der ich im Sommer mein Buch hinterlassen habe, ohne je wieder etwas davon zu hören, freut es mich, Frau Wiese am Eingang zu begrüßen.

»Hat Ihnen mein Buch gefallen?« frage ich scheinheilig.

Die Frage war nicht nötig, ich ahne, daß sie es nicht für lesenswert erachtet hat.

»Leider fehlte mir bisher die Gelegenheit, einen Blick hineinzuwerfen«, bedauert sie liebenswürdig.

»Macht nichts. Gut, daß Sie mich wenigstens erkannt haben«, sage ich und gehe mit Sabine zur hintersten Stuhlreihe. Der Saal füllt sich bis auf den letzten Platz, Stühle werden zusätzlich herbeigeholt, ich schätze die Besucherzahl auf 150 bis 200 Menschen.

Der Schriftsteller liest aus unveröffentlichten Texten: »Mich wollte ja keiner hören.« Ein langweiliges Thema, es geht um die Frage: Soll Berlin die Hauptstadt Deutschlands werden – und wenn nicht, warum nicht. Eine Frage, die längst ein Bestandteil der deutschen Wiedervereinigung am 3. 11. 1990 ist und als abgeschlossen gilt. Berlin ist die Hauptstadt. Ich denke: Mich wollte auch keiner hören und viele andere Berliner auch nicht.

Die sich anschließende Diskussion bringt mehr Schwung in den Abend als die Lesung. Selbstbewußt kritisieren junge Leute den Vortrag, was den Mann nicht aus dem Gleichgewicht bringt. Beinahe bin ich geneigt, ihm dafür Bewunderung zu zollen, aber da stellt ein Jugendlicher die Frage:

»Was werden Sie später schreiben?« und er antwortet hochmütig:

»Höchstwahrscheinlich werde ich Märchen für kluge Kinder schreiben.«

Seine Antwort empört mich maßlos. Haben weniger kluge Kinder keinen Anspruch darauf, Märchen zu hören? Eine derartige Überheblichkeit reizt meine Zunge.

»Anstatt ihm mein Buch zu schenken, müßte ich es ihm um die Ohren ...«

Sabine bremst meinen Zorn:

»Reiß dich zusammen!«

Trotz der reichlichen Kritik, überwiegend negative, bildet sich vor seinem Tisch eine Reihe von Autogrammjägern. Es bedarf größter Überredungskunst von seiten Sabines, mich in die Schlange einzuordnen. Die Warterei dauert ewig. Sabine sieht sich gerade um, ich versuche mich davonzuschleichen, aber rechtzeitig bekommt sie meinen Ärmel zu packen und zieht mich an meinen Platz zurück.

»Du bleibst.«

Ich hasse das Anstehen wie vor einem Konsum. Leise zähle ich bis zehn; bin ich dann nicht vor seinem Tisch, laufe ich hinaus. Plötzlich, als sei es Hexerei, stehe ich vor ihm. Schnell lege ich mein Buch auf den Tisch. Noch bevor ich etwas sagen kann, zückt er einen Stift und setzt zum Schreiben an.

»Halt, ich will kein Autogramm. Das ist mein Buch.«

Ich nehme es an mich und sehe in zwei kalte, hervorquellende, verwunderte Augen. Der breite, schmallippige Mund unter der gebogenen Nase verzieht sich zu einem unzufriedenen Winkel. Panik erfaßt mich. Von dem alten Mann geht eine unerklärliche Macht und Stärke aus, seine Augen flößen mir Angst ein. So muß sich ein Kaninchen in den Fängen eines Adlers fühlen. Ich nehme meinen ganzen Mut zusammen:

»Das ist *mein* Buch. Ich möchte es Ihnen schenken. Ich habe über Kinder geschrieben, die keine Märchen mehr hören können.«

Puh, denke ich, jetzt ist es heraus. Da bittet er mich um ein Autogramm. Vor Schreck fällt mir nichts ein.

»Ich habe keinen Stift«, sage ich erleichtert. Er reicht mir wortlos einen Füller. Meine Hand zittert unter seinem scharfen Blick. Beeil dich, rede ich mir zu, sonst bekommst du kein Wort zustande. Rasch schreibe ich: Herzlichen Dank für ...

»Langsam, langsam, sonst kann ich es nicht lesen«, sagt er.

Ich schaue entgeistert auf meine Hand, die nicht aufhört, heftig hin und her zu wackeln. Eilig kritzle ich den Satz zu Ende. Wie nach einem geglückten Streich rennen wir hinaus.

Vor der Bibliothek überkommt uns beide das Lachen, ich lasse meine Hand wie die eines Alkoholikers beben, und Sabine äfft ihn nach:

»Langsam, langsam ...«

Danach sollte mir für einige Zeit das Lachen vergehen.

Das Gruppenbuch

Aus Freundschaft zu mir legt Gerda ein paar Exemplare meines Buches in die Auslage ihres Kioskes. Eines Tages ruft sie mich aufgeregt an:

»Uschi, vor einer Woche kam zufällig eine ehemalige Erzieherin hier vorbei, Frau Krüger, erinnerst du dich an sie?«

»Ja, allerdings nur schwach.«

»Macht nichts. Sie nahm jedenfalls dein Buch mit. Und heute erschien sie wieder.«

»Spann' mich nicht auf die Folter, was hat sie gesagt?«

»Sie war mächtig sauer darüber. Sie sagte, sie hätte ihre ganze Jugend und Zeit für uns geopfert und nun müsse sie so etwas lesen. Sie hätte mehr Dankbarkeit erwartet. Und sie könne auch mal ein Buch schreiben, was die Erzieher alles für uns getan hätten.«

»Nur zu«, sage ich, »wer hindert sie?«

»Na, du weißt doch, was in Rage dahergeredet wird. Nimm es nicht tragisch. Dafür habe ich eine Überraschung. Sie hat mir ein Gruppenbuch von 1962/63 als Beweis ihrer aufopferungsvollen Tätigkeit geschenkt. Aber was soll ich damit anfangen? Wenn du willst, kannst du es haben. Du mußt mir nur versprechen, daß du es nicht an die Öffentlichkeit gibst.«

»Nein, keine Angst.«

»Gut, dann bringe ich es in den nächsten Tagen vorbei. Frau Krüger sagte nämlich, ich könne es verschenken, verbrennen oder sonst was damit anfangen, nur nicht veröffentlichen.«

»Danke, bis dann«, rufe ich und lege auf.

Ich freue mich über die Reaktion der Frau Krüger, auch wenn sie sich auf die Füße getreten fühlt. Viele ehemalige Heimkinder haben mein Buch bereits gelesen. Jeder besitzt seine eigene positive oder negative Kindheitserfahrung oder Erinnerung dazu. Dementsprechend gehen die Meinungen auseinander. Die, die schlimme Bestrafungen erlebten, finden das Buch untertrieben, andere, die gern Pioniere waren, suchen vergeblich nach Abenteuern dieser Art. Wieder andere vermissen die besonders bösen oder netten Erzieher, und und und ... Da ich das Buch aus meiner Sicht geschrieben habe, ist es mir nicht gelungen, allen gerecht zu werden. Im großen und ganzen stimmen mir aber alle zu: so war es!

Endlich halte ich das Gruppenbuch in meinen Händen. Es riecht nach »früher« und trägt den typischen hellbraunen Papierumschlag, den es für Bücher bis zum Jahre 1989 zu kaufen gab. Ich verziehe mich ins Zimmer meiner Tochter. Ich liebe es, in ihrer Nähe zu sein, wenn sie spielt. Heute sitzt sie am Schreibtisch und malt, ich lege mich auf ihre Liege zwischen die vielen Kuschelfiguren und beginne, gespannt im Erziehungsprotokoll meiner Kinderjahre zu lesen.

Die erste Entdeckung ist meine Wäschenummer, 104, dann folgen Berichte über den Tagesablauf und die wöchentliche Auswertung. Hierbei stelle ich fest, daß meine Erinnerungen sich mit den Eintragungen decken und daß das gesamte Erziehungsziel darauf ausgerichtet war, die sozialistische Person zu formen. Das Kollektiv stand immer an erster Stelle, danach folgten Sauberkeit, Ordnung und Disziplin. Das einzelne Kind als Mensch mit seinen Bedürfnissen zählte nicht. So lese ich zum Beispiel:

»Pioniernachmittag. Die Gruppe war zu einer Paketkontrolle. Sie waren begeistert und entsetzt, daß so viele verbotene Waren (Schlaftabletten) in die DDR geschmuggelt werden.

Dienstag: Die Hausaufgabenstunde soll leise und diszipliniert durchgeführt worden sein.

Donnerstag: Unsere Gruppe ging geschlossen zum Clubnachmittag ›Freunde der Sowjetunion‹. Es hat gefallen – war aber zu kurz.

Montag: Die Zeitungsschau hielt ... Die Auswertung der Woche wurde kritisch vorgenommen ... Nach dem Appell gingen die Mädchen auf Urlaub.

Auswertung des Monats September 1962:

Unsere Gruppe hat in diesem Monat fünf neue Mädchen bekommen. Es stellte sich heraus, daß die ›alten‹ Mädchen doch einen recht guten Kern bilden und die neuen recht schnell – wenn auch kritisch – in ihr Gruppenkollektiv aufnahmen.

Die Ordnung und Disziplin der Gruppe ist gut gewesen. Im neuen Monat werde ich darauf achten müssen, daß alle Mädchen täglich in unserer Tagespresse lesen.«

Es findet sich kein Hinweis, wie die neuen Kinder auf das Heimleben reagierten. Wie ihnen hätte geholfen werden können oder ob sie überhaupt seelisch damit fertig wurden. Ich frage mich, wie ich als Elfjährige die tägliche Pressestunde begriffen habe.

Der Tagesablauf wiederholt sich auf jeder Seite. Unter anderem stelle ich fest, daß wir in den ersten drei Monaten des Schuljahres 62/63 zwei Erzieherinnen hatten, drei Monate ohne festen Gruppenerzieher blieben und daß dann wiederum eine neue Erzieherin kam, die fünf Monate bei uns blieb. In den Monaten ohne Erzieher finde ich häufig den Eintrag: Gruppe allein!

Ein Beispiel der Woche:

»Dienstag: Gruppe allein

Donnerstag: Gruppe allein

Sonnabend: Gruppe allein

Sonntag: Gruppe allein

Dienstag – Donnerstag: Gruppe allein

Freitag: Aktuelle Kamera. Gruppenbesprechung (aktuelle Ereignisse, Wochenplanung)

Sonnabend: bis 15 Uhr Gruppenreinigung, Appell, Besteckkontrolle.«

So ging es weiter bis Weihnachten und ins neue Jahr hinüber.

»Freitag: Aktuelle Kamera.

Sonnabend: Abschlußappell und ansonsten Gruppe allein.«

Erst im neuen Jahr kam Frau Krüger, die mir zwar als Erzieherin in Erinnerung ist, aber nicht als persönliche Betreuerin. Auf jeden Fall kann ich im Gruppenbuch lesen, daß sie sich bemühte, den Tagesablauf der Mädchen, wenn auch im Sinne einer sozialistischen Erziehung, zu verschönern. Selbstkritisch schrieb sie:

»Ernsthaft muß man sich Gedanken darüber machen, ob die Lehrer methodisch gründlich arbeiten. Alle Mädchen haben in der Rechenarbeit eine ›5‹ geschrieben. Es wurden den Kindern keine Merksätze gegeben, die sie sich einprägen und ihnen die Arbeit erleichtern.

Bemerkung: Hospitationen sind unbedingt notwendig!

Es mußten die Wege von Schnee gesäubert werden. Pionierauftrag von der Parteileitung an alle Pioniere und FDJler. Unser Einsatz: ca. 1 Stunde und 30 Minuten.

Bemerkung: Warum tritt der Pionierleiter nicht an die Pioniere heran?«

Ich fand den garstigen Chorleiter wieder, den ich in meinem Buch beschrieben habe. Dazu steht folgendes:

»Abendessen und Geburtstagsfeier wurden kurz und knapp abgehandelt, da ab 20 Uhr 15 Chor war. Alle Mädchen nahmen auf meinen Wunsch hin teil. Kinder sind lustlos, es ist auch bis 21 Uhr viel zu spät. Die Kinder sind überfordert.

14. 3. 1963 Chor: Strikte Weigerung aller Mädchen, nur mit starkem Druck wurde die Teilnahme erzwungen, ... liefen fort. (Unterredung positiv.) Alle Mädchen bleiben weiterhin im Chor, sie müssen sich erst an die hohen Anforderungen gewöhnen.

15. 3. 1963 Immer hoch herrscht die aufgeregte Stimmung, hat sich allerdings zum Abend etwas gelegt.

Uschi Burkowski ist starken Stimmungen unterworfen!

Bemerkung: Gruppe ist sauber!«

An dieser Stelle hätte ich mir zu der Bemerkung einer Erzieherin gewünscht:

Muß mich mit den Mädchen unterhalten! Ich lese weiter:

»20. 3. 1963 Alle nahmen am Chor teil (der kritische Punkt scheint überwunden zu sein).

Auswertung und Wochenbericht: Diese vergangene Woche verlief harmonisch. Sogar die Teilnahme am Chor klappt jetzt.

26. 3. 1963 Drei Stunden Chorprobe, die Mädchen sollen äußerst diszipliniert gewesen sein!

Bemerkung: Uschi Burkowski hat außerordentliche zeichner. Talente, sie fertigt die Friedenstauben an.«

Auch hier findet sich keine Überlegung, wie man das Kind fördern könnte.

»... Mißerfolg des Chores – Strafarbeit durch den Kollegen R. Große Aufregung unter den Kindern.

Bis 22 Uhr Anfertigung der Strafarbeit.

Auswertung: Das Chorproblem steht nach der mißglückten Jugendweihefeier wieder vor uns. Die von Herrn R. aufgegebene Strafarbeit halte ich nicht für positiv (zehnmalige Abschrift ›Jugend auf‹). Es besteht die Gefahr, daß die Mädchen die Lust verloren haben (indirekt habe ich gehört, daß sie enttäuscht sind von dem Ton, in welchem Herr R. zeitweilig mit ihnen spricht).

Dienstag: Wandertag, 20 km. Müde, zerschlagen kamen alle um 15 Uhr zurück. Ab halb fünf Chorprobe bis halb sieben. Da alle sehr verdrießlich von der Probe waren, gab ich bis 20 Uhr Freizeit.

Analyse für das Schuljahr ...«

Die Analyse ist in einzelne Punkte unterteilt, wovon ich wenig wiedergeben möchte, da der Leser oder die Leserin, denen das System nicht vertraut ist, überfordert werden könnte.

»Zu Punkt 5. Die Waschraumordnung, die Schrankordnung und der Bettenbau lassen sehr zu wünschen übrig ...

Bei der Durchführung der Ämter und Aufrechterhaltung der Ordnung muß größeres Verantwortungsgefühl entwickelt werden.

Zu Punkt 6. Geburtstagsfeiern nicht vergessen und festlich gestalten.

Pionierarbeit und Freizeitgestaltung

Gruppenbesprechung fand regelmäßig statt ... Aktuelle Probleme, z. B. 6. Parteitag. Die Mädchen hören bei guter Disziplin aufmerksam zu. Die Kinder müssen lernen, sich parteilich auseinanderzusetzen. Im Rahmen der Mitverantwortung und Selbständigkeit muß ich mich auf die Pionierfunktionäre stützen …

Sie können eine große Unterstützung des Pädagogenkollektivs sein und müssen es auch …

Die Arbeit mit der Wandzeitung muß aktueller werden. Wir werden die ›Junge Welt‹ abonnieren und die ›Trommel‹ lesen. Als vorbereiteten Kinobesuch sahen wir den sowj. Film ›Der Amphibienmensch‹ (biologisches Thema, ein Mensch mit den Kiemen eines Haifisches und mit der Lunge eines Menschen). Politisches Thema: Gibt es die Perspektive, dem Menschen den Ozean als friedliche Heimat ohne gesellschaftliche Auseinandersetzung zu eröffnen?

Wir leben und handeln nach den Pioniergesetzen.

1. Ständige aktuelle Orientierung auf das pol. Tagesgeschehen
2. Eingehen auf Feier- und Gedenktage
3. Durch individuelle und Gruppengespräche müssen es die Mädchen lernen, eine Meinung zu äußern und Partei für unseren Staat zu ergreifen.«

Eine Eintragung zeigt mir, daß wir ständig unter Beobachtung standen. So finde ich einen kurzen Bericht, in dem es heißt:

»Den Nachmittag verbrachten wir gemütlich im Kulturraum. Die Mädchen beschäftigten sich nach Wunsch. Ich habe nebenbei schriftliche Arbeiten erledigen können … (zwei Mädchen) tauschten Erfahrungen über gesehene Westfernsehstücke aus.

Bemerkung: Elternbesuch notwendig!«

Die Bemerkung: »Uschi Burkowski weigert sich, mit Halstuch zu gehen!« amüsierte mich, denn den Grund habe ich ebenfalls in meinem Buch niedergeschrieben.

Ein erstaunliches Dokument, das ich da in meinen Händen halte, und ein Beweisstück meiner Kindheitserinnerungen. Ich nehme mir vor, es sorgsam zu hüten. Da ich unter den Erzieherinnen keine Schuldige gefunden habe, sehe ich auch keinen Grund, die Namen an die Öffentlichkeit zu bringen.

Bahnhof Zoo

Eine Journalistin einer Ostberliner Zeitung meldet sich zu einem Interview. Ihr Interesse gilt den Themen Jugend und Gewalt. Ich erkläre mich sofort mit einem Gespräch einverstanden, da die zunehmende Gewaltbereitschaft unter den Jugendlichen nach der Wende besonders kraß wurde. Gerda wohnt in einer der vielen Neubausiedlungen, und ihr Sohn erzählte, daß am Wochenende regelmäßig Prügeleien an der Tagesordnung wären. Aus unerklärlichen Gründen tauchten plötzlich ausländische Banden in ihrem Wohngebiet auf, die gönnerhaft mit ihrer Westknete um sich schmissen und angeblich die deutschen Mädchen damit angelten. Das wiederum wollten sich die deutschen Jugendlichen nicht gefallen lassen, und so eskalierte ein im Grunde friedlicher Diskoabend oft über das gewohnte Maß an Unruhe hinaus. Die ersten rechten Gruppen bildeten sich und glaubten, ihren vorherigen Besitz, den Jugendklub, verteidigen zu müssen.

Nach der Währungsunion blieb der Haß aufeinander, da die Jugendlichen nicht einsehen konnten, warum ihr Wohngebiet von ausländischen Jugendbanden bevorzugt wurde. Als dann die Klubs geschlossen wurden, weil auch sie den Spekulanten zum Opfer fielen, standen die Jugendlichen auf der Straße. Die aufkommende Langeweile wandelte sich oft in Aggressionen. Viele wußten mit der plötzlichen »Freiheit« in jeder Form nicht umzugehen. Minderwertigkeitsgefühle hielten sie nicht nur in ihren Wohnsilos gefangen, sondern behinderten sie auch in ihrem Unternehmungsdrang. Um stärker zu sein und die Komplexe, die sie weiß Gott nicht nötig hatten, zu überspielen, schlossen sie sich – wie in DDR-Zeiten gewohnt – zu Gruppen zusammen und waren eine leichte Beute für die Propaganda der Rechtsradikalen und ähnlicher Gruppierungen. Es sprach sich herum, daß immer mehr Kinder und Jugendliche von zu Hause fortliefen. Entweder hatten sie die Nase von dem Gejammer der arbeitslosen Eltern voll oder sie fühlten sich in ihren Problemen nicht verstanden und allein gelassen. Auch aus Heimen sollen Kinder bzw. Jugendliche verschwunden sein, die weder gesucht noch als vermißt gemeldet wurden und im Wald oder in S-Bahn-Zügen an Endstationen übernachtet haben sollen.

Ich erkläre mich bereit, die Journalistin eine Nacht lang bei ihrer Arbeit zu begleiten. Dabei wünsche ich inständig, nichts dergleichen bestätigt zu finden. Wir wollen uns gegen 24 Uhr am Bahnhof Zoo treffen und von dort die letzte S-Bahn in Richtung Erkner nehmen.

Da der Bahnhof Zoo nicht nur den Reisenden zum Umsteigen dient, sondern auch ein Umschlagplatz für Drogen, ein Treffpunkt für Rauschgiftsüchtige, Zuhälter, Strichjungen und heroinabhängige Mädchen ist, birgt das Unternehmen eine nicht zu unterschätzende Gefahr. Mit Bedacht stecke ich mir eine Gaspistole ein, ziehe eine alte, schwarze, abgewetzte Lederjacke meines Sohnes an und lasse mich gegen Mitternacht von meinem Mann am Bahnhofsrestaurant absetzen.

»Paß gut auf dich auf«, mahnt er und küßt mich sorgenvoll auf die Wange.

Äußerlich habe ich mich dem Bahnhofstreiben angepaßt, deshalb läßt man mich in Ruhe auf das Restaurant zugehen. Schon von weitem erkenne ich die Journalistin, die sich angeregt mit zwei Mädchen unterhält. Ich gehe an den Tisch, sage »Hallo« und reiche dem anwesenden Mann, der unverkennbar ein Fotograf ist, die Hand. Um die Unterhaltung nicht zu stören, setze ich mich ruhig dazu. Mir gegenüber sitzt eine Zwölfjährige mit stark geschminktem Gesicht, die sich als vierzehnjährig ausgibt und unentwegt den Tisch in meinem Rücken beobachtet. Für einen kurzen Moment nimmt sie von mir Notiz.

»Haste mal 'ne Zigarette?«

Ich grinse: »Nein, leider nicht.«

Die Journalistin, die sich mit dem anderen, etwa sechzehnjährigen Mädchen unterhält, legt ohne Kommentar eine Packung auf den Tisch. Die Geste läßt mich an eine abgedroschene Krimiszene denken. Auch die Fragen erscheinen mir wie schon hundertmal gehört, zum Beispiel: Was macht ihr hier? Warum geht ihr anschaffen? Warum seid ihr von zu Hause weggelaufen? Wie stellt ihr euch die Zukunft vor? usw. Die Antworten entsprechen den typischen Schutzbehauptungen Jugendlicher, die sich nicht in die Karten gukken lassen und genau wissen, welche Antworten erwartet werden.

»Wir machen nichts, wir sitzen nur herum.«

»Wir schaffen nicht an, und Drogen nehmen wir auch nicht.«

»Unsere Eltern verstehen uns nicht.«

»Unsere Mutter ist in Ordnung, aber der Stiefvater ...«

Natürlich geben sie sich als Geschwister aus, warum auch nicht. Ich schmunzle in mich hinein, sie haben die Journalistin voll im Griff. Die Mädchen erinnern mich an meine Jugendzeit im Heim.

Aus Sicherheitsgründen Fremden gegenüber war meine Freundin selbstverständlich meine Schwester. Das gab einem die Möglichkeit, in verzwickten Situationen Verantwortungsgefühl zu demonstrieren, ohne der Gefahr zu unterliegen, als Freundin Verständnis aufbringen zu müssen.

Ich genieße das Schauspiel der Verstellungskünste dieser Mädchen und überlege, welche große Story wohl dabei herauskommt. Mir bleibt nicht verborgen, wie sehr sie darunter leiden, die Gleichgültigen zu spielen.

Als die Journalistin auf die Toilette verschwindet, kläre ich die Mädchen über mich auf, auch daß ich mal im Heim gelebt habe und sie mir keine Antwort geben müßten, doch eines interessiere mich schon:

»Ist euch das egal, was ihr hier gefragt werdet?«

Sie lachen sich beide an und nicken. Ich gehe einen Schritt weiter:

»Ist es richtig, wenn ich denke, ihr wollt weiter nichts, als daß euch jemand so annimmt, wie ihr seid? Euch einfach in die Arme schließt und sagt: Ich habe dich lieb? Und daß ihr niemals diesen Wunsch zugeben würdet, aus Angst, verletzt zu werden?«

Sie sehen mich ernst an, das Mädchen neben mir schluckt, nickt und sagt:

»Ja, aber darüber würde ich nie reden. Ich habe zu keinem Erwachsenen Vertrauen.«

»Kann ich verstehen.«

Die Journalistin kommt zurück, beide lachen gespielt, und das »Interview« geht weiter. Der Fotograf hat schweigend dem Geständnis zugehört.

Plötzlich verschwindet aus dem Gesicht der Zwölfjährigen alles Kindliche. Sie verwandelt sich erschrekkend schnell in eine ordinäre, lachende Hure, und unentwegt zwinkern ihre Kinderaugen »Na, komm schon!« über mich hinweg. Ich drehe mich wie zufällig um und sehe einen etwa dreißigjährigen Mann hinter mir, der sich nicht scheut, dem Mädchen Signale zu geben. Sie steht auf und geht zur Toilette.

Wozu das Jugendgesetz? Wozu die Jugendämter? Wozu überhaupt die sämtlichen Behörden, wenn sich hier niemand um die Kinder kümmert? Eigentlich gehören die Erwachsenen mit ihren klugen Sprüchen hierher und nicht hinter einen sicheren Schreibtisch. Hier geschieht alles unter dem Auge des Gesetzes – und wir? Wir sitzen im Warmen und denken: Hoffentlich geschieht es meinem Kind nicht.

Die Mädchen haben keine Lust mehr, die Fragen zu beantworten, sie wollen noch in eine Schwulenbar gehen, wo sie guten Kontakt zum Besitzer haben, der ihnen etwas zu essen gibt. Ich sehe ihnen nachdenklich nach. Werden sie eine Chance bekommen, ohne den Bahnhof zu leben?

Die letzte S-Bahn kommt, wir steigen ein. Die einstündige Fahrt endet auf dem einsamen Bahnsteig in Erkner. Orientierungslos stehen wir im Nieselregen. Die feuchte Luft läßt mich vor Kälte erschauern. Ich hoffe, daß kein Kind bei diesem Wetter im Wald oder auf dem Bahnhof schlafend zu finden ist und daß es sich nur um Gerüchte handelt. Die Presse braucht Gruselgeschichten, dem Leser muß eine Gänsehaut nach der andern über den Rücken jagen. Ich teile meine Meinung dem Fotografen mit, der mir voll zustimmt.

Im Grunde genommen will niemand helfen, nur Aktion ist gefragt. Die Schlagzeile steht vor meinen Augen: Ostdeutsche Kinder nach der Wende ohne Zuhause. Wir gehen zur Bahnhofsvorsteherin. Ich frage:

»Wissen Sie, ob hier Kinder in Zügen übernachten?«

Die Journalistin schubst mich leicht und flüstert erzürnt:

»Das ist meine Arbeit.«

Das ist mir egal; bevor ich mir die Nacht um die Ohren schlage und im Wald sinnlos herumlaufe, frage ich lieber gleich. Die Frau wundert sich:

»Kinder? Nein. Früher, als es im Ort noch eine Disko gab, da haben sie oftmals auf den Bänken geschlafen und auf den ersten Zug gewartet. Die Disko schloß erst früh, da war die letzte S-Bahn längst weg. Aber das war noch zu DDR-Zeiten, und da hat es auch nie Ärger gegeben.«

Ich freue mich diebisch, die Journalistin ist einem Gerücht aufgesessen. Der Fotograf hat keine Bilder und sie keine Story.

»Auf dem andern Bahnsteig, in den grünen Personenwagen, da pennen welche, Obdachlose, aber keine Kinder.«

Die Journalistin wird hellhörig: »Und wenn doch?«

Ohne auf uns zu warten, läuft sie die Treppe hinunter und auf den Bahnsteig hinaus. Mich schaudert. Die fahlen Lichter der einfachen Bahnhofslampen schwingen an den Stromleitungen hin und her. Der schwache Schein leuchtet den Regen aus, und der pfeifende Ton des Nachtwindes, der über den Bahnhof jagt, ist furchterregend.

Seltsam bedrückt nähern wir uns den alten, abgestellten Personenwagen. Um nur ja keine Geräusche zu verursachen, sprechen wir nicht. Auf Zehenspitzen schleichen wir wie Diebe von Wagen zu Wagen und versuchen, im Innern etwas zu erkennen. Die ersten Wagen sind leer, aber dann entdecken wir auf jeder Bank eine zusammengerollte Person. Einige haben sich in Decken gehüllt, andere schlafen sitzend am Fensterplatz. Unwirklich gespenstische Gesichter, die laut schnarchend in ihren offenen Mündern Zahnlücken erkennen lassen. Ein Mann trägt die blutigen Spuren eines Nasenschlages im Gesicht. Es sind keine Kinder unter ihnen.

Ich bin heilfroh, daß die Journalistin nicht auf die Idee gekommen ist, in die Abteile zu gehen. Für mich wäre das nichts. Ergebnislos verlassen wir das Bahnhofsgelände. Sauer steigt sie in ein Taxi. Der Fotograf hat seinen Wagen vor dem Bahnhof geparkt, ich sage zu ihm:

»Tschüs. Außer Spesen nichts gewesen. Aber ich freue mich.«

Er lacht: »Ich auch.«

Gegen vier Uhr morgens liege ich in meinem Bett und hoffe, die gesuchten Kinder auch.

Der Artikel wurde nie gedruckt, da die Zeitschrift, wie viele in Ost-Berlin, pleite ging.

Die Ausländerfeindlichkeit in der ehemaligen DDR nimmt zu. Mir ist unbegreiflich, wie die Politiker in einem Land des totalen wirtschaftlichen Zusammenbruchs, wo die wenigsten noch Arbeitsplätze und anständige Wohnungen haben, Asylbewerber unterbringen konnten. Plötzlich sitzen tagsüber die Erwachsenen arbeitslos, unzufrieden in ihren vier Wänden herum. Was ist von ihren Träumen vom großen Glück nach der Wende geblieben? Eine jämmerlich heruntergekommene Wohnung, dafür erhöhte Mieten, Geld ohne Arbeit und orientierungslose Kinder. Die Wut, die sie zu Hause aussprechen, tragen die Jugendlichen nach draußen, und es trifft die noch Schwächeren, die Ausländer.

Wohin mit der Wut?

Noch einmal Hamburg

Fe ruft an, ob ich nicht wieder einmal Lust hätte, sie zu besuchen. Ihr Mann sei vorübergehend mit dem Kleinen verreist und wir könnten ein lustiges Wochenende verbringen. Platz zum Schlafen sei überall.

Ich bin begeistert, mal wieder aus Berlin herauszukommen. Es bereitet keine Mühe, Frank zum Mitkommen zu bewegen. Unsere Tochter mag Fe sowieso, und so reisen wir in aller Frühe los. Die Fahrt auf der Autobahn ist seit der Grenzöffnung ein reiner Nervenkitzel. Manches Mal bereitet mir die Schnelligkeit Vergnügen, besonders dann, wenn vor uns kein Wagen fährt. Das ist leider sehr selten, deshalb graust es mir vor einem Unfall. Frank erkennt meine Ängste immer an meiner verkrampften Sitzhaltung und drosselt die Geschwindigkeit auf die Höchstbegrenzung.

Nach einer Stunde muß unsere Tochter dringend zur Toilette. Frank fährt die nächste Raststätte an und parkt.

Ich gehe mir eine Zeitung holen. In gemütlichem Tempo setzen wir die Reise fort. Plötzlich schieben sich düstere Wolken vor die Vormittagssonne, und entgegen der guten Wettervorhersage rauscht ein heftiger Regenguß über die Landschaft. Ich kann mich nicht mehr auf die Zeitschrift konzentrieren. Unheilahnend hebe ich den Kopf, die Scheibenwischer quietschen eifrig über das Glas und schieben das Wasser unaufhörlich beiseite. Leise sagt Frank:

»Lies weiter, es passiert schon nichts.«

Im gleichen Moment saust vor uns in der Kurve ein heller Wagen durch die Leitplanken und stürzt in die Tiefe. Der nachfolgende BMW versucht zu bremsen, fängt an zu schleudern, rutscht von einer Seite zur andern, schlägt rechts und links gegen die Leitplanken und kommt auf der linken Fahrspur zum Stehen. In Sekundenschnelle fühle ich die unmittelbare Gefahr. Frank reißt das Lenkrad nach links, um dem Unfall auszuweichen, wir rutschen und schießen auf die durchgebrochene Leitplanke zu. Ich höre auf zu atmen. Vor mir läuft kein Film meines vergangenen Lebens ab, sondern ich denke klar und deutlich: Das darf doch nicht wahr sein. Das kann doch nicht alles gewesen sein. Er muß das Auto zum Stehen bringen, er kann uns doch nicht einfach so sterben lassen. Kurz vor dem Abhang gelingt es ihm, das Auto nach links herumzureißen. Im Bruchteil einer Sekunde erkenne ich im Regenschleier den hellen Wagen und denke: Jetzt ist es aus. Ein harter, schwerer Gegenstand fliegt an meinem Fenster vorbei und knallt an meiner Seite gegen die hintere Tür. Unser Wagen macht zwei halbe Drehungen und steht plötzlich quer über beiden Fahrstreifen. Totenstille umgibt mich, nur das Rauschen des Regens dringt zu mir. Wenn uns jetzt ein Auto in die Seite fährt, ist alles vorbei.

Den Motor anzulassen dauert eine Ewigkeit. Wenn nur kein Auto kommt. Ich beginne zu zittern. Dann endlich springt der Motor an, alles funktioniert, wir fahren rechts an die Böschung und halten.

Ich springe trotz des Regens hinaus ins Freie. Nie mehr, schwöre ich mir, besteigst du ein Auto. Unsere Tochter ruft:

»Weg! Das Auto explodiert! Mach, Papi, beeil dich!«

Er beruhigt sie: »Keine Angst, mein Schatz, das Auto explodiert nicht. Wie kommst du denn darauf?«

Sie sieht ihn ernst an und sagt: »Aber im Fernsehen explodieren doch immer die Autos nach einem Unfall.«

Ich lache hysterisch und merke gar nicht, daß ich heule. Zwei Männer kommen den Hang herauf.

»Geht es Ihnen gut?« fragt mich der eine.

Ich nicke stumm.

»Sie sollten sich ins Auto setzen, Sie werden ja ganz naß«, sagt er besorgt.

»Ich und ins Auto, nie mehr. Nachher fährt noch ein Wagen drauf, nein, nein. Mich bringen hier nur zehn Pferde und eine Kutsche weg, aber kein Auto.«

Frank holt aus dem Wagen Regenschirme und bringt sie uns. Hinter unserem Auto hat sich ein Polizeiwagen postiert.

»Mami, jetzt kannst du beruhigt ins Auto kommen«, ruft mir meine Tochter aus dem Fenster zu. »Wenn jetzt ein Auto auffährt, trifft es zuerst das Polizeiauto«, setzt sie schlau hinzu.

Die Männer lachen, und einer sagt:

»Tja, wir hatten alle Glück.«

»Wieso denn Sie?« frage ich.

»Wir sind die aus dem Wagen da unten«, antwortet er und zeigt in den Abgrund.

»Und Ihnen ist nichts passiert?«

Ich kann's nicht glauben. Sie lachen beide.

»Ja, wir hatten mächtiges Glück. Dem Ehepaar aus dem BMW ist auch nichts geschehen. Wenn man bedenkt, drei Wagen, acht Personen, und keiner hat eine Beule, bis auf Blechschäden ... Wir können alle Gott danken.«

Die Sirene eines Krankenwagens nähert sich und verursacht einen höllischen Lärm. Ehe wir kapieren, was los ist, stürzen vier weißgekleidete Männer auf uns zu.

»Wer braucht Hilfe? Wen können wir mitnehmen?«

Wir sehen uns alle an und schütteln die Köpfe.

»Kein Verletzter?« fragt ein Sanitäter.

»Kein Verletzter«, sagt ein Mann aus dem Unfallwagen.

Die Retter sehen sich verblüfft an. Einer mustert mich und sagt:

»Sie brauchen Hilfe, Sie sind ja ganz verstört. Kommen Sie, wir bringen Sie ins nächste Krankenhaus.«

Ich weiche zurück: »Wenn Sie mich irgendwo hinbringen wollen, dann müssen Sie schon mit einer Kutsche oder mit der Eisenbahn kommen, ich steige nie mehr ins Auto.«

Ratlos fahren sie davon. Wir warten, bis das Unfallprotokoll angefertigt ist, danach gelingt es Frank, mich zu überreden, wieder einzusteigen.

»Ich fahre ganz langsam«, verspricht er, und ich setze mich widerstrebend ins Auto. Bis auf eine demolierte Tür ist uns allen nichts geschehen.

In Hamburg schlendern wir zur Erholung über die Reeperbahn, unternehmen eine Schiffsrundfahrt im Hafen und fahren dann zu Fe.

Sie freut sich wahnsinnig über das Wiedersehen, das beinahe ins Wasser gefallen wäre. Am Abend kommen zwei ihrer Freundinnen vorbei, um mit uns auszugehen. Frank überläßt mich ihrer Obhut und bleibt bei unserer Tochter.

Die Frauen sind aufgetakelt, als ginge es zu einem Kostümfest. Wie sollte es anders sein, die Autofahrt geht in rasendem Tempo nach Timmendorf. Unterwegs bin ich tausend Tode gestorben. In der ersten Bar ist nichts los. Die nächste Disko wird angesteuert, in der die Altersgruppe meines Sohnes verkehrt. Neugierig starren uns die Jugendlichen an. Peinlich berührt rufe ich:

»Hat einer von euch Markus gesehen? Ich suche meinen Sohn.«

Die Jugendlichen grölen: »Markus, Markus, deine Mami sucht dich!«

Ich verkneife mir das Lachen. Die Frauen können mich nicht verstehen, eine sagt ärgerlich:

»Warum hast du das gemacht? Da waren echt tolle Typen dabei.«

»Die könnten alle deine Kinder sein«, antworte ich.

»Na und? Besser als die alten Knackis, die haben wir zu Hause.«

»Finde ich nicht«, entgegne ich.

»Na gut, dann eben du nicht, aber verdirb uns nicht den Spaß.«

Ich füge mich brav und wandere mit in Bars und Diskos; nirgends finden sich Interessenten für die netten Frauen um vierzig. Enttäuscht beschließen sie, nach Hamburg zurückzufahren und an der Alster in eine Nobeldisko einzureiten. Die Jagd nach dem Abenteuer »Liebesnacht, junger Mann füs Bett gesucht« artet in

Streß aus. Ich wundere mich über Fe, daß sie das so geduldig mitmacht. Gegen einen schönen »Prinzen« ist ja nichts einzuwenden, aber dafür dieser Aufwand? Ich finde es reichlich bescheuert. Die Nobeldisko ist eine wundervolle weiße Villa inmitten eines großen Gartens. Aus den Fenstern lockt rotes Licht. Mir fällt der Spruch ein: Nur selten hält das rote Licht, was es dem Wandersmann verspricht. Noch ehe ich die Wagentür geöffnet habe, sind sich alle einig, es lohne sich nicht, auszusteigen, da kein »Material« da sei.

»Was für Material?« frage ich verschämt, weil ich nicht weiß, was sie meinen.

»Na, Material. Männer. Es stehen keine teuren Autos hier, also befindet sich kein gutes Material da drinnen«, klärt mich eine auf.

Ich steige trotzdem aus und sage:

»Wenn ich schon mal hier bin, will ich mir wenigstens den Laden ansehen.«

In diesem Augenblick hält neben uns ein Auto, ein sehr gut aussehender Mann steigt aus und lacht mich an.

»Sie brauchen nicht weiterzugehen«, rufe ich ihm zu, »es ist kein Material da!«

Die Frauen sind wütend und zischen mir zu:

»Spinnst du, der war genau der Richtige.«

»Schade, daß ich Sie versäumt habe, müssen Sie wirklich schon gehen?« ruft er mir lachend zu.

»Ja!« rufe ich zurück.

Da hebt er bedauernd die Hände und steigt enttäuscht wieder in sein Auto ein.

Während der Fahrt zum nächsten Jagdrevier beruhigen sich die Nerven der Freundinnen Fes. Das Alter macht sich bemerkbar, die Müdigkeit kommt, die

Augen werden schlaff, und zerknirscht zücken sie ihre Handspiegel zur Erneuerung der Kosmetik. Das letzte Domizil soll ein »Insidertreffpunkt« für die gehobene Schicht aus Pöseldorf und Umgebung sein. In großer Erwartung betrete ich den extrem nüchtern aussehenden Raum, der mich an einen Vorraum des Ostberliner Theaters »Volksbühne« erinnert. Grüppchenweise steht hier die Schickeria zusammen.

»Warten die alle auf das Klingelzeichen, um nach der Pause in ihre Loge zu gehen?« frage ich Fes Begleiterinnen.

»Nein, das ist hier so, man steht nur herum, um gesehen zu werden.«

Das kann ein langweiliger Abend werden, denke ich und rufe deshalb laut: »Hallo!«

Alle Köpfe drehen sich in unsere Richtung. Ich schaue in junge, schöne, zurechtgemachte Gesichter, die an Langeweile zu ersticken drohen.

»So, jetzt haben uns alle gesehen – können wir nun gehen?«

Statt einer Antwort geht plötzlich ein Raunen durch den Saal.

»Er kommt! Er kommt!«

»Wer ist ›er‹?« frage ich.

»Was denn, du kennst ihn nicht? Das Phantom der Oper?«

Den kenne ich schon, aus dem Fernsehen. Doch mir macht es Spaß, die Dumme zu spielen, deshalb sage ich:

»Nein, kenne ich nicht.«

Alle blicken in eine Richtung, daraus kann ich schließen, daß sich das »Phantom der Oper« auf uns zubewegt. Der blondgelockte Mann, einfach gekleidet in

Hemd und Jeans, bleibt vor uns stehen und begrüßt die Frauen; eine kennt er offensichtlich. Als er mir die Hand gibt, schaue ich interessiert in Türrichtung und frage:

»Wann kommt denn Seine Hoheit, das Phantom?«

Mein Gott, wie tun sie erheitert. Sie lachen und flüstern mir ins Ohr:

»Das ist er doch.«

Der Sänger geht mit einer schönen jungen Frau ins Nebenzimmer und setzt sich an einen Tisch.

Alle Plätze in diesem Raum sind leer. Er hat es wohl nicht mehr nötig, sich sehen zu lassen.

Das war es dann auch schon, die Damen trinken ihren Sekt aus, versichern mir, daß es sonst ganz anders sei, und wir fahren nach Hause.

Feodora schläft noch, als wir gegen Mittag leise die Wohnung verlassen.

Der Anruf

Wie so oft, klingelt ausgerechnet beim Abendbrot das Telefon.

»Bleib sitzen!« ruft meine Tochter und springt auf.

»Mami, für dich!« Sie reicht mir den Hörer.

Wird wohl eine Leserin sein, denke ich und nehme ahnungslos das Gespräch an. Eine Frau nennt kurz ihren Namen, den ich nicht richtig verstehe. Ich bitte sie, ihn zu wiederholen. Es ist die Ehefrau des Schriftstellers, dem ich mein Buch geschenkt habe. Ehe ich dazu komme, etwas zu sagen, macht sie sich Luft:

»Wissen Sie, was Sie da geschrieben haben? Das ist reinste Anti-DDR-Literatur!«

»Es gibt keine DDR mehr«, sage ich kurz.

»So was kennt man ja schon aus dem Westen. Nichts entspricht den Tatsachen, aber das machen jetzt alle, die hier weggegangen sind.«

»Moment mal«, unterbreche ich ihren Redefluß. »Ich weiß nicht, wovon Sie sprechen. Ich habe keine Anti-DDR-Literatur geschrieben, sondern über mich, über mein Leben. Woher wollen Sie wissen, wie mein Leben war?«

»Ich kenne das Heim gut, sogar sehr gut. Die wenigen Freunde, die uns geblieben sind, sind Ehemalige.«

»Woher wollen Sie das Heim so gut kennen?«

»Ich habe schließlich von 1953 bis 1955 dort als Erzieherin gearbeitet.«

Ich verkneife mir die Frage, weshalb sie nach zwei Jahren die Arbeit aufgegeben hat.

»Sie behaupten, das Heim gut zu kennen, und mein Buch entspreche nicht den Tatsachen. Das wundert mich sehr, denn mein Heimleben begann 1953, und als Sie gingen, war ich gerade vier Jahre alt. Woher nehmen Sie also das Recht, zu behaupten, Sie wüßten, wie ich gelebt habe?«

Überrumpelt lenkt sie ein: »Ich kenne einige Erzieher. Wenn Sie wünschen, lade ich Sie gerne ein, dann können Sie mit meinem Mann persönlich über Ihr Buch sprechen.«

Ich verspüre keine Lust, vor ein privates Tribunal zu ziehen, das womöglich ein voreiliges Urteil über mich gefällt hat. Irgendwie bringe ich das Gespräch einigermaßen höflich über die Runden. Mein Mann sieht mir die Verstörtheit an und fragt:

»Warum hast du nicht aufgelegt? Du hast es nicht nötig, dich von jedem fertigmachen zu lassen.«

Was ist plötzlich los?

Woher diese Angst? Was steht in meinem Buch, das es zu schützen gilt? Gut, sie, die Frau eines angesehenen Schriftstellers, war selbst einmal Erzieherin, noch dazu in dem bekanntesten Heim der DDR, sie fühlt sich angegriffen, aber warum? Ich habe in meinem Buch die bisher als vorbildlich geltende Erziehung ins Wanken gebracht. Bin ich ein Nestbeschmutzer? Will die Ehefrau die einstige Pädagogengarde der Aufbauzeit schützen? Aber wozu?

Am 11. 10. 1991 schreibt mir der Schriftsteller:

»Liebe Frau Burkowski,
der Zufall will es, daß ich einige Mitarbeiter des Kinderheims persönlich kenne. Ich habe diesen Ihr Buch gezeigt, und sie haben mir mitgeteilt, daß es nicht den Tatsachen entspricht.
Mit freundlichen Grüßen Ihr ...«

Eine heftige Ohrfeige des Lebens – sie trifft mich auf das empfindlichste. Denn da ist schon wieder das Vorurteil »Du verlogenes Heimkind«, noch dazu von einem Mann, der es besser wissen müßte. Woher will er wissen, wie ich gedacht, gefühlt und gelebt habe? Ich kann seinem Brief entnehmen, daß er das Buch nicht gelesen, sondern nur herumgezeigt hat. (Ein Jahr später wurde er Mitbegründer des »Komitees für Gerechtigkeit«. Wenn das nicht gerecht ist ...)

Meine Überlegungen darüber, welche Erzieher er außer seiner Frau womöglich kennt und warum er sich ausgerechnet auf ihre Aussagen verläßt, sie, die streng und treu das Erziehungsprinzip von Margot Honecker anwandten, kommen zu keinem Ergebnis. Was auch immer in meinem Buch so Schreckliches steht – ich finde es nicht heraus.

Eine nördliche Lokalzeitung schreibt über mein Buch. Ein größeres Blatt folgt mit einem Interview von mir, das verfälscht wiedergegeben ist. In meiner Unerfahrenheit im Umgang mit der Presse habe ich das Gespräch mit der Ehefrau des Schriftstellers erwähnt. Am nächsten Tag erscheint ein Artikel mit der Schlagzeile »Als Baby verlassen, mit vierzig beschimpft«. Unter anderem steht dort geschrieben:

»Satt wurde ich zum ersten Mal mit 19 Jahren.«

Mein Buch endet, als ich 17 Jahre alt war. Und ehrlich gesagt: gehungert habe ich damals nur um der sogenannten Traumfigur willen, und das in meiner eigenen Wohnung.

Viele Kinder stehen heute noch hilflos vor den Fragen des Lebens, wenn sie sich selbst überlassen bleiben und keine Antwort finden. Im Heim haben die Erzieher über viele Fragen, die wir Kinder hatten, den Mantel des Schweigens gedeckt. Genau in dieselbe Situation wollte ich den Leser versetzen, deshalb findet er auf viele Ereignisse, die ich als Kind erlebte, keine Antwort. Das nutzte die Journaille für sich aus.

Seit Erscheinen des Artikels vergeht kein Tag ohne anonyme Anrufe. Erst nachdem eine unbekannte männliche Stimme am Telefon sich über die Schönheit meiner Tochter ausläßt und mich ermahnt, sie nicht aus den Augen zu lassen, und wie harmonisch doch so ein Familienleben sei und daß mein Mann Frank einen wunderbaren teuren Wagen mit dem Kennzeichen … fahre, packt mich die Unruhe. Ich rufe die Polizei an. Als mir aber gesagt wird, sie könnten erst eingreifen, wenn etwas passiert sei, zögere ich keine Sekunde, mir selbst zu helfen. Zuerst gilt es meine Tochter zu schützen. Ich gehe zu ihrer Lehrerin und bitte sie, darauf zu achten, daß meine Tochter nicht von Fremden angesprochen wird, was sie sofort verspricht. Jeden Morgen bringe ich Fanni in die Schule und hole sie mittags wieder ab. Frank muß auf sich allein achten, und ich? Ich mache weiter …

Vor meiner ersten Lesung in Treptow bringt der dortige Lokalanzeiger einen sehr guten Artikel. Er enthält nicht nur die Inhaltsangabe meines Buches, sondern nennt auch die Beweggründe, warum ich es geschrieben habe. Eine mir wohlgesonnene ältere Dame ruft mich an:

»Kind, ich rate dir, einen Entschuldigungsbrief an die Frau des Schriftstellers zu schreiben. Mir ist zu Ohren gekommen, daß deine Lesung gestört werden soll.«

»Nein, ich denke nicht daran.«

»Bitte«, drängt sie mich. »Ich möchte doch, daß deine erste Lesung ein Erfolg für dich wird.«

»Aber warum, ich habe den Artikel in der Boulevardzeitung nicht geschrieben. Abgesehen davon, daß ich zwischen dem Brief des Schriftstellers und dem Artikel keinen Unterschied sehe; beides stimmt nicht.«

»Kind, überlege es dir gut, ich möchte dir nur helfen.«

Ungern folge ich dem Rat dieser klugen Frau und schreibe:

»Sehr geehrte Frau …,
Ihre Reaktion auf mein Buch ›Weinen in der Dunkelheit‹ habe ich nicht vergessen können.

Sie zweifelten nicht nur an dem Wahrheitsgehalt meiner Erinnerungen an das Kinderheim, sondern betrachteten meine Aufzeichnungen sogar als Abrechnung mit der DDR, die gegenwärtig gang und gäbe sei.

Wer mein Buch jedoch aufmerksam liest, kann diese Behauptung nicht teilen. Mir kam es mit jeder Zeile darauf an, das Schweigen der Heimkinder zu durchbrechen …

Für die Artikel … bin ich nicht verantwortlich. Wer mein Buch kennt, weiß, daß die … aufgestellten Behauptungen nicht daraus stammen. Ich hoffe, daß Sie mir glauben und nicht der Zeitung, wenn ich versichere, daß ich eine Gegendarstellung verlangt habe – leider ohne Erfolg.

Da Sie … Interesse an meinem Buch gezeigt haben – nicht zuletzt, weil Sie selbst Erzieherin … waren –, würde ich Sie bitten, Ihre Einwände gegen meine wahrheitsgetreu geschilderte Kindheit und Jugend … im einzelnen zu nennen.

Freundliche Grüße

U. Burkowski«

Schon am nächsten Tag ruft sie mich an.

»Ich war sehr erschüttert über den Zeitungsartikel, den mir jemand brachte, aber auf der anderen Seite hat er mir auch bestätigt, wovor ich Sie gewarnt habe. Sie werden sich erinnern, als ich Sie angerufen habe, das erste Mal?«

»So genau habe ich das nicht mehr im Kopf.«

»Ich habe Sie davor gewarnt. Ich hatte Sie spontan angerufen, weil mich Ihr Buch sehr aufgeregt hat. Und ich habe Ihnen gesagt: Passen Sie auf, daß Sie nicht in was hineingeraten, was Sie gar nicht wollen. Der Artikel hat mir bewiesen, wie recht ich hatte.«

Ich frage, ob sie den Bericht in ihrem Lokalanzeiger gelesen habe. Den habe sie nicht gelesen, es müsse wohl jemand vergessen haben, ihn vorbeizubringen. Sie bitte mich um eine Kopie. Ich lese ihn lieber gleich am Telefon vor. Ohne auf den Artikel einzugehen, spricht sie aufgeregt weiter, wie ärgerlich sie sei und daß sie mich ausreichend gewarnt habe. Sie läßt mich kaum zu Worte kommen. Ich versuche ihr zu erklären, wie dieser Artikel zustande kam und daß ich mich bisher nicht mit den Hintergründen einer Berichterstattung beschäftigt habe.

»Ich weise jeden Leser, der das Buch von mir persönlich erhält, darauf hin, daß er in meinem Buch keine Holocaustgeschichten finden wird, wie es das Blatt geschrieben hat.«

»Sie kennen ja die Auflage des Blattes und wie meinungsbildend es wirkt.«

Das weiß ich nicht und antworte: »Das ist ja komisch, von dem Blatt halten viele Leser nichts, warum sollen sie dem Artikel Glauben schenken? Finden Sie das nicht widersprüchlich?«

»Das beweist, was ich Ihnen vorher gesagt habe. Passen Sie auf, daß Sie da nicht in was hineinkommen, was Sie gar nicht wollen. Ich werde noch auf Ihren Brief antworten. Und ich bedaure sehr, daß mein Mann Ihnen so eine lakonische Antwort geschickt hat. Ich wußte übrigens nichts davon. Seine Post macht die Sekretärin. Ich hätte gegen den Brief protestiert. Ich hatte ihm gesagt, daß ich mit Ihnen gesprochen habe. Es tut mir schrecklich leid, und ich kann mir vorstellen, daß es Sie getroffen hat.«

»Ehrlich gesagt, hat es auch«, gebe ich zu. »Aber es hat mich stark verwundert, daß der Brief Ihres Mannes nach dem Anruf kam.«

»Ja, das ist sehr unangenehm. Ich hatte ihm gesagt, er möchte es sein lassen. Ich werde mich mit Frau Burkowski in Verbindung setzen. Tja, und dann hat er seine Post gemacht, er wird es vergessen haben.«

Endlich läßt sie mir zu einer Antwort Zeit: »Ich habe gedacht, daß ein Mann wie der Ihre wissen sollte, wie Heimkinder leben. Er machte in der Lesung einen ehrlichen und weitsichtigen Eindruck auf mich. Daß ich einigen Leuten auf die Füße treten würde, war mir klar, doch ich befinde mich auf der andern Seite der Barrikade.«

»Wir wissen nicht, auf welcher Seite der Barrikade wir uns befinden. Deshalb hatte ich Ihnen, von Ihrem Buch ausgehend, ein Angebot gemacht, mit Leuten darüber zu reden.«

»Viele Menschen, die ich in Lesungen sprechen konnte«, entgegne ich, »finden in meinem Buch keine feindlichen Tendenzen. Im Gegenteil, sie sind von der Sachlichkeit beeindruckt. Und wenn mich fremde Leute ansprechen und sagen: Wissen Sie, seitdem wir Ihr Buch gelesen haben, sehen wir die ehemaligen DDR-Bürger mit ganz anderen Augen, dann habe ich zusätzlich etwas erreicht, das ich gar nicht beabsichtigt hatte.«

»Gut, ich wollte Ihnen nur sagen, daß Ihr Brief angekommen ist und daß er mich sehr gefreut hat. Ich werde darauf antworten. Nicht sofort, da wir wegfahren, es kann also eine Weile dauern.«

»Es lag außerdem nicht in meiner Absicht, an Erziehungsmethoden herumzukritisieren, sondern ...«

Sie unterbricht mich: »Darum geht es auch gar nicht. Ich habe mich nur sehr über das aufgeregt, was Sie geschrieben haben. Wissen Sie, es gehen verschiedene Dinge durcheinander. Das eine ist, was ist Literatur, und das andere, was ist Lebensgeschichte, die authentisch ist. Wenn Sie Ihr Buch auf eigene Kosten machen, ist das Ihre Sache. Aber wenn Sie Ihr Buch benutzen, um mit Leuten ins Gespräch zu kommen über Probleme, die sie angehen, ist das eine andere Sache. Deswegen müssen Sie nicht gleich erwarten, daß Sie nun eine große oder als größte Schriftstellerin anerkannt sind.«

Ich muß lachen: »Das erwarte ich gar nicht.«

Sie beachtet meine Bemerkung nicht, sondern redet weiter. »Da scheint bei vielen Leuten, die hier weggegangen sind und glaubten, große Literatur zu machen, was durcheinanderzugehen. Sie haben es nie geschafft, große Literatur zu machen, sondern wollten nur mit politischen Statements auf sich aufmerksam machen.«

Langsam nervt sie mich, aber ich antworte lachend: »Die große Literatur überlasse ich dann doch lieber den Leuten, die es können.«

»Meine Liebe, ich habe Ihr Buch nicht nur als Erzieherin gelesen, sondern auch als Dramaturgin. Und ich habe Ihnen gesagt, daß es gut ist. Sie haben darin einige Stellen, die ich sehr begabt finde, auch literarisch. Doch daraus kann man nicht gleich schließen, daß Sie an die Spitze der Literatur gelangen.«

»Ich habe mich nie damit beschäftigt, ob ich Literat bin oder nicht«, sage ich gleichmütig.

»Ich finde es toll, daß Sie das gemacht haben, und unheimlich gut, daß Sie das geschrieben haben. Auch wenn es nur Ihnen oder ein paar Leuten nützt, daß Sie miteinander ins Gespräch kommen. Aber ich habe Sie gewarnt. Es kann auch nach hinten losgehen.«

Ich will nicht, daß sie das Gespräch ewig in die Länge zieht, und sage darum:

»Ich hatte von der Redaktion eine schriftliche Gegendarstellung verlangt, weil das Interview verfälscht worden war. Die Ressortleiterin war aber der Meinung, an dem Artikel gäbe es nichts auszusetzen.«

»Ja, da kann man nichts machen. Dann müssen Sie eben aufpassen, mit wem Sie reden oder sich einlassen. Und wenn Sie Interviews geben, müssen Sie die auf ein Tonband aufnehmen. Und Sie können verlangen, bevor etwas gedruckt wird, daß Sie es gegenzeichnen. Dann passieren solche Dinge nicht. Im Grunde hat sich das bestätigt, wovor ich Sie gewarnt habe. Ich schreibe Ihnen noch dazu, ich wollte Ihnen nur sagen, daß Ihr Brief angekommen ist. In den nächsten Tagen wird es nichts.«

Ich lache spöttisch auf, da ich der vielen Entschuldigungen wegen nicht mehr an eine Antwort glaube.

»Ich bedaure es ungeheuer, diese lakonische Antwort. Doch Sie müssen bedenken, mein Mann ist schon sehr alt und nicht mehr ganz gesund. Er versucht sein Leben zu leben, sich einzumischen, zu schreiben und zu veröffentlichen. Was glauben Sie, was hier los ist? Es klingelt ständig das Telefon, Leute stehen vor der Tür oder schicken Bücher und Manuskripte, und das schafft er alles gar nicht. Ich werde ihn bitten, sich noch mal dazu zu äußern.«

»Wissen Sie«, antworte ich, »ich werde es Ihnen mal ganz menschlich sagen, ich habe diesen Brief aufgemacht ...«

Sie fällt mir heftig ins Wort. »Das brauchen Sie mir gar nicht zu sagen, das weiß ich. Das war wie eine Ohrfeige. Ja, das ist ein Hammer. Sie haben ein Buch geschrieben, und man wartet darauf, was dazu gesagt wird, und dann ...«

Sie stottert herum, und ich nutze die Sekunden zum Reden: »Ich kam mir vor, als sei ich ein Kind, das gelogen hat. Hätte in dem Brief gestanden: Danke für Ihre Aufarbeitungsgeschichte, oder: Machen Sie weiter, oder: Lassen Sie es sein ...«

»Lassen Sie sich nicht davon beeindrucken. Haben Sie seinen Epilog gelesen?«

»Nein«, sage ich schnell und denke: Das fehlte mir noch, jetzt ist der Mann gestorben und ich muß mein Beileid aussprechen, diese Lüge bringe ich nicht fertig. Doch sie bleibt gelassen.

»Gut, dann werde ich Ihnen das Buch schicken, dann können Sie vielleicht ermessen, was dieser Mann durchlebt hat, und werden ihm verzeihen. Ich finde es nicht in Ordnung, daß er Ihnen so lakonisch geschrieben hat. Ich mache mir Vorwürfe, seine Post nicht zu schreiben, das macht die Sekretärin.«

»Sie brauchen sich keine Gedanken zu machen ...«

»Ich mache mir keine Gedanken, ich war sehr böse auf Sie. Sie sind natürlich verantwortlich für diese Sache. Es ist Quatsch, wenn Sie meinen, Sie sind nicht verantwortlich. Sie müssen wissen, mit wem Sie reden, und alles unter Kontrolle haben.«

»Ja, und wie hat man das unter Kontrolle?« frage ich mich laut.

»Sie müssen ein Tonband laufen lassen, damit können Sie alles nachweisen, und sich vor allem die Leute angucken, mit denen Sie reden.«

Sie wird plötzlich persönlich, verfällt in einen Erzieherton, der mir sehr bekannt ist. Sie weiß, wie sie treffen kann, und nennt mich »Liebe Uschi Burkowski«. Sie zieht alle Register der Autoritätssprache, die in der ehemaligen DDR üblich war. Von der freundlichen Warnung bis zur Beschimpfung im Plauderton hinüber ins zynisch Verletzende spart sie nichts aus. Es klingt wie: Füge dich uns, und du kommst gut mit uns aus. Meine Nerven sind dünn wie Spinnenfäden, die Hände eiskalt. Nicht viel hätte gefehlt, und ich hätte aufgelegt. Sie hat sich Luft gemacht und wird wieder freundlicher.

»Wenn durch Ihr Buch Kontakte zustande kommen, wissen Sie, dann ist es überhaupt nicht die Frage: Was ist große Literatur oder was ist gute Literatur. Ich finde eigentlich, so müßte heute geschrieben werden, mit solcher Wirkung, daß Menschen miteinander reden, zusammenkommen, sich ihre Geschichten erzählen und daß Menschen sich öffnen. Und in dieser Hinsicht finde ich Ihr Buch gut. Und Sie sollten jetzt nicht versuchen, durch die Hintertür mit ... also politischer Brisanz, die sich Ihnen da anbietet.«

Ich verstehe überhaupt nichts mehr. Was will sie mir eigentlich sagen?

»Ich weiß sehr wohl, was ich will«, sage ich. »Es wird über alles in der Welt geredet, nur nicht über Heimkinder. Entweder gibt es keine Heime, oder es heißt, die Heime sind so toll.«

»Nein, es wird über Heimkinder geredet. Aber im Augenblick wird alles, was Sie sagen und was darüber in der Zeitung steht, in die politische Diskussion einbezogen. Gucken Sie mal, was der Reinicke im ›Reflektor‹ schreibt. Das ist doch alles ..., die tun mir alle sehr leid, auch der Reinicke.«

»Kenne ich nicht«, unterbreche ich.

Unbeirrt redet sie weiter. »Und die Franziska Lier und der Liedermacher Krafft und alle diese Leute. Das ist alles so traurig, daß sie sich hernehmen lassen.«

An dieser Stelle schneide ich ihr das Wort ab.

»Ich war in Frau Liers Lesung, und viele Aussagen, die sie gemacht hat, decken sich mit denen in meinem Buch. Ist doch eigenartig, nicht wahr?«

Ihr Ton wird ungehalten. »Das ist dasselbe, dadurch kommen Leute miteinander ins Gespräch. Und soweit ist alles gut, was da veröffentlicht und geschrieben wird. Aber literarisch können Sie das vergessen. Das ist keine Literatur. Das hat nur die Bedeutung, daß man einen Ansatz macht, um mit Leuten darüber ins Gespräch zu kommen, über Probleme, die sie angehen.«

»Ach so«, sage ich und habe immer noch nicht verstanden, was sie eigentlich will.

»Darum ist das von Frau Lier wichtig und von Bedeutung. Aber es ist keine Literatur. Von so einem Maßstab her ist es überhaupt bedeutungslos. Und das muß man unterscheiden, wenn man Literatur machen will und Schriftsteller sein will. Dann muß man eben auch schreiben können. Wie soll ich Ihnen das erklären, das kann ich nicht so einfach und schnell. Aber es ist eben ein Unterschied.«

»Das glaube ich«, sage ich, um meine Ruhe zu haben.

»Frau Lier glaubt vermutlich, sie sei eine ganz große Schriftstellerin, was sie nicht ist, und sie ist auch keine große Regisseurin. Sie hat Dinge in Bewegung gebracht, und sie bringt Leute zum Sprechen, das ist hervorragend, aber sie glaubt offensichtlich, sie sei ein großes Genie, und das ist sie nicht.«

Ich unternehme einen letzten Versuch, ihr klarzumachen, daß wir offenbar aneinander vorbeireden.

»Ich muß Ihnen sagen, ich habe mich nie mit der Problematik Politik und Literatur intensiv beschäftigt. Ich habe dieses Buch geschrieben, weil ich ein bestimmtes Anliegen habe ...«

»Ja, ich finde es auch gut, ich finde es bewundernswert, daß Sie das Buch auf eigene Kosten herausgebracht haben. Und daß jetzt darüber gesprochen wird. Aber passen Sie auf, daß Sie da nicht in was hineinkommen, dann müssen Sie in eine Verteidigerposition und sagen: Das habe ich gesagt und das habe ich nicht gemeint ... Aber da werden Sie überrollt. Gut, ich wollte jetzt nichts weiter tun, als Ihnen sagen, daß der Brief angekommen ist und daß ich mich sehr darüber gefreut habe, daß Sie diesen Brief geschrieben haben. Und ich werde Ihnen darauf antworten.«

Ich bin erleichtert, denn nun ahne ich das Ende. Sie legt tatsächlich auf: »Tschüs!«

Es kam weder ein Brief noch das Buch und Gott sei Dank auch kein Anruf mehr.

Angebote

Die Kunde von meinem Buch zieht bis in die Schweiz und nach Spanien. Von überall her erhalte ich Leserbriefe, in denen die Menschen mir schreiben, wie ihre Kindheit gewesen ist. Sie machen mir Mut, mich nicht unterkriegen zu lassen, und verlangen nach einer Fortsetzung. Obgleich ich nie mehr schreiben wollte, fühle ich den Leserinnen und Lesern gegenüber eine Verpflichtung. Seitdem hocke ich wieder an der Schreibmaschine und tippe mühsam Seite um Seite meines Lebens »draußen«. Nach der Heimentlassung verlief mein Leben wie ein Brummkreisel. Ich stieß, während ich die richtige Drehung suchte, gegen Kanten und Ecken; es war schwer, ohne staatliche Fürsorge plötzlich allein dazustehen.

Um den Streß der Buchverteilung nicht ins Uferlose ausarten zu lassen, schicke ich das Buch an mehrere Verlage, an zwei im Ostteil Berlins und drei in Westdeutschland. In einem Verlag auf östlicher Seite bietet man mir an, das Buch völlig neu zu schreiben. Die Frau besitzt genaue Vorstellungen davon, wie es werden würde. Sie denkt an eine Zusammenfassung über die Entstehung des Kinderheims und die politischen Hintergründe der Erziehung, und als Ergebnis dessen würde meine Lebensgeschichte hinten angehängt werden. Wie heißt es doch: Es gibt viele Trittbrettfahrer. Mir ist klar, daß von meinem Buch nichts übrig bleiben würde. Ich entscheide mich dagegen.

Der andere Ostberliner Verlag gefällt mir sofort, auch die Lektorin, und die Bedingungen sind gut. Da sich aber der Verlag wie viele andere ostdeutsche Firmen im Umbruch befindet, kommt einfach kein Vertrag zustande. Als man sich endlich wieder meldet, sind sechs Monate vergangen, und ich habe eine Woche zuvor den Vertrag mit meinem jetzigen Verlag unterschrieben. Just in diesem Moment bieten sich auch andere Verlage an. Es ist schon recht komisch: Erst hat sich niemand für mein Manuskript interessiert, und plötzlich wollen es alle haben.

Um mir das lange Warten auf schriftliche Antworten

zu ersparen, rufe ich einfach in den Verlagen an. So lande ich eines Tages im Büro einer Frau Linden. Sie hört mir geduldig zu, als ich ihr die Geschichte um mein Buch erzähle, dann bittet sie mich um eine kleine Pressemappe über das Buch, und nach nicht einmal zwei Wochen liegt der Vertrag in meinem Briefkasten. Vorerst unterschreibe ich nicht, ich habe einfach zuviel um die Ohren.

Ganze Schulklassen laden mich zu Gesprächen ein. Sozialpädagogen, Pflegeeltern, Kinderheime, alle rufen mich an und bitten um eine Lesung. Da ich der Schule seit meiner Kindheit nichts abgewinnen kann, empfange ich die Schüler viel lieber bei mir zu Hause. Von den Jugendlichen kommen die aufrichtigsten Fragen. Es freut mich, wie sich ihr Blick zu Heimkindern ändert. Die sehr engagierte Lehrerin, Frau L., hat in ihrer Kindheit auch einige Monate im Kinderheim erlebt. Sie versteht es ausgezeichnet, die Jugendlichen an das Thema heranzuführen und mir die Unsicherheit im Umgang mit ihnen zu nehmen.

Bedauerlicherweise komme ich nicht mehr dazu, die vielen Leserbriefe zu beantworten. Wo es möglich ist, rufe ich an.

Auf einer privaten Lesung lerne ich Viktoria kennen, eine Lehrerin. An diesem Tag versagt mir die Stimme, urplötzlich muß ich heulen. So etwas soll es ja geben, und Viktoria springt ein, ohne viel Aufhebens davon zu machen. Eine Freundschaft bahnt sich an. Sie als resolute, wortgewandte, selbstbewußte Frau wird mir eine unverzichtbare Hilfe.

Vor der ersten Lesung in Treptow graut es mir. Viktoria lächelt selbstsicher, als sie den vollen Saal sieht. Was wird passieren? Hat mir das lange Telefonat mit der Frau des Schriftstellers genützt oder sitzen Störenfriede unter den Zuhörern? Als ich die vielen Augen auf mich gerichtet sehe, wünsche ich mir nichts sehnlicher als eine Tarnkappe.

Da treten drei Frauen gemeinsam ein, und ich weiß sofort: Das sind ehemalige Erzieherinnen. Zum Glück finden sich genügend ehemalige Heimkinder im Raum, die mir mit ihrer Anwesenheit Stärke geben. Auch mein Bruder mit seiner Familie ist gekommen.

Der Raum füllt sich bis auf den letzten Platz, das Dekkenlicht verlischt, Ruhe kehrt ein, die Zuhörer sehen gespannt zu Viktoria, die mich vorstellt und ein paar Worte zu meinem Buch spricht. Obgleich ich mich nicht mehr an diese Tage meiner Kindheit erinnern kann, als man uns drei Geschwister auffand, hat das Leiden, das wir damals durchlebten, eine innere Ablehnung dieser Zeit gegenüber in mir verursacht. Alles in mir sträubt sich, mich mündlich darüber zu äußern. Deshalb übernimmt Viktoria sehr einfühlsam die Einleitung zu meiner Lesung.

Danach reicht sie mir das Buch, und ich beginne. Ich wage kaum, meinen Kopf zu heben. Das Kerzenlicht auf den Tischen und die Leselampe geben mir ein wenig Sicherheit vor den vielen Augen, die fragend, ablehnend oder gar traurig den ersten Sätzen folgen. Ich fühle meinen trockenen Gaumen, die Zunge klebt mir störend im Mund, aber ich bekomme, o Wunder, trotzdem die Worte heraus. Zuerst sehr zögernd, wie bei einem Schulanfänger, nach wenigen Minuten merkt mir jedoch wohl keiner mehr die Aufregung an. Erst als ich zu einer Stelle komme, an der ich die Erzieher beschreibe, verursacht eine der Erzieherinnen durch undeutliches Dazwischenreden eine Störung. Ich lasse das Buch sinken, blicke ihr gerade in die

Augen und warte. Sie hält meinem Blick stand. Als sie meinen Widerstand spürt, entschuldigt sie sich. Ihre Kollegin rächt sich, indem sie demonstrativ mit einem Bleistift auf den Tisch trommelt. Das Poltern des »Kollektivgeistes« löst Empörung unter den ernsthaften Zuhörern aus. In barschem Ton fordert eine Frau die Ruhestörer auf, entweder leise zu sein oder die Lesung zu verlassen. Heilfroh über das Verständnis, das mir das Publikum entgegenbringt, kann ich ohne weitere Unterbrechung die Lesung beenden.

In der sich anschließenden Diskussion stellt sich heraus, daß tatsächlich alle drei Frauen ehemalige Erzieherinnen sind. Ihre heftige Anfechtung des Wahrheitsgehalts meines Buches wird durch die Aussagen der ehemaligen Heimzöglinge kräftig gedämpft. Einer der Damen rutscht der Satz heraus:

»Bei uns herrschte wenigstens noch Zucht und Ordnung.«

Eine Welle der Empörung geht durch den Raum, und als plötzlich eine ehemalige Erzieherin weinend ihre späte Betroffenheit bekundet, schweigen sie beschämt. Eine Wandlung vollzieht sich in den Köpfen der Frauen aus dem Heim, sie geben zu, daß sie erst, nachdem sie eigene Kinder bekamen, wirklich begriffen haben, was es bedeutet, ein Kind zu erziehen. Sie seien für die Heimerziehung viel zu jung und unerfahren gewesen.

Die anfänglich feindselige Atmosphäre löst sich in eine ehrliche, fast schon private Unterhaltung auf. Zum Schluß ähnelt das Zusammensein einem harmonischen Familientreffen, das keiner verlassen möchte.

Meine erste Lesung habe ich mit Bravour überstanden. Selbstverständlich nicht ohne Kritik meiner Freunde.

Weihnachten naht und damit auch das Fest der »Erwachsenen«, die rührselig auf die »armen Heimkinder« blicken. Weihnachten holt man sich ein Heimkind und beschenkt es, um sein Gewissen für die übrigen 364 Tage des Jahres zu entlasten und von seiner ehemaligen Gunst zu zehren. Tages- und Klatschblätter suchen sich die traurigsten Heimschicksale heraus. Auf Hochglanzpapier fragen verletzte Seelen: »Weihnachten allein – Mami, wo bist du?« Eine Berliner Tageszeitung bringt unter der Überschrift »Im Waldidyll eine zweite Heimat gefunden« einen makabren Artikel über mein ehemaliges Heim. Da lese ich unter anderem: »Königskinder wurden sie genannt, die vierhundert Kriegswaisen, die 1953 auf einem großen Waldgebiet ihr neues Zuhause bezogen.«

Wir sind niemals Königskinder genannt worden, und der Krieg dauerte bekanntlich nur bis 1945. Da ich 1951 geboren wurde, aber 1953 zu den ersten Einweisungskindern gehörte, frage ich mich, wer diesen an Ostpropaganda grenzenden Text veranlaßt hat. Die Zeitung stammt aus dem Ostteil. Das Radio wiederholt auf Wunsch vieler Zuhörer das Interview des SFB vom August, eine sehr gute Chance für die Wahrheit. Eine andere politische Tageszeitung aus Berlin bringt die Rezension über das Buch, an die ich gar nicht mehr gedacht habe. Nach der Radiosendung einer erneuten Aufnahme in »Kultur vis-à-vis«, dem Frühstücksfernsehen eines Privatsenders, und dem über eine halbe Seite gehenden Bericht zur Entstehung meines Buches in einer seriösen großen Tageszeitung klingelt sich das Telefon bei uns heiß. Plötzlich melden sich alle möglichen Zeitungs- und Fernsehleute. Als mir die Sache über den Kopf wächst, unterschreibe ich kurzerhand den Vertrag mit meinem Verlag und glaube aller Sorgen enthoben zu sein.

Meine Tochter steht dem ganzen Wirbel ziemlich ungerührt gegenüber. Erst als ihr die Lesungen, Interviews und Kamerateams zuviel werden, stöhnt sie:

»Mami, hättest du das Buch nur nicht geschrieben; du hast ja überhaupt keine Zeit mehr für mich.«

Da weiß ich, daß ich kürzertreten muß.

Ich lerne Angelika Schmidt, eine neue Lektorin im Verlag, kennen. Regelmäßig ruft sie mich an und erkundigt sich nach meinem Befinden. Total entnervt erkläre ich ihr, daß ich keine Lust mehr hätte und mir alles zuviel würde. Sie verspricht, sofort nach Berlin zu kommen. Unterdessen melden sich drei Fernsehsender, ich weiß nichts mehr in die Reihe zu bringen. Der Haushalt steht kopf, kein Essen im Schrank, ich bin kaum mehr in der Lage, einen klaren Gedanken zu fassen. Da steht Frau Schmidt gegen Mittag vor der Tür. Eine schlanke, brünette Frau, die lachend meiner Tochter einen Benjamin-Blümchen-Plüschelefanten in die Hand drückt und erst einmal meine Familie zum Essen einlädt. Sie unterhält sich interessiert mit meiner Tochter und schafft es irgendwie, Ruhe in das Chaos zu bringen. Am Abend begleitet sie mich in das Fernsehstudio, wo ich eine Livesendung habe. Scheinwerfer, Blitzlichter, Schminken und die vielen Augen derer, die mich kritisch begutachten, verunsichern mich nach wie vor. Von wegen Gewohnheit – ich werde mich nie daran gewöhnen.

In dem Studio verläuft alles nach Plan; für ein persönliches Wort bleibt keine Minute übrig. Schminken, hineingehen, rotes Licht, Achtung, Kamera läuft, reden ohne Hirn und tschüs! Wer da denkt, im Fernsehen wird man reich, der irrt. Dort läuft alles unter Werbung.

Am nächsten Tag dann eine Lesung und wieder Fernsehen, ich gebe mich ganz in die Fürsorge Frau Schmidts und habe seit langem das Gefühl, mal wieder Luft zu bekommen. Frau Schmidt ist ein recht fröhlicher Mensch. Ich mag keine ernsten, verbissenen Gesichter um mich herum, deshalb geht es mir bei ihrem Abflug weitaus besser als bei ihrer Ankunft.

Die Stasiakten

Ab dem 3. 1. 1992 ermöglicht es die Gauck-Behörde, auf Antrag hin Einsicht in die Stasiakten zu nehmen. Ich nutze die Chance, da ich mir Aufklärung zu meiner Person und Herkunft erhoffe. Die Möglichkeit, dabei Spitzelberichte über mich zu lesen, interessiert mich nur am Rande. Aber ich sehe durchaus nicht ein, daß die Stasi im nachhinein noch Erfolgserlebnisse verbuchen soll, indem durch Akteneinsicht Freundschaften zerbrechen oder Ehen auseinandergehen. Ich für meinen Teil gönne ihnen nicht den Triumph im stillen Kämmerlein. Um vor Überraschungen geschützt zu sein, gehe ich alle Menschen, die ich kenne, in Gedanken durch, und hauptsächlich die, die eine feste politische Überzeugung hatten oder die ein Mißgeschick ihres Lebens in die Fänge der Stasi getrieben haben könnte. Auf diese Weise gelange ich zu der Überzeugung, daß mich Offenbarungen erwarten, denen ich standhalten muß, und ich nehme mir vor, nur materiell Gewinnsüchtigen, die sich auf Kosten der Qualen anderer bereichert haben, nicht zu vergeben.

Aber dann reizen die Berichte der sogenannten Informanten höchstens meine Lachmuskeln. Lächerlichkeiten werden darin festgehalten, unter anderem zum Beispiel: »Sie leistet höflich dem Grußwechsel Folge.« Oder: »Sie ist ein ›Parasit‹ der Gesellschaft. Sie richtet sich nach den Westmedien … Im Besitz der B. soll sich kein Vermögen befinden. Hinsichtlich ihrer Bekleidung und ihrer gesamten Lebensweise soll sie über ihre Verhältnisse leben.« Irgend jemandem paßten wohl meine Klamotten aus dem Westen nicht. »Bei den Bekannten der B. soll es sich um manierlich aussehende Leute handeln … Eine jüngere männliche Person wird des öfteren bemerkt. Andere Umgangskreise sowie Verwandte der Ermittelten konnten nicht in Erfahrung gebracht werden« usw. Ärgerlich fand ich nur, daß ich Ellen zuliebe (beschrieben in »Draußen«) beinahe in die Klauen der Stasi geraten wäre. Und die Wut packt mich, als ich lese, mit welch hinterhältigen Methoden man Leute zur Aussage brachte. Für mich bauten sie extra eine Legende auf, so als wäre ich zur Volkspolizei vorgeladen worden. Sie schickten mir den Brief meiner Mutter, in dem sie um Bekanntgabe meiner Anschrift bat, mit dem Ziel, hinterher im Gespräch herauszufinden, ob ich darüber sprechen würde.

Maria kommt mich besuchen, sie ist völlig aufgelöst. Soeben hat sie ihre Stasiakte gelesen. Sie sitzt im Wohnzimmer und weiß nicht wohin mit ihrer Wut. Ich kann sie gut verstehen. Eine sehr gute Bekannte, mit der sie sogar in Urlaub war, entdeckt sie nun als IM »Claudia«. Jede noch so kleine Veränderung in Marias Leben ist von ihr niedergeschrieben worden. Ob es um die Eröffnung ihrer Boutique in Treptow ging, ihren Umsatz oder Männerfreundschaften, alles findet sie bis ins kleinste Detail wieder. Sie kann sich über die Tatsache nicht beruhigen, daß ihre angebliche Freundin schriftlich bekanntgab, im gemeinsamen Urlaub in Bulgarien eine eventuelle Republikflucht beobachten und notfalls verhindern zu wollen. Sie drängte Maria förmlich zu einer Flucht, indem sie fortwährend jammerte, daß auch sie die Nase vom Osten voll habe und rüber wolle. Zum Glück kannte sie nicht Marias heimlichen Traum von dem grünen Loch in der Mauer. Heute führt die »Freundin« eine Bierstampe am Alex in der Spandauer Straße und rühmt sich, daß sie es als einzige aus Marias Bekanntenkreis nach der Wende geschafft habe.

»Mit dem Geld von der Stasi würden es viele schaffen«, meint Maria.

Für manch einen wäre es vielleicht besser, keinen Blick hinter die Kulissen zu werfen.

Eine nutzlose Unterredung

Ich bin zu einem Gespräch in einer Fortbildungseinrichtung eingeladen worden. Das Gebäude liegt in einem schönen Waldgrundstück in einer Villengegend Berlins. Warum man mich eingeladen hat, ist nicht schwer zu erraten. Schon als ich das Zimmer betrete und die anwesenden Herren wichtig auf ihren Stühlen vor meinem Buch sitzen sehe, weiß ich den Grund: Man will mich sehen. Mich, die ehemalige »Heimgöre«, die es wagte, darüber zu schreiben, wo viele lieber schweigen. Hier steht nicht die Frage zur Debatte: Was ist Literatur? sondern: Wer ist sie, die erbarmungslos ein bedeutendes Heim an die Öffentlichkeit zerrte? Zumal es sich um das größte Vorzeigeheim der ehemaligen DDR handelte.

Eine einzige Frau sitzt unter den Männern und scheint mir die Vernünftigste. Frau Dr. Runge merkt sehr schnell, worauf es mir ankommt: nicht zu beweisen, wie schlecht die Erziehung war, sondern wie sie bei den jetzigen Heimkindern verbessert werden könnte. Wie ich mich so in der Runde umschaue und die selbstgefälligen Gesichter sehe, beschleicht mich das Gefühl, als solle ich als Ossi dem Wessi seinen »Kick« geben. Sie, die alten, erfahrenen Westpädagogen mit einem Vorlauf von mindestens zehn Jahren verbesserter Heimerziehung, können sich nicht genug brüsten: Sehen Sie, wir wußten eben doch alles besser, und das bringen wir denen da drüben jetzt bei.

Leutselig fragen sie nach meinen Vorstellungen bezüglich des Heimgeländes, falls das Heim als Dauerunterbringungsort geschlossen würde. Man sollte im Leben jede Chance nutzen, die einem geboten wird. Meine Meinung ist gefragt. Sie kann, wenn sie Anklang findet, Schülern, Studenten, Kindern, Behinderten und Müttern von Nutzen sein.

Das riesige, zwölf Hektar große, waldreiche Areal inmitten der Hauptstadt Berlin bietet viele Möglichkeiten, auch – und das ungute Gefühl nimmt immer mehr Besitz von mir – als Immobilienspekulationsobjekt. Warum und woher ich diese Ahnung habe, liegt auf der Hand. Das ehemalige Ost-Berlin ist ein regelrechtes Jagdgebiet der Immobilienhändler geworden, allerdings erst, nachdem bekannt wurde, daß Berlin Hauptstadt werden würde. Das Kinderheim im Trinkwasserschutzgebiet, umgeben von Wald, zwanzig Gehminuten vom Stadtzentrum und eine halbe Stunde Autofahrt vom Flughafen entfernt, ist geradezu ein Filetstück auf dem Immobilienmarkt.

Ich schaue in wohlwollende Gesichter und spreche über die Idee einer zentralen Begegnungsstätte aller Jugendlichen aus dem gesamten Deutschland, da man die Jugendherbergen Tag für Tag reduziert. Ein Nachteil der Wende. Gleichzeitig könnte ein Wohnhaus der Ausbildung behinderter Jugendlicher dienen. In einem weiteren Haus wünsche ich mir eine Art Heim für Mutter und Kind, das nicht den Frauenhäusern gleichen soll, sondern viel eher helfen könnte, die Probleme der Frauen zu lösen. Zum Beispiel: Wenn Eheprobleme aufträten oder die Alleinerziehenden überfordert wären, dann müßten sie die Möglichkeit haben, dort für eine Weile mit ihren Kindern zu wohnen. Das hieße, sie könnten ihre Kinder von erfahrenem Personal betreuen lassen, in Ruhe Behördengänge erledigen, Abstand zu Alltagssorgen finden, Zeit haben, mit ihren Partnern auf neutralem Boden zu reden, einkaufen gehen, Kaffee trinken, und das alles, ohne ein schlechtes Gewissen zu bekommen oder auf eine Erholungsreise des Müttergenesungswerks warten zu müssen. Im vierten Haus müßten Freizeiteinrichtungen für alle jugendlichen Bewohner des Stadtbezirkes geschaffen werden, dazu böten die weiträumigen Freiflächen hervorragende Möglichkeiten für sportliche und spielerische Aktivitäten. Sie finden meine Ideen lobenswert, jedoch plane der Senat eine Unterbringung der vielen alleinreisenden Kinder und jugendlichen Ausländer. Ich halte nichts davon, weil sie dadurch nur von der Außenwelt isoliert und abgeschottet würden. Bei allem dürfe nicht vergessen werden, daß das Heim abseits des Großstadtlebens liegt. Im August wurden die ersten Heime der Asylsuchenden in den neuen Bundesländern von aufgebrachten Bürgern in Brand gesteckt.

Eine freundliche Unterredung, die nichts gebracht hat.

Eine Freundschaft gerät ins Wanken

Kaum bin ich von dem Gespräch zurück und lasse mich müde auf die Couch fallen, da schrillt die Haustürklingel. Ich raffe mich auf und stehe einer aufgeregten Gerda gegenüber.

»Uschi, Frau Krüger will das Gruppenbuch zurückhaben. Sie hat Angst, du könntest damit an die Öffentlichkeit gehen. Sie drohte, einen Anwalt einzuschalten, wenn sie das Buch nicht binnen einer Woche bekäme. Ich habe ihr gleich gesagt, sie solle sich mit dir in Verbindung setzen. Und dann kam sie auf diese Tour: Gerda, du warst doch immer die Vernünftigste.« Wütend setzt sie sich hin. »Ich habe keine Lust mehr, die Vernünftige zu sein, ich bin schließlich erwachsen.«

Ihre Worte klingen nicht überzeugend, ich sehe ihr an, daß sie sich selbst nicht im klaren darüber ist, was sie will und was nicht. Sie setzt auf unsere Freundschaft und hofft, daß ich nachgebe. Doch diesmal leiste ich Widerstand:

»Gerda, egal, was du jetzt denkst, ich werde dir das Buch nicht geben.«

Zum erstenmal spürt sie meinen festen Willen. Ich, die rumalbernde, lustige Uschi, zeige meine Stärke, lasse für einige Minuten die Maske der immer Fröhlichen fallen und gebe zu erkennen, daß ein ernsthafter Mensch dahinter steckt. Sie wehrt ab:

»Nein, nein, du hast ja recht, soll sie sich eben einen Anwalt nehmen.«

Mir ist nicht wohl in meiner Haut, ich fühle in der Auseinandersetzung den nahen Streit. Sie beruhigt sich und fährt mit dem Versprechen nach Hause, mich sofort anzurufen, wenn es etwas Neues gäbe.

Die FAB-Sendung

Der Sender FAB (Fenster aus Berlin) meldet sich zu einer Reportage. Gemeinsam mit dem Kamerateam betrete ich das Kinderheim. Der stellvertretende Heimleiter begleitet uns während der Dreharbeiten. Mir ist, als kehrte ich nach Jahren in mein Zuhause zurück. Der Duft des Waldes erinnert mich an meine Kindheit. Ich sehe mich als kleines Mädchen am Planschbecken stehen und höre die Kinder vor Badevergnügen kreischen. Eine Freundin zeigt auf einen dünnen Jungen und ruft:

»Sieh mal, der ist dein Bruder!«

Der gleiche Schreck wie damals durchzuckt mich; ich wußte ja nichts von einem Bruder.

Die Schreie einer Krähe zwingen mich in die Wirklichkeit zurück. Das Badebecken liegt verschmutzt und einsam vor mir, selbst der Wassereinlauf, auf dem ich meinen Bruder das erste Mal sah, fehlt. Nur fauliges Laub füllt den Beckenboden, keine Kinderstimme dringt durch das Heimgelände. Den angrenzenden Spielplatz hat sich die Natur erobert; wo einst aus Buddelkästen helle Sandberge leuchteten, Schaukeln im Wind sausten, Wippen auf und nieder gingen, sehe ich weiter nichts als meterhohes Gras, Bäume und Büsche. Auf dem Dach eines rostigen Klettergerüstes erkenne ich schwach die roten Punkte: Der einstige Fliegenpilz ist der letzte Zeuge jener Zeit.

Von der mir verhaßten Freilichtbühne zeugt nur noch ein leerer, verwaister Platz. Hier fanden die Festlichkeiten, die Aufführungen, die sozialistischen Darbietungen zu den Feiertagen statt. Hier schlug mich eine Erzieherin hinter den Kulissen so heftig auf den Rükken, daß ich keine Luft mehr bekam, nur weil ich nicht winken wollte. (Sie arbeitet immer noch dort.) Die alte Turnhalle ist häßlich verkleidet und dient als Abstellraum.

Auch die große Strafeiche hat die Jahre überdauert. Größer und wuchtiger als damals breitet sie ihre Äste vor der Schule aus. Wer den Unterricht störte, wurde in den Hof geschickt und mußte bis zu zwei Stunden unter ihr stehen.

Und das alte Holzkletterschiff, das zu meiner Zeit abgerissen und durch Betonteile ersetzt wurde, steht genauso halbfertig da wie vor 25 Jahren. Es wurde nie zu Ende gebaut und dient noch heute den Kindern als Toilettenersatz im Wald.

Auffallend wenige Büsche umsäumen die Häuser; auf diese Weise sind die Kinder von allen Seiten für die spähenden Augen der Erzieher sichtbar. In meinen Kinderjahren boten reichliche Grüngehölze gute Verstecke. Der Wald war eine Art Fluchtpunkt, wo man sich den strengen Kontrollblicken entziehen konnte und seine eigene Welt hatte. Ein Schutz, dessen jedes Kind bedarf, erst recht, wenn 600 Kinder zusammenleben.

Die meisten der heutigen Erzieher arbeiteten schon vor der Wende hier und sind im Dienst geblieben. Ich habe einige von ihnen wiedererkannt, und auf meine Frage, warum das so sei und weshalb Lehrer an Schulen, die Staatsbürgerkunde lehrten, entlassen wurden und nicht die alten Erzieher, die ja den Bildungs- und Erziehungsplan der Margot Honecker streng nach Vorschrift vermittelten, muß ich als Antwort hören:

»Wir haben jetzt einen Rechtsstaat, und da gelten unsere Arbeitsverträge.«

Ehrlicher wäre die Antwort: Schulkinder haben Eltern, Heimkinder nicht, hinter ihnen stehen keine Eltern, die es ablehnen, altkommunistische Erzieher zu akzeptieren. Auch vertritt der stellvertretende Heimleiter die Ansicht, man solle sich weiter nach dem Konzept »Makarenko« richten. Die Erziehungsziele hätten sich nicht geändert, nur die Möglichkeiten.

Die FAB-Sendung des jungen Moderators Andreas K. ist so überzeugend, daß das Telefon dem nachfolgenden Ansturm der Zuseher kaum standhält und eine zweite Sendung folgt. Nach Ausstrahlung der ersten Sendung wurden nicht nur die Büsche erneuert, sondern es traute sich eine Erzieherin, mich anzurufen, um mir zu schildern, daß Jugendliche bzw. Kinder immer noch mit Essens- und Taschengeldentzug bestraft würden. Meine Bitte, sich an die Öffentlichkeit zu wenden, wehrt sie ab:

»Ich will meinen Job nicht verlieren.«

Es gelingt Andreas K., die Frau zu einer anonymen Aussage im Fernsehen zu bewegen. Dazu lud er den stellvertretenden Heimleiter und zwei ehemalige Heimkinder ein, ein Mädchen und einen jungen Mann, den Gerda mir vermittelt hat.

Das Mädchen, das bis zur Wende in einem der am meisten gefürchteten Jugendwerkhöfe lebte und dort die Grausamkeiten der Erzieher am schlimmsten zu spüren bekam, hatte den Mut, darüber zu sprechen. Alle meine Bemühungen, auf das Schicksal gerade dieser Heimkinder hinzuweisen, waren bisher auf taube Ohren gestoßen. Die Jugendwerkhöfe in der DDR waren abgeschirmte Verwahranstalten, in denen aufsässige, auffällige, unschuldige Kinder und Jugendliche gequält wurden.

Das Mädchen S. berichtet über die Methoden: Sport bis zum Umfallen, Schläge durch Erzieher mit Schlüsselringen, total versalzene Getränke, so daß die Kinder vor Durst brüllten. Traurigerweise bestätigt der Heimleiter, daß ihm solche Methoden aus seiner Studentenzeit bekannt seien und der Einsatz dort nie zum Tragen gekommen sei. Der andere Heiminsasse, der zu Wort kommt, zur Zeit der Sendung Freigänger, hat nur eine Bitte: der Moderator möge nicht sagen, daß er im Gefängnis sei, woran sich Andreas K. hält. Selten habe ich einen Menschen in dieser Branche getroffen, der sich an eine Abmachung gehalten hat.

Der junge Mann erzählt aus seiner Kindheit, von dem strengen Kasernenhofton und von den Strafen, wie sie bis zur Wende gehandhabt wurden.

Diese Sendung, so finden die Zuschauer, sei viel zu kurz gewesen, und sie bedauern, daß die Heimkinder zu wenig zu Wort gekommen seien. Aber immerhin ist es ein kleiner Schritt nach vorn, und ich freue mich. (Das Thema »Jugendwerkhof« fand erst Monate später Zugang zur Öffentlichkeit, als Margot Honecker sich nach Chile absetzte.)

Behörden und Journalisten

Bald darauf erfolgt auf meine Bitte hin die Einladung zu einem Senatsgespräch. Ich habe mir das unter vier Augen vorgestellt, doch es wachen drei Augenpaare über mich und meine Worte. Ein jüngerer Mann saugt unentwegt an seiner Pfeife, wobei er mich kritisch betrachtet. Der Herr Senator wirkt hilflos oder eher überfordert, wie ein Ersatzspieler auf dem Fußballplatz, dem zufällig ein Treffer ins Tor gelungen ist. Recht interessant hingegen die Ansichten der anwesenden Frau, die jedoch von den Herren blockiert wird. Letztlich sage ich frei meine Meinung, auch über die Vermittlung von Pflegekindern: sie dauere viel zu lange, und ich könne es nach wie vor nicht gutheißen, daß die Pflegeeltern sich die Kinder wie im Supermarkt aussuchen. Ich nehme kein Blatt vor den Mund und kritisiere auch die Gedanken über eine Kinderasylunterbringung.

Das »Sechsaugengespräch« dauert etwa eine Stunde, dann muß der Herr Senator dringend zum nächsten Termin. Er richtet seine letzten Worte an mich:

»Ich danke Ihnen für das Gespräch, es tat mal richtig gut, mit einem normalen Menschen zu sprechen. Auf Wiedersehen.«

Die nicht recht zum Zuge gekommene Frau spricht danach noch einige Minuten mit mir über das Thema »Pflegeeltern«. Sie teilt meine Meinung dazu und äußert, mit Männern könne man darüber ja nicht reden.

Vielleicht sind den Herren doch einige meiner Gedanken überlegenswert erschienen, und wenn nicht, habe ich ihnen jedenfalls gezeigt, daß nicht alle Heimkinder schweigen.

Nicht lange danach geschieht etwas Seltsames. Unverhofft meldet sich ein Herr Kanzuck aus der Senatssitzung zu einem privaten Besuch an. Da ich zuvor einige Male mit ihm telefoniert hatte, denke ich mir nichts dabei. An einem Sonnabend, pünktlich um vier Uhr nachmittags, erscheint er. Frank kocht Kaffee, und wir unterhalten uns über die verschiedenen Institutionen, die mich zu Lesungen einladen. Alles in allem ist es eine harmlose Fachsimpelei, bis ich ihm von meiner Absicht erzähle, das Heim noch einmal aufzusuchen, um in dem Archiv ein paar Unterlagen über mich zu finden. Da verändert sich plötzlich seine Stimme, er wird laut und fragt:

»Was wollen Sie dort? Es gibt kein Archiv.«

Mich verblüfft der Ton, und ich widerspreche heftig:

»Es gibt sehr wohl ein Archiv, und es gibt Fotos. Sie werden es nicht verhindern, daß ich Einsicht nehme. Das Archiv wurde schon in meiner Kindheit angelegt.«

»Wer sagt Ihnen, daß es dort ein Archiv gibt?«

Ich fühle mich wie bei einem Verhör und schweige beharrlich. (Eine mir nahestehende Erzieherin hat mir das Vorhandensein des Archivs bestätigt.) Er bohrt weiter:

»Und was hoffen Sie dort zu finden? Selbst wenn es

einen Schuhkarton voller Bilder gäbe, was wollen Sie damit?«

Ich finde die Art und Weise, in der er mit mir spricht, unerhört.

»Das geht Sie gar nichts an. Es ist meine Kindheit, die dort dokumentiert liegt, und nicht die Ihre, und wenn es auch nur ein Schuhkarton ist.«

Er versucht mich weiter davon zu überzeugen, daß es kein Archiv gebe. Mein Mann hält sich mühsam zurück, am liebsten würde er ihm die Tür weisen. Ich betrachte die Unterhaltung als erledigt und verabschiede ihn.

Danach rufe ich, den Tränen nahe, einen Senatsmitarbeiter an, der mir loyal erschienen war, und frage, was dieser Besuch bedeutet. Er will oder kann mir darauf keine Antwort geben.

Am Abend verliere ich die Fassung und heule meine Verzweiflung in die Kissen.

Ein politisches Magazin meldet sich. Eine Frau Pikkert ist am Telefon und vereinbart mit mir einen Gesprächstermin, der leider zwei Wochen später liegt. Am selben Tag rufen drei politische Fernsehmagazine an.

Ich beschreibe nun hier die Methoden, mit denen mir zwei Journalisten begegneten.

Es klingelt an der Haustür, und da ich keine Verabredung habe, frage ich über die Sprechanlage:

»Wer ist da, bitte?«

Eine Männerstimme antwortet: »Schwarz-weiß.«

»Was heißt Schwarz-weiß?«

»Ja, würden Sie die Tür öffnen?«

»Weshalb?«

»Schwarz-weiß! Würden Sie bitte die Tür öffnen, wir kommen vom Fernsehen!«

Ich drücke den Summer. Zwei Herren stehen vor mir, ein großer, kräftiger und ein schmaler mit stechend blauen Augen. Der Dünne sieht aus wie früher die Männer von der Stasi, schießt es mir durch den Kopf. Rollkragenpullover, Lederjacke und Jeans waren damals die typischen Bekleidungsmerkmale für Leute von »Horch und Guck«. Obwohl von dem Dünnen unangenehme Signale ausgehen, bitte ich sie herein. Der Dicke redet sogleich:

»Wenn wir uns sonst von Schwarz-weiß melden, öffnen sich Tor, Tür und Hof.«

»Mag sein, aber nicht bei mir. Hier ist weder ein Tor noch ein Hof.«

Der Dünne nimmt lässig Platz. Ohne seinen durchdringenden Blick von mir zu lassen, verfolgt er schweigend die freundlichen Worte seines Kollegen.

»Zuerst möchte ich Sie bitten, uns die Option für diesen Monat zu überlassen. Haben Sie schon einen anderen Gesprächspartner?«

»Nur das politische Magazin«, gebe ich zur Antwort.

»Gut, das ist kein Problem, Frau Pickert kennen wir gut. Wir arbeiten mit denen zusammen. Den Termin sagen wir ab. Sie müssen verstehen, wir haben Millionen von Zuschauern, das Magazin hingegen hat nur eine Auflage von ein paar tausend Exemplaren. Sie sehen, wir erreichen viel mehr Zuschauer als das Magazin Leser.«

Klingt einleuchtend, denke ich. Er fragt nach allem, was ich im Zusammenhang mit meinem Buch herausgefunden und erlebt habe.

»Informationen, wir brauchen Informationen, soviel wir kriegen können.«

Erst als ich erwähne, daß ich durch das Gruppenbuch sehr viele Erinnerungen bestätigt fand, mischt sich der Dünne ein:

»Kann ich das Buch mal sehen?«

»Wozu?«

»Ich muß es sehen, wir arbeiten nur, wenn wir Beweismaterial haben. Wer sagt mir denn, daß Sie die Wahrheit sagen? Unsere Rechtsabteilung muß sich überzeugen, daß wir jedem Vorwurf von seiten der Zuschauer standhalten können.«

Sein Ton ist einschüchternd, beeindruckt mich jedoch nicht.

»Da haben Sie Pech. Sie müssen sich Ihre Beweismittel schon allein besorgen, das Buch gebe ich nicht heraus.«

»Und warum nicht?« fragt er lauernd.

»Weil ich versprochen habe, es nicht an die Öffentlichkeit zu bringen.«

Sein Ton wird hinterhältig: »Wollen Sie etwa einen Erzieher decken?«

Ich schweige verblüfft. Unbeirrt fährt er fort:

»Warum wollen Sie einen Erzieher decken?«

Empört über diese Unterstellung verliere ich die Geduld, und ich sage wütend:

»Ihre Stasimethoden können Sie sein lassen, die ziehen bei mir nicht. Das haben früher schon ganz andere versucht. Die Nuß, die Sie knacken wollen, müssen Sie sich allein suchen. Ich habe keinen Grund, einen Erzieher zu decken.«

»Und warum haben Sie keinen Grund?«

Sein stechender, eiskalter Blick geht mir auf die Nerven.

»Weil ich Heimkind war! Und kein Erzieher!« schreie ich fast.

»Na gut«, lenkt der Dicke ein. »Für heute reicht es, wir haben genügend Material, um zu recherchieren. Und Sie versprechen, keinem davon zu erzählen.«

Ich nicke und bin froh, als sie gehen.

Wenige Tage später erreicht mich der Anruf eines Heimmädchens. Sie sagt, zwei Herrn von Schwarzweiß seien bei ihr gewesen und hätten sie über ihr Heimleben ausgefragt, anschließend hätten sie ihr verboten, mit mir darüber zu sprechen. Das geht mir zu weit. Ich gebe ihr den Rat, die Männer nicht mehr zu empfangen und danke ihr für das Vertrauen.

Eine Freundschaft zerbricht

Gerda hat ihre Meinung geändert. Täglich ruft sie mich an und verlangt das Gruppenbuch zurück. Einmal bittet sie um Verständnis für die ehemalige Erzieherin, ein anderes Mal appelliert sie an mich, doch wenigstens Mitleid zu haben. Wie gut doch die Erzieherin Gerda gekannt hat. Sie wollte die nette, freundliche Vernünftige sein. Gerdas Haltung enttäuscht mich. Doch richtig betroffen macht mich, daß sie mir nicht traut.

An meinem Geburtstag klingelt es Sturm an der Haustür. Sonnabend früh schlafen wir oft länger, deshalb stehe ich im Nachthemd an der Tür.

»Gerda, du, so früh? Das ist eine Überraschung, komm rein.«

Sie ist oberflächlich geschminkt und sehr nervös.

»Weißt du, ich habe nicht viel Zeit, ich war nur schnell im Großhandel einkaufen und bin gleich zu dir.«

»Wie denn, was denn, kommst du heute abend nicht?«

Sie sieht sich unruhig im Zimmer um.

»Nein, weißt du, ich habe Kopfschmerzen.«

»Aber doch nicht bis heute abend. Nimm eine Tablette und leg dich hin, dann bist du am Abend fit.«

»Nein, nein«, wehrt sie ab und legt mir ein Geschenk auf den Tisch. Es ist eine kleine Armbanduhr, Modeschmuck.

»Danke. Und du kommst wirklich nicht?«

»Nein. Sag mal, hast du schon das Gruppenbuch zurückgegeben? Dann nehme ich es gleich mit.«

Das Buch liegt zum Kopieren im Büro. Eine bittere Erkenntnis für mich; sie ist nicht zum Gratulieren gekommen, sondern um das Buch zu holen.

»Das Buch ist nicht hier.«

Ich sehe ihr an, wie sie sich zu beherrschen versucht, aber trotzdem ändert sich ihr Gesichtsausdruck. Nichts Freundliches bleibt. Vorwurfsvoll betrachtet sie mich und legt los:

»Daß du das Buch geschrieben hast, fand ich gut. Aber daß du dich jetzt politisch mißbrauchen läßt, geht zu weit. Alles, was da jetzt im Fernsehen abläuft, finde ich ein Stück zuviel.«

Ich bin entsetzt, sie wiederholt die Worte der Frau des Schriftstellers. Ich habe ihr davon erzählt. Überhaupt habe ich mich ihr all die Jahre bedingungslos anvertraut. Woher nun dieser plötzliche Sinneswandel? Hat sie Angst um ihr Ansehen? Ist die großartige, starke Gerda doch bloß eine schwache? Wie kann sie mir so in den Rücken fallen?

Es ist mein Geburtstag, ich mag keinen Streit und schweige. Meine Rechtfertigung würde gegen ihre Wut kläglich ausfallen. Ich muß an das Geständnis denken, das sie mir einmal gemacht hat: »Hätte mich einer mit 19 Jahren gefragt, ob ich in die Partei eintreten wolle, ich wäre eingetreten. Jahre später war ich froh, daß mich keiner gefragt hat.«

Sie wäre ein guter Mitläufer gewesen.

Sie merkt, daß es zwecklos ist, mich weiter nach dem Buch zu fragen, und verläßt eilig die Wohnung. Doch das ist leider nicht alles; wenn Gerda jemandem Schaden zufügen oder verletzen will, tut sie es gründlich.

Am Nachmittag sind die Geburtstagsgäste sehr ausgelassen.

Ingeborg bietet uns ihre Sangeskünste mit einem frivolen Text dar. Wir lachen und klatschen ausgiebig Beifall. Sie besitzt unstreitig ein verborgenes Talent zur Unterhaltung. Meine Tochter kommt herein:

»Mami, es hat geklingelt.«

Vor lauter Lärm haben wir es nicht gehört. Ich stehe auf und gehe zur Tür. Mir bleibt fast das Herz vor Überraschung stehen. Hinter einem Tulpenstrauß lugt das Gesicht des Freigängers aus der gemeinsamen Fernsehsendung hervor. Freudestrahlend reicht er mir die Blumen und sagt:

»Da staunst du.«

Ich nicke sprachlos.

»Woher kennst du meine Adresse und weißt, daß ich Geburtstag habe?«

Stolz sagt er: »Da kommst du nie drauf.«

Und ob, denke ich. Gerda hat ihn mir damals für die Sendung ausfindig gemacht. Nur von ihr kann er zu meinem Geburtstag geschickt worden sein. Was nun, ich kann diesen Menschen mit seinem erwartungsvollen Gesicht nicht einfach wegschicken. Gerdas Rechnung geht nicht auf, ich habe keinen Standesdünkel, außerdem sind meine Gäste einiges von mir gewöhnt. Außer mir und Frank weiß keiner, daß er ein Haftentlassener ist, und wenn, dann wäre es uns egal. Nur um seinetwillen würde es mir leid tun, wenn meine Gäste eine Gänsehaut bekämen und hinterher zu mir sagen würden »Wie konntest du bloß«. Ich würde mich schämen, ihn der Bosheit meiner Freunde preisgegeben zu haben. Das Tragische an der Sache ist nur, daß der junge Mann hofft, bei uns das zu finden, was ihm versagt geblieben ist. Er sucht menschliche Wärme und Anerkennung. Zuerst sind es einzelne Telefonanrufe, daraus entwickelt sich schnell eine permanente nächtliche Ruhestörung, die ich nur abstellen kann, indem ich ihm eindringlich klarmache, daß er jeden Kontakt zu uns zu unterlassen hat.

Gerda hat sich nie mehr bei mir gemeldet.

Die Heimunterlagen

Die Journalisten von Schwarz-weiß schauen vorbei. Freundlich versuchen sie in Erfahrung zu bringen, was ich Neues herausgefunden hätte. Ich drehe den Spieß herum:

»Was haben Sie denn herausgefunden?«

»Nichts Wesentliches, deshalb sind wir ja zu Ihnen gekommen. Übrigens, mit Frau Pickert geht es in Ordnung, wir haben das Gespräch abgesagt.«

»Darum hat Sie niemand gebeten.«

»Bedenken Sie unsere Einschaltquote, das wäre eine großartige Werbung für Sie.«

»Ich brauche Ihre Werbung nicht. Können Sie neue Erkenntnisse bringen?« frage ich und weiß, daß sie nichts außer einem Drehtermin mit einer Ehemaligen vereinbart haben, die ursprünglich von mir begleitet werden wollte, dann aber doch allein zum Drehort ging. Der Dicke sagt nichts, der Dünnere fragt, ob ich bereit sei, einen Drehtag mitzumachen.

»Grundsätzlich habe ich nichts dagegen, wenn Sie eine Drehgenehmigung dafür erhalten.«

»Wir brauchen keine Genehmigung, bisher sind wir überall hineingekommen, wo wir hineinwollten.«

»Wie schön für Sie, aber nicht mit mir. Ich betrete kein Senatsgelände und fange mir nicht einen Prozeß wegen Hausfriedensbruch ein«, sage ich.

»Haben Sie Angst?«

»Natürlich habe ich Angst. Das Heim ist meinetwegen so an die Öffentlichkeit gezerrt worden, daß ich mich nicht zu wundern bräuchte, wenn man mich steinigen würde. Wenn Sie einen seriösen Beitrag bringen wollen, warum versteifen Sie sich auf das eine Heim in Berlin? Warum fahren Sie nicht durch Deutschland? Heime gibt es überall, und Stoff finden Sie da reichlich.«

»Berlin ist näher und es geht ja nun mal um dieses Heim!« sagt der Dünne bestimmt.

»Genau in diesem Punkt irren Sie sich. Wenn Sie an Heimkindern interessiert wären, würden Sie sich Gedanken machen, wie Kinder das empfinden, wenn täglich die Presse oder das Fernsehen in ihr Zuhause einfällt. Ich weiß heute, daß ich zum Schutz der dort lebenden Kinder und Jugendlichen den wahren Namen des Heims hätte verschweigen müssen. Beim letzten Versuch, in das Heim zu gelangen, drohte mir die Pförtnerin ein Massaker an. Das war wortwörtlich ihre Drohung. Die herbeigeholte Leiterin vom Dienst, wie sie sich nannte, erlaubte dann zwar eine Besichtigung, aber als wir zurückkehrten, empfing uns eine aufgebrachte Jugendgruppe. Sie verteidigte ihr Zuhause.«

»Na, um so besser, das wäre doch was für unsere Kamera. Davor haben wir keine Angst. Uns hat man schon die Linse mit roter Farbe zugesprüht«, antwortet kalt der Dünne.

Er hat nichts verstanden.

Unter diesen Umständen sperrt sich alles in mir, an eine Zusammenarbeit auch nur zu denken, und ich sage entschieden:

»Wenn Sie selbst mir keine geleistete Arbeit vorweisen können, von mir kriegen Sie nichts. Ich sehe nicht ein, warum ich Ihre Arbeit machen soll. Sie täuschen sich, wenn Sie glauben, ich sei scharf auf eine Sendung. Sehr ärgerlich war auch, daß Sie von meinem Verlag eine schriftliche Bestätigung verlangten, mit meinem Buch nicht vor dem ersten Mai auf den Markt zu kommen. Sie wollten die ersten sein.«

Es gab keine Sendung, und der Dünne starb in jenem Sommer an den Folgen eines Unfalls.

Durch die Frau, die mit den beiden von Schwarzweiß im Heim war, gelangt das Aufnahmebuch von 1953 bis 1957 in meine Hände. Darin finde ich teilweise die Hintergründe der harten Verteidigerposition der einstigen kommunistischen Pädagogengarde. In den knappen vier Jahren, die das Buch festhielt, wurden insgesamt 1731 Kinder aufgenommen. Da vor jedem Kind das Datum der Einweisung und der Einweisungsgrund stehen, zerfällt in einer Nacht die Legende der

»armen Königskinder«, der angeblichen Kriegswaisen. Erschreckt muß ich feststellen, daß die Eltern der meisten Kinder damals noch lebten, sich entweder auf Parteischulung oder Dienstreise im Ausland befanden oder daß sie verschickt, inhaftiert oder republikflüchtig waren. Sogar die Politikergrößen der ehemaligen DDR-Regierung scheuten sich nicht, ihre Kinder in dem Heim unterzubringen. Die wenigsten Kinder waren Waisen oder schwer erziehbar.

Bis zwei Uhr morgens fertige ich eine Statistik an, aus der hervorgeht, aus welchen Gründen die Kinder im Heim waren.

Ich mache noch eine weitere Entdeckung, die mich persönlich betrifft. Ich weiß seit meiner Kindheit, daß ich mit zu den ersten Heimkindern gehörte, und finde meinen Namen nicht, wohingegen mein Bruder 1956 namentlich auftaucht. Warum stehe ich nicht in diesem Buch? Die einzige Erklärung ist: Ich gehörte zu den vier Kleinkindertransporten, die als erste aufgenommen wurden. Alle diese Kinder waren namenlos.

Am nächsten Tag fahre ich in das Kinderheim und gebe das Aufnahmebuch wieder ab. Dem Heimleiter erzähle ich später von der Statistik und daß ich die Sache für so wichtig halte, daß sie an die Öffentlichkeit gebracht werden müsse. Gleichzeitig lasse ich mir meine Karteikarte geben und erlebe eine weitere Überraschung. Die graugelbliche Karte trägt das Einweisungsdatum 24. 4. 1954, übernommen von der Säuglingsstation. Also suche ich nochmals unter dem angegebenen Datum, finde aber keine Eintragung mit meinem Namen. Wie bin ich in das Heim gekommen?

Ich spreche den Heimleiter auf Unterlagen der Säuglingsstation an, doch er besitzt keine weiteren Aufnahmebücher. Es soll alles vernichtet worden sein. Eine andere Entdeckung ist das Herstellungsdatum dieser Karteikarte: sie wurde erst 1964 angefertigt, kurz bevor ich meinen Personalausweis beantragen mußte. Auf der Innenseite mache ich einen geradezu sensationellen Fund: Beide Eltern stehen mit vollem Namen darin: Wenn es meine Eltern waren, warum mußte ich in dem Glauben aufwachsen, eine Waise zu sein? Warum hatten sie mich all die Jahre belogen? Was empfindet man, wenn man das herausfindet? Unbeschreibliche Empörung und hilflose Wut: weil ich nichts mehr ändern kann, weil diese Eltern nicht mehr leben, weil man mir das Recht genommen hat, zu wissen, wer meine Eltern sind; weil man mir das Recht genommen hat, zu wissen, wer ich bin. Warum haben wir auf unsere Fragen, wer unsere Eltern sind, nie eine ehrliche Antwort bekommen? Eine Chance, selbst zu entscheiden, ob wir zu unseren Eltern Kontakt haben wollten oder nicht? Ich mußte darunter leiden, daß meine Mutter republikflüchtig geworden war, mich hat man dafür bestraft. Egal, ob sie eine Kriminelle, eine Asoziale oder sonst etwas war, sie war eine Mutter, und ich hätte gerne gefragt: Warum?

Ich hoffe, anderen helfen zu können, wenn meine Erkenntnisse veröffentlicht würden. Ich rufe Frau Pikkert vom Nachrichtenmagazin an.

»Guten Tag, hier ist Ursula Burkowski ...« Weiter komme ich nicht.

»Ich habe keine Zeit«, und der Hörer fällt auf die Gabel.

Das geht auf das Konto der beiden von Schwarzweiß. Jetzt bleibt mir nichts weiter übrig, als allein einen Weg an die Öffentlichkeit zu suchen.

Als erstes setze ich den Senat von dem Aufnahmebuch und den dazugehörigen Karteikarten sowie von meiner Statistik schriftlich in Kenntnis. Schon am andern Tag ruft mich Herr Kanzuck an:

»Wir haben Ihren Brief erhalten und werden sehen, was sich machen läßt.«

»Wenn der Senat in den nächsten Tagen nicht auf meine Bitte reagiert«, antworte ich, »werde ich eine Veröffentlichung veranlassen. Immerhin kann ich davon ausgehen, daß es vielen anderen Heimkindern ähnlich wie mir ergangen ist, und nicht alle leben in Berlin, aber alle haben verdammt noch mal ein Recht darauf, zu wissen, wer sie und ihre Eltern sind.«

Herr Kanzuck verspricht, sich darum zu kümmern.

Nichts dergleichen geschieht. Nach vier Wochen erwähne ich die Karteikarten mehr beiläufig einem jungen Journalisten gegenüber, worauf ein Artikel erscheint und der Senat im Fernsehen Stellung beziehen muß. Große Worte werden gesprochen, es müsse ein Rehabilitationsgesetz her usw., doch es geschieht nichts. Ich fordere den Senat erneut schriftlich zu einer Veröffentlichung auf. Darauf erhalte ich einen Anruf von Herrn Kanzuck, in dem er mir deutlich und klar sagt:

»Wir haben nicht die Absicht, auf Ihren Brief zu antworten. Wir möchten Sie zu einem persönlichen Gespräch bitten.«

Was soll hier vertuscht werden? Warum weigern sie sich, auf meinen Brief zu antworten? Wollen sie, daß ich nichts Schriftliches in die Hände bekomme?

Am 9. 7. 1992 passiert es dann: Eine kleine Lokalzeitung und eine Berliner Zeitung bringen einen winzigen Aufruf. Darin werden ehemalige Heimkinder dieses Heims zur Akteneinsicht im Senat aufgefordert. Die Karteikarten wurden zuvor vom Senat aus dem Heim abtransportiert und sicher vor Burkowski verwahrt. Ich erkundige mich im Heim ein weiteres Mal nach Aufnahmebüchern. Mir wird gesagt, es seien noch welche gefunden worden, auch vom Säuglingshaus, aber alle Unterlagen befänden sich beim Senat.

In einem Lokalanzeiger ist unter der Überschrift »Akten jetzt zugänglich« zu lesen:

»Die ehemaligen Bewohner des Kinderheims ..., die Einsicht in ihre Akten nehmen wollen, können sich jetzt unter der Telefonnummer ... melden. Interessenten können außerdem ihre Bitte an die folgende Adresse richten: Senatsverwaltung ...

Der Hintergrund: Vor einigen Tagen gab es Berichte, wonach in der ehemaligen DDR bei Heimunterbringungen aus politischen Gründen Informationen über den Aufenthaltsort der leiblichen Eltern der untergebrachten Kinder zurückgehalten wurden. Die Karteikarten des Kinderheims wurden daraufhin der Senatsverwaltung ... zugeführt. 9. 7. 92.«

Viele ehemalige Heimkinder melden sich bei mir. Eine Frau kommt aus Hamburg, durch Zufall hat sie mein Buch erhalten und ahnungslos darin gelesen.

Plötzlich überkam sie die bittere Erkenntnis, daß sie neun Jahre in diesem Heim gelebt hat. Neun Jahre ihrer Kindheit, die sie verdrängt hat. Neun Jahre, weil ihre Eltern aus politischen Gründen in Haft waren. Sie weinte viele Stunden lang. Heute ist sie in psychotherapeutischer Behandlung. Auch sie ist der Meinung: uns will keiner hören.

Der Heimleiter erhält Sprechverbot, und um keine Schwierigkeiten zu bekommen, schweigt der kluge Mann.

Zum vereinbarten Termin im Senat nehme ich meine aktive Unterstützung, Viktoria, mit. Wir werden von Herrn Kanzuck empfangen. Er führt uns hinauf in das Senatorbüro, das sich mir heute supermodern präsentiert. Statt des Herrn Senators erscheint der Pfeifenraucher aus der ersten Sitzung. Er setzt sich mit gelangweilter Miene bequem in einen Sessel und stopft, ohne ein Wort an uns zu richten, seine Pfeife.

Herr Kanzuck führt die Unterredung. Meine Ansicht über die unterlassene Veröffentlichung der Heimunterlagen teilt er nicht. Im Gegenteil, er schenkt mir reinen Wein ein und erklärt:

»Wir haben nicht die Absicht, es weiter bekannt werden zu lassen, und es wird auch kein Rehabilitationsgesetz geben.«

Für die Vergangenheit der DDR sei der Senat nicht verantwortlich (womit er mal recht hat), und »wer nicht so viel Power hat wie Sie, Frau Burkowski, der hat eben Pech«.

»Das heißt, er muß unwissend sterben?« frage ich gereizt. »Hunderte von Kriegswaisen und ehemaligen Kindern in Konzentrationslagern suchen noch heute ihre Eltern, und da sagen Sie: Wir aus der jüngsten Geschichte haben eben Pech. Wo sind eigentlich die Aufnahmebücher?«

»Welche Bücher?« fragt er aggressiv.

»Zum Beispiel die vom Säuglingshaus. Mir wurde gesagt, sie befänden sich in Ihrem Besitz.«

Er winkt unwirsch ab: »Wir haben keine Bücher.«

»So? Dann habe ich Pech, prima, Herr Kanzuck. Danke, wie Sie mich verstehen.«

»Nun regen Sie sich nicht auf, Sie sehen alles viel zu schwarz. So viele Betroffene werden gar nicht kommen, wie Sie denken.«

»Natürlich nicht, denn sie wissen nichts davon. Stellen Sie sich mal vor, Sie leben in Mecklenburg und pflügen Ihr Feld; lesen Sie da eine Berliner Zeitung? Und wenn Sie sie rein zufällig lesen, würden Sie dann als ehemaliges Heimkind in ein Senatsgebäude laufen, um in eine Karteikarte zu gucken? Sicherlich nicht. Die Hemmschwelle ist bei vielen viel zu hoch. Ins ehemalige Kinderheim, da wäre man gern mal zurückgekehrt. Aber das verstehen Sie alles nicht.«

»Doch, doch, aber wer soll die Arbeit machen? Wir haben keine Planstellen dafür.«

Ich lache verächtlich: »Dann haben wir eben wieder mal Pech.«

Der Pfeifenraucher rutscht fast unter den Tisch. Herr Kanzuck beeilt sich, den schweigsamen Beobachter vorzustellen:

»Herr Smok, Sie kennen ihn ja schon.«

»Wie kommen Sie darauf, daß ich diesen Herrn kenne? Nur weil er mal dabeisitzt, können Sie nicht behaupten, ich kenne ihn. Bisher hat er sich nicht vorgestellt. Ich kenne ihn nur pfeiferauchend als stummen Zuhörer.«

Ich wende mich an Herrn Smok: »Oder?«

Er tut, als ginge ihn das alles gar nichts an. Und ich frage mich, was er eigentlich für eine Aufgabe zu bewältigen hat. Ich wende mich wieder direkt an ihn:

»Waren Sie jemals ohne Anmeldung in diesem Heim? Wissen Sie, wic lieblos dort mit kleinen Kindern umgegangen wird? Wie Zweijährige auf einen ausgcstreckten Zeigefinger und Kommandos folgen müssen? Nicht vor zwanzig und auch nicht vor vierzig Jahren, sondern vor einer Woche habe ich das bei einer sehr jungen Erzieherin gesehen. Sicher ist Ihnen nichts von den Strafen bekannt, die einzelne Erzieher noch anwenden, und daß selbst die guten Erzieher, die sich Mühe geben, sich nicht trauen, darüber zu sprechen, aus Angst, ihren Job zu verlieren. Wissen Sie das alles?«

Langsam schiebt sich sein Oberkörper die Stuhllehne hinauf.

»Ja, ich war schon mal in einem Heim.«

»Ich habe nicht gefragt, ob Sie schon ›mal‹, sondern ob Sie unangemeldet dort waren. Und ob Sie die Probleme der Erzieher kennen.«

Er schweigt. Genüßlich steckt er sich die Pfeife in den Mund. Mir reicht es.

Aufgebracht frage ich:

»Und finden Sie das in Ordnung?«

Er quetscht die Frage aus sich heraus:

»Und was sollen wir da machen?«

Am liebsten hätte ich ihm die Pfeife aus der Hand gerissen und sie ihm umgekehrt in den Mund gestopft. Körperlicher Schmerz ist fühlbar.

Ich erhebe mich.

»Komm, Viktoria, wir sind hier total falsch.«

Im Gang bin ich wütend auf mich. Ich wollte so viel erreichen, und nun ... Viktoria tröstet mich:

»Wenigstens hast du ihnen die Meinung gesagt. Gut, daß du eine Privatperson bist.«

»Oder wie schade.«

Anfang Juni erscheint mein Buch in allen Geschäften. Eine Welle von Sympathiekundgebungen, Leserbriefen und Einladungen zu Lesungen bricht über mich herein. All die vielen Menschen, die oftmals schwere Kinderjahre durchlebt haben, aber auch Wohlbehütete, denen die Augen geöffnet wurden, machen mir Mut. Aber über eines kann mich keiner hinwegtrösten oder -täuschen: Heimkinder haben es nach wie vor schwer.

Nun bin ich auch für eine Lesung in der Bibliothek von Frau Wiese geeignet. Ich erhalte eine offizielle Einladung.

Buchmesse 1992

Von der Presseabteilung des Verlages erhalte ich eine Einladung und Flugtickets. Meiner Tochter zuliebe will ich nur eine Nacht in Frankfurt bleiben. So packe ich nur das Nötigste in meinen Beutel und lasse mich von Frank zum Flughafen begleiten.

Mein Mann studiert die Abflugzeiten, und ich lese an einem Schalter: Für Passagiere mit Handgepäck. Das bin ich. Selbstsicher trete ich vor die zwei Damen am Lufthansaschalter, die sich angeregt unterhalten. Sie blicken pikiert auf und unterbrechen ihr Gespräch.

»Was kann ich für Sie tun?« fragt eine reserviert kühl.

»Passagier mit Handgepäck«, sage ich fröhlich.

Die zwei sehen sich komisch an. Ich merke, irgendwas stimmt hier nicht, aber was?

»Was kann ich für Sie tun?« wiederholt sie, unempfindlich gegenüber meiner Wissenslücke.

»Das weiß ich doch nicht, hier steht: Passagiere mit Handgepäck!« Mehr habe ich nicht zu sagen. Ich fliege nicht das erste Mal, aber ich mußte mich noch nie um derartige Dinge kümmern. So bleibe ich freundlich grinsend stehen. Ihre Kollegin tritt einen Schritt zurück, sie sehen sich ernst an, dann fragt die Dame hinter dem Schalter:

»Möchten Sie ein Check-in?«

»Einen Scheck?« Ich lache. »Nein, ich brauche keinen Scheck.«

Ich merke, hier läuft etwas falsch. Ich drehe mich nach Frank um, der aber nirgends zu sehen ist. Ungehalten fragt sie:

»Wenn Sie kein Check-in wollen, was wünschen Sie dann?«

»Das müssen Sie doch wissen, ich weiß es jedenfalls nicht.«

Sie verzieht das hübsche Gesicht säuerlich.

»Für eine Bordkarte brauchen Sie ein Ticket.«

Eine Bordkarte! Ja, das ist es.

Ich lache: »Ich brauche eine Bordkarte!«

»Dazu müssen Sie ein Ticket haben«, belehrt sie mich.

»Hab ich hier.«

Ich lasse es aus meiner Hand auf ihren Tresen fallen. Nur mühsam kann ich das Lachen unterdrücken. Leise prustend nehme ich die Flugpapiere an mich, während die beiden ihre Köpfe zusammenstecken. Frank wundert sich über die Episode nicht, er ist derartiges von mir gewöhnt. Ich könnte mich totlachen. Die tun ja gerade so, als ob ich das Flugzeug täglich wie die U-Bahn benutzte. Die pikierten Gesichtsausdrücke der beiden gehen mir nicht aus dem Sinn. Wir müssen uns beeilen, schnell gebe ich Frank einen Kuß und stelle mich vor den nächsten Schalter.

»Passagier mit Handgepäck«, sage ich laut.

Alle vier Mitarbeiter am Fließband werfen sich verständnislose Blicke zu. Die Dame vor mir bittet mich unfreundlich:

»Wenn Sie weiter nichts haben, gehen Sie durch.«

Ich lasse die Personenkontrolle des Sicherheitspersonals über mich ergehen und denke an meinen ersten Flug nach Ungarn, bei dem ich entsetzlich aufgeregt war. Mein Gott, waren das damals strenge Kontrollen, jeder Reisende konnte ja ein Flüchtling sein.

Der Warteraum ist mäßig voll, die Reisenden sitzen müde auf den Stühlen und schlürfen aus Plastikbechern heißen Kaffee. Obwohl ich leidenschaftliche Kaffeetrinkerin bin, lasse ich das edle braune Getränk im Automaten, da ich erst ein Studium der Gebrauchstechnik absolvieren müßte. Nach zwanzig Minuten nervenaufreibenden Wartens erfolgt der Aufruf, an Bord der Maschine zu gehen.

Der Flug vergeht wirklich »wie im Fluge«. Frau Schmidt versprach, mich am Meeting Point abzuholen. Da ich dabei an ein Restaurant denke, laufe ich, nach dem Namen Ausschau haltend, im Fluggebäude hin und her. Außer ein paar bunten Souvenirshops und einem italienischen Restaurant kann ich keinen Meeting Point ausmachen. Ich frage einen Flughafenangestellten. Er zeigt mit dem Finger in Richtung Decke, da baumelt ein rundes Schild in grüner Farbe, und vier rote Pfeile zeigen in alle Richtungen. Alles klar. Frau Schmidt erwischt mich rechtzeitig, bevor ich verlorengehe, verfrachtet mich in ein Taxi, und ab geht es nach Bad Homburg ins Fünf-Sterne-Hotel Steigenberger.

Kühle Eleganz, freundliche Damen und eine Karte als Zimmerschlüssel empfangen mich. Frau Schmidt möchte mich unbedingt ins Zimmer begleiten, ich habe nichts dagegen, da ich sowieso Schwierigkeiten mit der Karte voraussehe. Laut Gebrauchsanweisung soll man die Karte hineinschieben, warten, bis der grüne Punkt aufleuchtet, und wieder herausziehen. Nichts passiert, abgesehen davon, daß ein roter Punkt statt des grünen erscheint. Frau Schmidt versucht vergeblich, mir zu helfen. Erst ein Hotelpage zeigt uns die einfache Handhabung.

»Alles ganz einfach, wenn man es weiß«, sage ich lachend, und Frau Schmidt stürmt an mir vorbei ins Zimmer.

Ich weiche nach rechts in das wundervolle, weiße, riesengroße Bad aus. Zwei schwarz marmorierte Handwaschbecken, geschmückt mit goldbeschrifteten Pflegemitteln jeder Art und einem Blumengesteck. Eine Badewanne, ein Bidet und eine Toilette stehen mir zur alleinigen Verfügung.

»Hui, feudal, feudal«, rufe ich aus dem Badezimmer.

Ich zähle elf große, weiße Badetücher. Für eine Person totale Verschwendung. Auf einem Schild lese ich: Bitte werfen Sie die benutzten Handtücher in die Wanne, das bedeutet: Sie wünschen neue. Wer keine Arbeit hat, denke ich, macht sich welche, und in hohem Bogen fliegen elf Handtücher wie ein Schwarm weißer Schwäne in die Wanne. Aus dem Zimmer ertönen ungeduldige Rufe.

»Komm mal her, das mußt du sehen!«

Ich laufe zu ihr; überrascht von der Größe des Raumes bleibe ich perplex in der Mitte stehen. Es scheint mir das schönste Hotelzimmer der Welt zu sein. Halbrund wie im Märchenturm einer Prinzessin, gewähren mehrere Fenster den Ausblick in alle Himmelsrichtungen. Geradeaus befinden sich zwei Flügeltüren, die auf einen kleinen Balkon führen. Die Vorhänge, in warmen

Herbsttönen gehalten, passen zu den Bezugsstoffen der Sitzmöbel aus lackiertem Holz. Ein schwungvoller Schreibtisch, ausgestattet mit allem Zubehör, steht vor einem der Fenster. Aus der Sitzecke begrüßt mich Frau Schmidt erneut, sie zieht die eisgekühlte, dunkelgrüne Sektflasche aus dem silbernen Kübel, der neben einem prächtigen, rosafarbenen Blumenstrauß plaziert ist.

»Willkommen«, scherzt sie und sucht gleich darauf in der Hausbar nach einem zweiten Glas. Fassungslos lasse ich mich in einen Sessel fallen. Uschi, behalte einen klaren Kopf, was ist, wenn die mich mit einem Prominenten verwechselt haben? Ich muß laut lachen.

»Stell dir vor, wenn die mich für Hemingways Tochter halten!«

Sie lacht auch: »Da müßtest du mal mein Zimmer sehen, das geht zum Innenhof hinaus.«

»Ehre, wem Ehre gebührt!« lästere ich.

Unter der durchsichtigen Blumenfolie entdecke ich ein kleines Briefchen. Vorsichtig ziehe ich es heraus.

»Gleich werden wir wissen, wem dieser Aufwand gilt. Zum Glück müßte ich nicht im Falle eines Irrtums mit einem Koffer durch das Haus rennen. Oh, vom Verleger persönlich.«

Da hat sich aber die gute Frau Fascher, die Leiterin der Presseabteilung, Mühe gemacht, denke ich und sehe Frau Schmidt an, daß sie mich für naiv hält. Der Verleger hat weiß Gott mehr zu tun, als mir einen Blumenstrauß zu kaufen. Wäre es nicht Wirklichkeit, könnte man annehmen, ich befände mich in einem kitschigen Hollywoodfilm. Um so mehr genieße ich die Tatsache, daß es keine Einbildung ist. Die aufmerksame Geste freut mich. Hofiert zu werden, ist ein ungemein schönes Gefühl, auf Dauer aber nichts für mich.

Ich schiebe das Begrüßungskonfekt in den Mund, lese die höfliche, goldgedruckte Ehrerbietungskarte des Direktors und denke: Na gut, wenn es doch keine Verwechslung ist, dann bleibe ich eben.

Ein berauschendes Erfolgsgefühl bemächtigt sich meiner. Ich drehe mich lachend im Kreis, bis ich rücklings auf die große Liege falle.

»Und das alles nur für mich!« rufe ich glücklich.

Ich habe etwas erreicht, allein, ohne Hilfe. Bisher habe ich niemals das Gefühl des Stolzes in mir getragen, hier wird es mir bewußt.

»Du bist eben eine Bestseller-Autorin«, höre ich Frau Schmidt kurz und treffend sagen.

»Ja, auf Platz 48, aber immerhin, auch wenn es nur eine Woche war«, sage ich fröhlich, umgeben von dem überdurchschnittlichen Aufwand, den man schlicht, einfach und ergreifend »Luxus« nennt.

Wir gehen zum Chinesen essen, und anschließend besichtigen wir die Mutter der Spielbank von Monte Carlo, das Casino in Bad Homburg. Weder auf dem Flughafen noch im Hotel hat ein Angestellter meinen Ausweis verlangt, hier ist es das erste, was ich vorlegen muß. Nachdem wir unsere Garderobe in die Hände der Angestellten gelegt haben, begrüßt uns der Türsteher, als seien wir persönliche Gäste des Fürstenhauses. Einer tiefen Verbeugung folgt die Aufforderung zum Eintritt:

»Bitte sehr, meine Damen, einen angenehmen Abend.«

Gedämpftes Licht für das Spiel mit dem Geld, als ginge man zu einem Liebesabenteuer. Eine außergewöhnliche Atmosphäre von Ruhe und Geborgenheit beherrscht die Räume. Der Spieler soll sich zwischen den Chips, den rollenden Kugeln, den schwarzen und roten Zahlen zu Hause fühlen. Schließlich will man ja an sein Geld.

Das Spiel der leidenschaftlichen Verlierer beginnt. Glänzende Augen der Gierigen, der Geizigen, der Hoffnungsvollen und der Gleichgültigen blicken auf die Spieltische, die von Mitarbeitern aufmerksam überwacht werden. An mehreren Tischen sitzen ältere Frauen in dürftiger Kleidung, die jedoch die höchsten Einsätze riskieren. Besonders eine fällt mir auf, die von vier Jünglingen umgeben ist. Ihre Hände sind von dikken blauen Adern durchzogen. Die Finger, in breite Goldringe gezwängt, halten krampfhaft die Handtasche fest. Sie trägt den Gesichtsausdruck der Gierigen, dabei vergißt sie aber eins: Das letzte Hemd hat keine Taschen. Mitleidlos wünsche ich ihr den gesamten Verlust an diesem Abend.

Als wir das Spielcasino verlassen, erkundigt sich der Türsteher höflich:

»Hat es Ihnen gefallen? Wenn ja, kommen Sie wieder. Übrigens steht unser Haus unter Denkmalschutz.«

»Wie Ihre Frauen«, rutscht es mir heraus, und ein vernichtender Blick trifft mich (nicht).

Das Hotelbett ist zum Schlafen vorbereitet. Als Fußabtreter dient ein blütenweißes Handtuch, so daß etwaiger Staub von meinen Füßen ferngehalten wird. Auf dem Kopfkissen liegen eine hauchdünne, lila Papierwolke, die mir »Gute Nacht« wünscht, und eine Praline. Neben der Nachttischlampe liegt ein Stift auf der Speisenkarte, die mir das verlockende Angebot macht, im Bett zu frühstücken. Bevor ich in das himmlische Vergnügen steige, hole ich mir das Telefon ans Bett. Meine Freude auf den nächtlichen Genuß wird getrübt, denn die Bettwäsche kratzt furchtbar. Da ja bekanntlich nichts perfekt ist, lege ich mich in die rauhe Baumwolle und rufe zu Hause an.

»Mami, wie geht es dir?« will meine Tochter wissen.

Ich erzähle ihr von dem herrlichen Zimmer, daß ich mich wie Dornröschen im Turm fühle, das morgen seinen ersten Kuß bekommt und vor Aufregung bestimmt nicht schlafen kann.

»Mami, wenn ich doch bloß bei dir sein könnte! Es muß ja wunderschön sein!«

Frank kommt ans Telefon.

»Hallo, du fehlst mir«, sage ich und habe wirklich ein schlechtes Gewissen, daß ich all das Schöne allein genieße.

»Mach dir mal keine Gedanken und auch nicht wegen morgen, das stehst du schon durch. Am Abend hole ich dich vom Flughafen ab. Schlaf jetzt schön. Tschüs!«

Ich will nicht, daß er auflegt, und rufe: »Warte, ich muß dir noch was sagen.«

»Was denn?«

»Ich weiß, es hört sich schrecklich an, aber ich bin richtig stolz auf mich. Ohne dich hätte ich all das gar nicht geschafft. Danke!«

Er lacht. »Du hast ein Recht darauf, stolz zu sein, ich bewundere dich. Schlaf schön.«

Ich kann lange nicht einschlafen. Niemand ist da, der meine Freude teilt. Zum Glück sendet das Fernsehen bis in die tiefe Nacht einen – wenn auch langweiligen – Film. Danach folgt ein Bericht über die Frankfurter Buchmesse und in meinem Bauch tanzen seltsame Glückskäfer.

Am Morgen habe ich Kopfweh. Frau Schmidt läßt mir

eine Tablette bringen. Im Frühstücksraum bedienen wir uns ausgiebig am Büfett. Ich genieße den heißen Kaffee und fühle mich trotzdem müde. Plötzlich sagt sie:

»Wenn man bedenkt, wie alles angefangen hat. Erinnerst du dich an meinen zweiten Besuch? Da hast du gerade an dem zweiten Teil gearbeitet.«

Und ob ich mich erinnere. Ausgerechnet sie, die ich für vornehm hielt, hatte in ihrem Hotel das Frühstücksbüfett abgeräumt. Es war Sommer, und wir klapperten einzelne Buchläden in Berlin ab, zur Abwechslung besuchten wir im Ostteil die Ausstellung »Entartete Kunst«. Als wir anschließend Hunger verspürten, setzten wir uns an die Spree, kauften an einem Imbißstand Kaffee und Weißbrot, und sie überraschte mich mit den herrlichsten Köstlichkeiten einer guten Küche: Hirsch- und Gänseleberpastete, gespickt mit Himbeeren, wanderten auf das für Bockwurst gedachte Brot.

»Ja«, sage ich, »und du hast dich auf die Wiese gelegt und meinem albernen Text gelauscht, wobei dich ein Lachkrampf packte. Ich meine die Stelle, an der der dicke Kerl einen Kopfsprung ins knietiefe Wasser macht und wie eine Kerze steckenbleibt.«

Sie schmunzelt. Lautes Lachen wäre jetzt unschicklich, da die Hotelgäste leise speisen. Gesättigt stehen wir auf. Frau Schmidt kümmert sich um die Hotelrechnung und ein Taxi.

Meinen Blumenstrauß im rechten Arm, die Umhängetasche an die linke Seite gepreßt, sitze ich, eingeklemmt zwischen Frau Schmidt und einer Menge Buchmessegepäck, im Auto; wir fahren unter Werbetransparenten, die quer über die Straßen gespannt sind, zum Messegelände.

Kaum sind wir dem Auto entstiegen, schluckt uns die

Menschentraube. Wie bei einer Maikundgebung strömt alles, was Beine hat, in eine Richtung. Frau Schmidt entwickelt die Fähigkeiten eines Meisterjoggers, sie eilt vor mir her, als gelte es, einen Pokal der schnellsten Lektorin zu gewinnen. Um mich herum ist ein Kommen und Gehen, daß ich mich ohne sie nicht zurechtfinden würde. Auf dem Rollband stehend, mache ich mir Gedanken, wie ich die Blumen frischhalten kann; eine Treppe zu besteigen wäre angenehmer, als Körper an Körper gedrückt zu warten, bis man wieder laufen kann.

Und dann sehe ich die Halle, gefüllt mit Bücher über Bücher. Der erste Gedanke, der mir durch den Kopf schießt, ist: Was passiert, wenn es hier brennt? Vorbei an den Ständen der verschiedensten Verlage schlängeln wir uns durch die schmalen Gänge. Ich sehe gelangweilte Autoren allein am Tisch sitzen, wieder andere stehen wild gestikulierend Reportern Rede und Antwort.

Endlich erreichen wir unsere Verlagsecke, wo mich die Mitarbeiter freundlich begrüßen. Jemand stellt die Blumen in einen Eimer Wasser, der nächste fragt, was ich trinken möchte, und die dritte zeigt mir einen verschließbaren Schrank, in dem ich meine Tasche lassen kann.

Kaum habe ich Luft geholt, stellt mich Frau Schmidt einem schlanken, älteren Herrn, dem Verleger, vor. Dieser bittet mich in seine Kabine, die nicht mehr als anderthalb mal anderthalb Meter mißt. Der freundliche Herr fragt interessiert, was ich außer dem Schreiben noch mache, als Frau Schmidt hereinkommt und Platz nimmt. Er sieht sie an und sagt:

»Ich glaube, Frau Burkowski ist alt genug, daß sie kein Kindermädchen mehr braucht.«

Sie lacht und bleibt sitzen. Ich muß grinsen. Dann erzähle ich von meiner Familie, daß ich nebenbei male und eben schreibe. Er lächelt.

Ein freundlicher Mann, denke ich, und obwohl Geld allein bekanntlich nicht glücklich macht, muß er trotzdem ein glücklicher Mensch sein, sonst wäre er zu solch einem Lächeln nicht fähig.

Wir haben kaum zehn Minuten miteinander reden können, da werde ich zum Fototermin geholt. Auch hier sind alle furchtbar nett – ich mag nette Leute. Nicht das aufgesetzte Nettsein, sondern das angeborene. Leider gehöre ich nicht zu denen, die es in der Wiege vorfanden. Außer meiner Freundin Alicia, Ingeborg und Frau Groth, der Pressedame des Verlages, habe ich selten Menschen mit dieser Gabe getroffen.

Nach dem Fototermin geht es zu einem Interview. Am Verlagsstand fallen mir meine Bücher erst gar nicht auf, das Angebot ist riesig. Frau Schmidt zeigt sie mir, und ich muß mich wundern, denn aus allen möglichen Ecken lachen mich meine Bücher an. Mancher wird jetzt denken: Wie können Bücher lachen, aber für mich war es so; sie zeigten den Erfolg, den ich mir innerhalb eines Jahres verdient habe.

Frau Schmidt führt mich zum Tisch von Betty Mahmoody, die das heißdiskutierte Buch über ihre Erlebnisse im Iran geschrieben hat. Sabine ist ein absoluter Fan dieses Buches; ich habe an einigen Ausführungen meine Zweifel, aber ihr zuliebe habe ich ein Exemplar für ein Autogramm mitgebracht. Frau Mahmoody spricht englisch und ich deutsch. Frau Schmidt muß übersetzen.

Wir unterhalten uns über die Probleme der Kinder. Sie ist eine sympathische Frau, die eher den Typ der netten Hausfrau und Mutter verkörpert und der man ein solches Buch nicht zutrauen würde.

Trotz der anwesenden Fotografen zeigt sie keine Nervosität, und gemeinsam signieren wir unsere Bücher. Dieter Kronzucker setzt sich dazu, ein ausgesprochen lustiger Mann, der sein Buch über Amerika auf der Messe vorstellt. Frau Schmidt bittet mich nochmals zu sich. Ich werde mit der Frau des Verlegers, seiner Tochter und seinem Schwiegersohn bekannt gemacht. Der Verleger bittet Frau Schmidt, einige meiner Bücher holen zu lassen, da er sie Herrn Kronzucker geben möchte. Eine Mitarbeiterin kommt zurück und sagt:

»Es tut mir leid, ›Weinen in der Dunkelheit‹ ist nicht mehr da.«

Wir sehen uns alle erstaunt an.

»Moment mal«, sagt Frau Schmidt, »das kann doch nicht wahr sein. Wir hatten über fünfzig Bücher hier.«

»Sie sind alle geklaut«, spaße ich.

Der Verleger lächelt und sagt:

»Seien Sie nicht traurig, wir messen den Wert des Erfolges auf der Buchmesse an der Zahl der geklauten Bücher.«

Ringsherum lachen alle.

In den frühen Nachmittagsstunden mache ich eine wirklich interessante Bekanntschaft. Ich lerne die französische Autorin Beatrice Saubin kennen. Ich hatte ihr Buch »Dieser Hunger nach Leben« von Angelika Schmidt zum Geburtstag geschenkt bekommen und war von dem Inhalt beeindruckt. Als junges Mädchen wurde Beatrice zum Tode verurteilt und nach zehn Jahren begnadigt. Dieser Hunger nach Leben war auch für mich der einzige Grund, niemals aufzugeben. Eine kleine, sympathische Frau, deren schmales, blasses

Gesicht die Spuren der Leidensjahre trägt, ein Gesicht, das ohne Schminke stark, ausdrucksvoll und schön ist, ein Gesicht des Lebens. Wir haben uns viel zu erzählen, leider sind wir auf die Übersetzung einer Journalistin angewiesen, die auf ihr Interview drängt. Schnell tauschen wir unsere Adressen aus und versprechen, einander zu schreiben.

Frau Groth, die nette junge Frau aus der Presseabteilung, übernimmt meine Betreuung. Kein Mensch kann ermessen, wie glücklich ich darüber bin. Nach dem vielen Händeschütteln und all dem Small talk weiß ich gar nicht mehr, mit wem ich über was geredet habe. Frau Groth schirmt mich gewandt gegen Fragen Fremder ab, indem sie mich rechtzeitig zu dringenden Terminen ruft, so daß ich mich freundlich verabschieden kann. Gegen 16 Uhr gibt sie mir Bescheid:

»Frau Burkowski, Sie müssen aufbrechen. Ihr Flug geht in einer Stunde.«

Ich danke ihr, hänge mir die vollgepackte Büchertasche um, greife meinen Blumenstrauß und bitte sie um Begleitung. Sie lacht und zeigt nicht die geringste Spur von fieberhafter Eile, wie sie mich jetzt überkommt.

»Bewundernswert Ihre Ruhe, die Sie ausstrahlen«, sage ich.

Ein kleines Lächeln huscht über ihr Gesicht.

»Mir macht meine Arbeit eben Spaß, vor allem mit den Autoren. Da ergeben sich interessante Gespräche, die oftmals noch spannender als ihre Bücher sind. Mir macht Streß nichts aus.«

Ein aufregender Tag neigt sich dem Ende zu.

Im gleichmäßigen Brummen der Flugzeugmotoren nicken viele Passagiere ein. Auch ich schließe meine Augen und denke an die Worte Erich Kästners: »Die meisten Menschen legen ihre Kindheit ab wie einen alten Hut. Sie vergessen sie wie eine Telefonnummer, die nicht mehr gilt. Früher waren sie Kinder, dann wurden sie erwachsen, aber was sind sie nun?

Nur wer erwachsen wird und ein Kind bleibt, ist ein Mensch.«

Band 61244

Ursula Burkowski

Weinen in der Dunkelheit

Als die zweijährige Ursula Burkowski und ihre Geschwister im Winter 1953 von ihrem Großvater gefunden werden, ist ihre Mutter schon eine Woche verschwunden. Sie hat sich aus Ostberlin in den Westen abgesetzt. Die Kinder sind halb verhungert, die Haare der Jüngsten an den Gitterstäben des Kinderbettchens festgefroren.

Ursula wird in das Kinderheim Königsheide eingewiesen, eine Vorzeigeanstalt der DDR. Hier erfährt sie die Einsamkeit der Gruppenerziehung: Stubenappelle und Stubenarrest, Politdrill und Fähnchenschwenken bei Staatsfeiern, homosexuelle Praktiken eines Erziehers und die Schwangerschaft einer dreizehnjährigen Freundin. Sie lernt früh, daß von Erwachsenen nicht viel zu erwarten ist. Und sie lernt sich zu wehren …

BASTEI LÜBBE